国学名著
讲读系列

论语讲读

查正贤 —————— 著

华东师范大学出版社
—上海—

王元化　顾问
胡晓明　主编

图书在版编目(CIP)数据

论语讲读/查正贤著. —上海:华东师范大学出版社,
2019

(国学名著讲读系列)
ISBN 978 - 7 - 5675 - 9627 - 6

Ⅰ.①论… Ⅱ.①查… Ⅲ.①儒家②论语—注释
Ⅳ.①B222. 22

中国版本图书馆 CIP 数据核字(2019)第 202872 号

国学名著讲读系列
论语讲读

著　　者　查正贤
策划组稿　曹利群　张俊玲
责任编辑　乔　健　许　静
责任校对　林文君　时东明
封面设计　夏艺堂艺术设计
版式设计　卢晓红

出版发行　**华东师范大学出版社**
社　　址　上海市中山北路 3663 号　邮编 200062
网　　址　www.ecnupress.com.cn
电　　话　021 - 60821666　行政传真 021 - 62572105
客服电话　021 - 62865537　门市(邮购)电话 021 - 62869887
地　　址　上海市中山北路 3663 号华东师范大学校内先锋路口
网　　店　http://hdsdcbs.tmall.com

印刷者　浙江临安曙光印务有限公司
开　　本　787×1092　16 开
印　　张　21.75
字　　数　360 千字
版　　次　2020 年 3 月第 2 版
印　　次　2021 年 10 月第 2 次
书　　号　ISBN 978 - 7 - 5675 - 9627 - 6
定　　价　68.00 元

出版人　王　焰

（如发现本版图书有印订质量问题,请寄回本社客服中心调换或电话 021 - 62865537 联系）

目录

序

王元化

　　中国自古以来有着十分浓厚的人文经典意识。一方面是传世文献中有着代代相承的丰富多样的文化典籍(这在世界文化中是罕见的),另一方面是千百年来读书人对经典的持续研讨和长期诵读传统(这在世界历史上也是罕见的)。由于废科举,兴新学,由于新文化运动和建立新民族国家需要,也由于二十世纪百年中国的动乱不安,这一传统被迫中断了。但是近年来似乎又有了一点存亡继绝的新机会。其直接的动力,一方面是自上而下地提倡大力弘扬和培育民族精神,另一方面更主要的是自下而上,由民间社会力量以及一些知识分子推动的又一次"传统文化热",尤其表现在与八十年代坐而论道的文化批判不同,一些十分自发的社会文化教育形式的新探索。譬如各地开展的少儿诵读经典活动,一些民间学堂的传统文化研习,一些民办学校、农村新兴私塾等,对学习传统经典的恢复,以及一些大学里新体制的建立等。其时代原因,表面上看起来与中国近十年的经济活力与和平崛起有关系,其实比这复杂得多。至少可以提到的是:转型社会的道德危机和意义迷失所致的社会生活新问题及其迫切性;世界范围内各种思想的相互竞争相互激荡;在全球经济一体化和科技至上的社会环境中,公民社会的人文精神品质正在迅速流失;在这个背景下,青年一代人中国文化特质正在迅速丧失;中国近现代思想史上,由文化激进主义而带来的弊端渐渐显露,中国文化由遭受践踏到重新复苏的自身逻辑以及文化觉醒;以及从经验主义出发,从社会问题出发,实用地融合各种思想文化的资源以有利于社会全面发展和人的全面发展的新视野等等。总之,一方面是出现了重要的新机会,另一方面也有前所未有的危机。惟其复杂而多元,我们就不应该停留于旧的二元对立的思路,不应该坚执于概念义理的论争,不应该单一地思考文化思想的建设问题,而应该从生活的实践出发,根据我们变化了的时代内涵,提炼新的问题意识,回应社会的真正需要,再认传统经典的学习问题。

所以,这套书我是欣然赞成的。在目前中国文化的发展出现前所未有的新机会,同时也是出现前所未有危机的情况下,华东师范大学出版社愿意做一点负起社会责任的事情,体现了他们的眼光、见识和魄力。如果有更多的出版社和文化单位愿意援手传统文化积累培育工作,中国文化的复兴是有希望的。是为序。

二〇〇五年七月二十二日

导读

一

《论语》是一部记录孔子及其若干弟子言行的经典。孔子名丘，字仲尼，他的生年有两说，一说生于鲁襄公二十一年（公元前552），一说生于鲁襄公二十二年（公元前551），今天一般取第二种说法，并推定生于公历九月二十八日。是以历来纪念孔子诞辰，以及本世纪初期开始兴起的官方祭孔，都持此说。卒于鲁哀公十六年（公元前479），终年实七十二岁。

据记载，孔子的祖先是殷人，他也曾说自己"丘也，殷人也"（《礼记·檀弓上》）。周武王灭纣后，封微子启于宋，是为春秋时期的宋国。宋国传至四代宋愍公，愍公不传位于自己的儿子，而是传给自己的弟弟炀公，于是发生争夺君位的动乱。炀公被愍公次子鲋所杀，但本应继承君位的长子弗父何把君位让给了弟弟鲋，自己一变而为辅佐公室的卿大夫。弗父何的五世孙孔父嘉，名嘉，字孔父，因为获赐族之典，他的后代就以他的字为氏，遂曰孔氏。宋殇公继位，孔父嘉受遗命辅佐嗣君。宋大夫华父督欲弑君，遂杀孔父嘉。孔父嘉的后人孔防叔畏惧华父督的逼迫，出奔到鲁国，防叔生伯夏，伯夏生叔梁纥，叔梁纥生孔子，故孔子为鲁国人。叔梁纥为鲁鄹（也写作陬，或邹）邑大夫，故《论语》记时人又称孔子为"鄹人之子"。

钱穆在他所著的《孔子传》（北京：三联书店2002年第1版）中认为，孔子之先世，在微子启受周封为宋国君时，遂从王室降为诸侯；到弗父何把国君之位让给其弟鲋时，又由诸侯而变为世卿大夫；在孔防叔奔鲁后，则又连世卿之位亦失去，而变为士族之家，孔防叔在鲁国为防大夫，但也只是受禄为大夫，并没有采邑之封，故仍是一士人。这是孔子的家世概况。

关于孔子本人的生平行事，除见于《论语》者之外，还散见于《左传》、《孟子》以及《礼记》等文献中。由于史料缺失，其生平中的许多事迹都有争议，详述其本末、辨析其疑误，远非本文所能胜任。司马迁的《史记·孔子世家》是现存最早的一篇传记，尽管后人指出有许多不实之处，但仍可借以了解孔子的大致生平，本书附录中全文收入了这篇传记,可以参读。钱穆的《孔子传》是今人所作较扼要而审慎的一篇传记,对其生平中的问题与疑点作过考证与辨析,可供参考。撮举《世家》及钱穆等人的考证,粗陈梗概的话,孔子成年后曾仕为"乘田"、"委吏"等低贱之职,约在三十岁之前,即授徒设教。三十五岁左右因鲁国内乱而适齐,一年后(或说数年)返鲁,继续教授弟子。据《世家》,约在五十一岁左右,鲁定公用孔子为中都宰,一年后即升为司空、司寇,先后有相定公赴齐鲁夹谷之会与隳三都的举措。由于主鲁国之政的季桓子信谗言等原因,五十四岁时遂去鲁适卫,周流诸侯间十四年之久,至鲁哀公十一年始返鲁。此后一直居于鲁国,教授弟子,从事著述,直至哀公十六年夏四月卒。

除了短暂的出仕之外,孔子一生最主要的事情就是教授弟子。《孔子世家》称孔子的弟子有三千多人,身通六艺者七十有二人,其中有许多非常突出而著名的人物。司马迁在《史记》中还专门为孔门弟子作了《仲尼弟子列传》,本书也附有这一传记,可藉以了解孔子的弟子们的情况。

二

孔子所生活的时代,是中国历史上的春秋时期。这是一个所谓王纲解纽、礼崩乐坏的时代,社会变化相当剧烈。周平王东迁后,王室衰微,诸侯虽然名义上仍臣服于周天子,但实际上已各自行其是,互相以武力相征伐,并不听命于中央王朝。同时,各诸侯国内部,有权势的公卿大夫也逐渐掌握了实际的权力,成为事实上的当权者。诸侯国之间不断发生争夺霸权的斗争,各国内部的权臣之间也经常为权力而发生冲突。在激烈的社会变动面前,西周初年建立起来的以礼乐为核心的社会政治制度和文化制度首当其冲,遭到严重破坏。社会政治失序、伦理道德败坏,已经到了非要先知先觉者作出思考和回应不可的地步。

这一状况还同时引发了另一个相关的、甚至更为迫切的问题,即随着社会的变动,开始出现一个独立的"士"阶层。从没落的贵族子弟和普通百姓中产生的士人,凭借自己的才干活跃在社会生活的各个层面,日益扮演着重要的作用。在很大程度上,这个新兴阶层的成员们摆脱了建立在血缘和出身基础上的责任承担机制和价值评判体系,与周初以来人们将个体成员的生命价值植根于宗国家族这一集体中的状态相比,这是一种近乎无所依傍的境遇。为此,他们迫切需要寻找相应的替代机制和价值标准。用现代的话语来说,这个问题最终归结到人的生命价值问题，即：一个社会中的个体成员，应当成为一个怎样的人，个体生命的意义与价值何在？在中国文明史上，还是第一次出现这样严峻的问题。

孔子躬逢此时，第一个承担起寻找重建秩序之良药的历史重任，以前所未有的勇气和智慧，为中国文明、也为世界文明作出了独一无二的贡献。他用一生的思考与实践，为自己身后两千年来的人们奠定了最基本的思想范围，确立了永恒的精神探索课题，成为人类文明史上少数几位先知之一。

他的思想是如此深邃和富于洞见，以致要全面、准确地介绍这样一位先知的思想，不但远非一篇简短的导读做不到，而且也不是一个人或几个人的一两部著作所能完成的。事实上，孔子身后的历史有多长，对其思想的理解、研究就会有多长。因此，本文并不打算系统地介绍孔子思想的各个方面。一方面，相关的介绍文字，乃至专门的论著，都随处可见；另一方面，编者认为，无论是概论性的介绍，还是体系性的论述，都不能替代直接面对经典的阅读与聆听。概括、提炼、分析、综合，固有其可取处，也是学院学术的必要手段与保证，但对于这样的经典而言，仅有此却是不够的。要真正领会其思想活力，需要直接面对经典本身，要从《论语》的字里行间去发现。

这里只简要介绍孔子身后所获评价与地位的变迁史，希望从这一特定角度来凸显今天阅读《论语》的某些重要意义，以及编者所认为的在阅读过程中值得留意的某些方面。还在孔子生前，就有人说上天将以他为木铎，意思是说让孔子来教化人民（《论语·八佾第三》"仪封人请见"章），或者称他为"圣者"（《论语·子罕第九》"太宰问于子贡"章）。尽管孔子自己多次否认这一点，这一极高的评价在他身后却很快得到了人们的一致认可，《论语·子张第十九》里记载了弟子们是如何推崇、捍卫自己老师地位的。战国时期流传着孔子是"素王"的说法，士人们认为孔子之德堪任大位，只因不逢其时而未果，因此只能以教授门徒的方式来教化天下，其功绩堪与在位之君王相媲美，故称"素王"。这种看法直接促成了历代帝王对孔子的封爵活动，他先后被封为"文宣公"、"文宣王"，并被尊为"大成至圣先师"，奉为"万世师表"。对他的尊崇，还自然地延伸到他的后人身上，孔氏后人世代受封，由"褒圣侯"进为"衍圣公"，虽历经王朝更替而不绝，直至近代革命时止。毫无疑问，对孔子的尊崇，在很大程度上反映了对其思想学说与人格魅力的真正认可，对孔子而言，是当之无愧的。孟子曾经说过，"自有生民以来，未有如孔子也"。（《孟子·公孙丑上》）刘勰称孔子"写天地之辉光，晓生民之耳目"（《文心雕龙·原道》）。这是对孔子所作贡献的极为形象而深刻的评价。

孔子被视为儒家学说的创立者,他的思想很快就由弟子们传播开去而成为当时的显学,最终成为中国传统社会中的主导思想。尤其是经过中唐以后迄于南宋的儒学复兴运动,儒学以程朱理学的新貌成为中国社会的正统思想,影响尤为深著。到了近代,中国遭遇"三千年未有之大变局",在寻求出路的过程中,孔子先是以"托古改制"的面貌,被康有为抬出来为他的变法主张寻找合法依据;变法失败后,直到中华民国建立后的前十年中,对孔子及其所代表的儒学的评价,出现了完全相反的意见,而最终被视为阻碍社会进步的反面力量受到批判和攻击。一九一九年的新文化运动更以"打倒孔家店"为旗帜,延续了两千余年的儒家学说失去了作为正统思想的地位。在"文革"中,原本已被"扫进历史的垃圾堆中"的孔子再次为政治斗争所利用,以一个"复辟"的"孔老二"的形象出现在"批林批孔"运动中。

历史上,孔子的思想先后影响到东亚周边地区如朝鲜、日本和越南,被这些国家长期遵奉。十七世纪初,来自欧洲的耶稣会士开始进入中国,在他们向欧洲介绍中国的过程中,孔子和儒家思想也向欧洲传播。随着欧洲社会的历史变迁,孔子及其学说在欧洲所得到的评价也不断地出现变化。举例来说,据研究,法国大革命前的思想启蒙运动中,伏尔泰等人曾赞扬过孔子的学说,认为"在这个地球上曾经有过最幸福的并最值得人们信赖的时期,那就是人们遵从他(孔子)的法则的时期"(见顾立雅《孔子与中国之道》第 314 页)。而在不久之后,随着欧洲对传统中国君主政治体制的逐渐了解,孔子及其学说便被视为造成君主专制体制的思想根源而受到强烈批评。在当代西方,包括孔子与宋明理学在内的整个儒家学说对现代社会有积极作用抑或阻碍作用,不但是一个引起广泛兴趣的学术话题,还同时是一个现实的政治话题。这一"国际大气候"反过来推动了中国国内对儒学的重新认识。二十世纪八十年代以来,"传统"被几经打扮,目前似正借着国际潮流而渐受欢迎。

这里对孔子身后的哀荣所作的介绍,是极为简略而粗疏的,主旨不在评说这些不同时代的不同看法何优何劣,而是试图从这些不同看法中寻找认识孔子的可能性。在很大程度上,历史上曾经发生过的、以及当代社会里正在发生的对孔子及其学说的尊崇或贬毁,也与孔子本人的学说一道,都是认识孔子时需要去面对的,是这一认识活动的组成部分。要准确认识这一切,就必须回到孔子本身。前贤虽已远去,后来者无缘亲承謦欬,不过幸好有他的弟子们记录下来的一鳞半爪,足供我们去细细体会。不囿于后来的成说,把孔子当作一个在场的、思想着、行动着的人,从他的音容笑貌、神情口吻和动静举止中,捕捉思想的轨迹。

三

　　像许多文明早期的思想家一样,孔子自己并没有留下多少著述,他最主要的活动就是贯穿在他整个人生中的实践和思考,在日常言行中教授弟子。据《世家》及孟子等人的说法,孔子曾经作过《春秋》,删过《诗》,作过阐发《易经》思想的《十翼》。但今天的学者认为,这些说法都并不可靠。司马迁云:"古者《诗》三千余篇,及至孔子,去其重,取可施于礼义,"删成传至今天的三百零五篇《诗经》。许多学者认为,孔子自己提到《诗》时就已称之为《诗三百》了,现存先秦文献所引的《诗》,出自《诗经》之外的佚诗数量很少,令人很难相信被孔子删掉的二千多篇诗这么早就亡佚得如此厉害。现在的三百篇《诗》应当是孔子之前就已大体编定。《世家》中又说"孔子晚而喜《易》,序《彖》、《系》、《象》、《说卦》、《文言》"。这就是所谓的"十翼"。今天的学者也多认为,孔子研究过《易》,"十翼"中也引到了孔子的一些话,但并非孔子所作,而是战国时期的产物。孟子曾云"孔子成《春秋》而乱臣贼子惧"(《孟子·滕文公下》),司马迁在《世家》敷演此说,称孔子"乃因史记作《春秋》,上至隐公,下讫哀公十四年,十二公。据鲁,亲周,故殷,运之三代"。今天有的学者也有认为孔子确实作过《春秋》(如钱穆《孔子传》),但也有许多人表示怀疑,认为《孟子》中提到《春秋》"其事则齐桓晋文",内容与今天的《春秋》相差较大,即使孔子确实作过《春秋》,也并非今天尚存的《春秋》。孔子曾云自己"自卫反鲁,然后乐正,雅颂各得其所"。(《论语·子罕第九》)这是关于孔子著述最可信的一条记载,不过,这里并不一定意味着孔子作过《乐书》之类,很可能只是他和鲁国乐师谈过乐或者纠正过乐在演奏中的一些问题(《论语·八佾第三》"子语鲁大师乐"章)。因此,要了解、研究孔子的思想与人格,最主要的依据就是《论语》。

　　《论语》的得名,历来有不同的说法。班固《汉书·艺文志》中说:"论语者,孔子应答弟子、时人及弟子相与言而接闻于夫子之语也。当时弟子各有所记,夫子既卒,门人相与辑而论纂,故谓之《论语》。"意为弟子们论纂孔子之语,故取名《论语》。唐李善注《文选·辨命论》引《傅子》云:"昔仲尼既殁,仲弓之徒追论夫子之言,谓之《论语》。"与班固的说法差不多。刘熙在《释名·释典艺》中认为:"《论语》，记孔子与弟子所语之言也。论，伦也，有伦理也。语，叙也，叙己所欲说也。"
杨伯峻认为，这种解释含有这样的潜台词，即除了孔子和他的弟子之外，别人的谈
话都不是有条理的叙述，因此刘熙的这一解释是很牵强的。章太炎认为，"'论'
者，古者但作'仑'，比竹成册，各就次第，是之谓仑……言说有序亦谓之'仑'。《论
语》为师弟问答，乃亦略记旧闻，散为各条，编次成帙，斯曰《仑语》"。(《国故论衡·
文学总论》)这是从古代书籍形制及其制度来解释其得名之由。

　　《论语》是经由多人之手而编定的。这里面有孔子的弟子，也有他的再传弟
子，因此全书并非成于一时。据考证，前后相距有三五十年之久。最后的编定者，
唐代柳宗元认为是由曾参的学生编定，许多人持这种看法，则成书的年代，最早当
始于春秋末期，最晚编定于战国初期。

　　《论语》编定后，秦火之余，传至汉代，出现了三种本子。一为《鲁论》二十篇;
二为《齐论》二十二篇，其中有许多章节与《鲁论》二十篇相同，但多出《问王》和《知
道》两篇;三是从孔子旧居壁中发现的用古文字所写的二十一篇，称为《古论》，也
没有《问王》和《知道》两篇，但把《尧曰》中的"子张问"另分为一篇，故全书有两《子
张篇》，篇目次序也与《鲁论》、《齐论》不一样，文字异同处有四百余字。王充《论
衡》中说《古论语》有一百多篇，经过删减重复后尚有三十篇，不知何据。

　　《鲁论》和《齐论》在汉代都各有师承，到西汉末年，安昌侯张禹治《鲁论》，后又
讲习《齐论》，故依《鲁论》篇目次序，将两个本子合而为一，号为《张侯论》。由于张
禹是汉成帝的老师，地位隆宠，因此，他编定的本子就为当时的士人所尊奉，东汉
灵帝时勒经上石，《论语》就是用《张侯论》。《古论》当时并没有传授，何晏在《论语
集解序》中说："《古论》，唯博士孔安国为之训解，而世不传。"后人对此表示怀疑，
认为孔安国注是何晏伪造的，也有人认为是王肃伪造。流传至今的《论语》基本上
就是《张侯论》。

　　由于《论语》成于多人之手，成书的时间跨度也较大，全书的语言风格不完全
一致，记事记言的体例也多有差异，有的地方还存在着思想上的冲突。后世有的
学者据此颇怀疑其可靠性，轻者认为其中掺入他人的学说，特别是战国时期的道
家思想等，甚者认为经过某些人们的有意改篡。怀疑《论语》最力的学者是清代的
著名学者崔述，他在《洙泗考信录》、《余录》及《论语余说》中详细地讨论了这个问
题。但是，许多学者都认为，尽管有一些可疑的地方，但《论语》仍然是认识、研究
孔子思想最为可靠的材料，崔述的怀疑有的地方是过甚其辞的。本书编者认为，
以《论语》中反映出来的孔子思想上的冲突以及某些观念上的矛盾(如孔子对"仁"

的看法等)来判断其真伪,在很大程度上,既没有注意到伟大思想的丰富性和复杂性,也忽视了它的实践品格。《论语》文本在可靠性上容有值得怀疑的地方,但这些地方并不能从总体上颠覆它与孔子的关系。

历代为《论语》作注的人非常多,可谓不胜枚举,在此择其在《论语》注疏史上最为重要的数种作一简要介绍。在汉代,《论语》和《孝经》是初学者的必读书,自那时起就有人为《论语》作注。东汉末年,郑玄以《张侯论》为依据,参照《齐论》和《古论》,为《论语》作注,这是第一个最重要的注本。郑玄注尚残存有唐代的写本,其他汉人旧注原书则多已亡佚,一些注文则被三国时魏国的何晏采录到《论语集解》中,得以保存下来。何晏的《论语集解》出来后,一直至宋朱熹的《集注》之前,称得上是最为重要的一个注本。其间,梁代的皇侃和北宋的邢昺又分别为它作过疏,清代的十三经注疏中,《论语》就用何晏集解和邢昺疏。南宋朱熹把《论语》、《孟子》和《大学》、《中庸》合称为"四书",并分别为之作"集注",其中的《论语集注》是何晏《集解》后的又一重要《论语》注本,尤其是它是明清科举考试所必须依据的本子,所以是近六百年来影响最大的一个注本。清代考据学兴起,学者多不满宋人空谈义理,因此刘宝楠采用考据学的方法,遍引载籍,折衷旧注,撰成《论语正义》(刘宝楠因病未能完成,由其子刘恭冕续成),代表了清代汉学在《论语》领域里的最高成就。

今人注释《论语》的热情依然非常高涨,各种注本层出不穷,且为适合现代读者的需要,多加上现代语体文的翻译,因其数量至多,故略过不作特别介绍。

四

如上所述,《论语》旧注本之多,解释之歧异,它书罕能与之相匹。今人又有各种现代语体文的注译本不断问世,且加之以各种阐释,愈见纷繁。为适应本书在大学课堂上讲读经典文本的需要,本编采用了集几种重要的旧注为主,间之以少量今人之解释为辅的方法,编者自己只极少地对个别的注释表示看法,也尽量少用现代语体文解释字义。这有如下几种考虑:

首先,旧注远则为汉代经师旧说,如马融、郑玄、包咸等,有相对确定的学术承传之迹;近则为清人集前代之大成的学术成果,立足于严谨的训诂、名物考证来探求文义。今人的语体文译注大都以这些旧说为本,不过易之以白话而已。采用旧的注文,意在不掩古人开拓之功,使读之者知其源流承变之迹。

其次，旧注同白话注释相比，有一定的阅读难度，但对真正有兴趣的读者而言，却是一个有益的尝试，在某种程度上，它可以避免因注释文字的平易而流于表面化的理解，放弃读者自身的参与。对所有与《论语》类似的经典而言，满足于通俗平易的解释和表面上的阅读快感，则不如不读。一般读者是如此，大学里的专门学习更是如此。

最后，然而却最重要的是，《论语》本文与两千年来对它的注疏一道，共同构成了极为丰富而深邃、复杂的思想传统与文化传统。围绕其本文而产生的不同解释、甚至截然相反的看法，都无法用一个简单明了的注释概括出来。某种程度上，对它的概括越简洁、用以概括它的语言外观越流畅悦目，则对传统的约化就越厉害，对它的损害也就越大。因此，本编不但以采旧注为主，对歧说较大的章节，还将一些重要的异说集在一起，既展示其差异，也为读者提供自己选择、判断的机会。显然，这种选择、判断是一个积极的读者应有的权利，自然，同时也是他们的职责所在，不应由编者或他人来包办。要选择、判断的，不仅仅是孔子的原意是什么，还有不同注疏家的解释背后所蕴含的丰富而深刻的意蕴，它可以小至一字一词的训诂方法，大至观念、思想的背景及其内涵和意义。

本编采集的旧注，以何晏《论语集解》、皇侃《义疏》、朱熹《论语集注》、刘宝楠《论语正义》为主，兼及晋宋以下迄于清人之间，编者以为有其参考价值的其他一些解说。要说明的是，除何氏、朱氏及刘氏三著外，其他旧注，基本仰仗程树德《论语集释》所搜集之资料，并非编者独立搜求所得。之所以在文中单列各家之说，并冠以各注家之名氏或书名，旨在便于读者了解各家注解、学说之同异。特此说明，并对前贤搜讨遗籍、勾稽旧说之勤勉精神及泽惠后来、推进学术之巨伟贡献深致敬意。今人的注释，主要是采纳了钱穆《论语新解》、李泽厚《论语今读》、杨树达《论语疏证》及杨伯峻《论语译注》中的一些看法。

"注释"基本上以字、词为单位出注，间亦视需要以句为单位。以采录旧注阐说文义为主，兼顾注重展示传统训诂方法。"集说"以章旨为主，特定文句亦视需要列有"集说"。但旧注往往不将字、词、句、章之解释截然分开，故"注释"与"集说"有时分别并不泾渭分明；有时亦可能省略其中所夹有的对字词之解释，意在避免不必要之繁琐，并非妄改旧注、厚诬古人。

为避免繁琐，本编对所引较多之各著，皆用简称，先附书名对照表于下，以便阅读，少量今人注解本也依此处理。

略称表

略称	全名	本编所依版本
孔注	孔安国《论语孔氏训解》	参合刘宝楠《论语正义》及程树德《论语集释》所引
包注	包咸《论语包氏章句》	同上
马注	马融《论语马氏训说》	同上
郑注	郑玄《论语郑氏注》	同上
集解	何晏《论语集解》	同上
皇疏	皇侃《论语义疏》	同上
邢疏	邢昺《论语注疏》	同上
补疏	焦循《论语补疏》	同上
集注	朱熹《论语集注》	《四书章句集注》,北京:中华书局 1983 年第 1 版
正义	刘宝楠《论语正义》	高流水点校,北京:中华书局 1991 年第 1 版
集释	程树德《论语集释》	程俊英、蒋见元点校,北京:中华书局 1990 年第 1 版
疏证	杨树达《论语疏证》	上海:上海古籍出版社 1986 年第 1 版
新解	钱穆《论语新解》	北京:三联书店 2002 年第 1 版
译注	杨伯峻《论语译注》	北京:中华书局 1980 年第 2 版
今读	李泽厚《论语今读》	北京:三联书店 2004 年第 1 版
说文	许慎《说文解字》	主要依刘宝楠《论语正义》所引

本书虽集旧注,但并不能就代替旧注,读者可依上表中的书目,进一步寻找旧注原书。此外,在阅读《论语》原典的基础上进一步阅读相关的研究论著,也是很有必要的。这方面的书同样非常多,不难从各种渠道找到,故也不拟细致列出书目,在此只提供几种较新问世的著作的版次信息。

《孔子与中国之道》,〔美〕顾立雅著,高专诚译,郑州:大象出版社 2000 年第 1 版;

《孔子:即凡而圣》,〔美〕赫伯特·芬格莱特著,彭国翔、张华译,南京:江苏人民出版社 2002 年第 1 版;

《古代中国的思想世界》,〔美〕史华兹著,程钢译,南京:江苏人民出版社 2004

年第 1 版;对孔子及《论语》的研究只是此书的一部分,但丝毫无损于它在这方面的成绩;以上三种原版其实出版年代并不晚,不过是晚近几年才翻译成汉语;

《古代思想文化的世界:春秋时代的宗教、伦理与社会思想》,陈来著,北京:三联书店 2002 年第 1 版。同样非专门研究《论语》,但有助于更好理解孔子的思想。

《通过孔子而思》,[美] 郝大维、安乐哲著,何金俐译,北京:北京大学出版社 2005 年第 1 版。

华东师范大学中文系 2003、2004 两级基地班同学直接激励了本书的编写,其中鹏宇、胡伟新、程一聪、倪春军、梅篮予、任冬梅、王钦、管骏捷、赵思木、宋和平、于胜玥、成惠芳、饶清欣等同学给予的鼓励和协助尤多;家弟正荫、正烔一直大力支持我的学习、工作,并帮助录入资料,友人迈克尔(Michael)代为搜集海外汉学资料,姜汉椿先生为本书的出版付出了极细心而辛苦的劳动,在此一并深致谢意。

学 而 第 一

1.1　子①曰:"学②而时③习④之,不亦说⑤乎? 有朋⑥自远方来,不亦乐乎? 人不知而不愠⑦,不亦君子⑧乎?"

注释

① 子:男子之通称,《论语》中言"子曰"者皆指孔子。《邢疏》:"书传直言'子曰'者,皆指孔子。以其圣德著闻,师范来世,不须言其氏,人尽知之故也。"

② 学:篆文"敩"的省文。《说文》:"敩,觉悟也。"《白虎通·辟雍》:"学之为言觉也,以觉悟所未知也。"

③ 时:《说文》:"时,四时也。"指春、夏、秋、冬四时,也引申指一日之早晚。王肃云:"时习,学者以时诵习之。"

④ 习:《说文》:"习,鸟数飞也。"本义是雏鸟在教导下练习飞翔,引申为实习、演习。

⑤ 说:"悦"的本字,喜悦。王肃:"讲习以时,学无废业,所以为悦怿。"

⑥ 有朋:古本或作"友朋"。朋,《包注》:"同门曰朋。"宋翔凤以为即指"弟子"。

⑦ 愠:怒。

⑧ 君子:《白虎通·通号》:"或称君子者,道德之称也。"《礼记·哀公问》:"君子也者,人之成名也。"《译注》:"《论语》中的'君子'有时指'有德者',有时指'有位者',此处指有德者。"

问题分析

　　问:"学而时习之"为何"悦"? "学"在孔子思想中具有怎样的地位?

　　答:"习",不仅仅是今天"温习"、"复习"的意思,更指"练习"、"实习"、"演习",强调的是将所学付诸人生实践。从师长、书本中学习到的知识要及时地在生活中加以练习和实践,如此则不但所学知识得到巩固和验证,更重要的是,在实际践行的过程中,会不断体悟到所学知识的真谛,掌握它的真正精神,从而用以指导自己的人生。这是"学、习"的真义,它的快乐正源于此。从《论语》中可以看到,孔子所教给学生的,并不仅仅是如今天所理解的书本知识,它里面固然有具体的《诗》、

《书》文本传授，也有具体礼仪的学习教导，但最核心的则是以养成"君子"人格为核心的人格养成。这是需要一个人用终生的实践去完成的。在这一人格养成的过程中获得精神上的收获，正是人生最大的愉悦。由此看来，"学"在孔子思想中，可谓占有相当关键的地位，"学"是直接与人之成为一个"君子"关联在一起的。学不但是一生的行为，而且也远非学习书本知识，孔子的弟子子夏曾说："贤贤易色，事父母能竭其力，事君能致其身，与朋友交言而有信；虽曰未学，吾必谓之学矣。"（见本篇第七章）子夏认为，如果一个人能够做到"贤贤易色"以下四者，即使没有学习过书本知识，他也会认为这已经是在学了。子夏的这段话可谓非常清楚地揭示了孔子思想中"学"的涵义与地位。

文化史扩展

五等爵与子的由来　顾炎武《日知录》认为，周代有公、侯、伯、子、男五等之爵的制度，"子"作为五等爵之一，本是专称，即使是"大夫"也不敢称"子"。春秋时期鲁僖公、鲁文公之后，执政的卿大夫才开始称为"子"。此后普通人因为学识得到人们的宗奉，也称为"子"，如老子、孔子等。

汪中《述学别录》也认为"子"是五等爵之名，但他认为古代"孤卿大夫皆称子"，并非自鲁僖公、文公之后才如此。单称"子"不成辞，则称"夫子"，凡是大夫以及承袭其位的嫡子，都称为夫子。孔子曾做过鲁国的司寇，他的门徒就称他为子，或者夫子。

此后"子"多沿用为对师长的尊称。战国时期百家争鸣，许多思想家开创了各自的学说，有许多门徒，通称为"诸子百家"。如孟子、荀子、墨子、庄子、公孙龙子等，《论语》中，孔子的弟子有若、曾参也分别被称为有子、曾子。宋代著名的理学家程颐、程颢兄弟，张栻、朱熹也都被尊称为"子"。

除此以外，因为"子"包含有尊敬、敬重的意味，历代帝王在征求贤才时，也用它来称呼那些征辟来的士人，在求贤和策问的诏书中就称他们为"子大夫"，而实际上这些士人多属于尚未入仕者。

学与时　古人认为"学"要及时、适时。皇侃《论语义疏》云："凡学有三时：一是就人身中为时，二就年中为时，三就日中为时也。一就身中者，凡受学之道，择时为先，长则扞格，幼则迷昏。故《学记》云'发然后禁，则扞格而不胜；时过然后学，则勤苦而难成'是也。既必须时，故《内则》云'六年教之数与方名，七年男女不同席，八年始教之让，九年教之数日，十年学书计，十三年学乐、诵《诗》、舞《勺》，十五年成童,舞《象》。'并是就身中为时也。二就年中为时者,夫学随时气则受业易入,故《王制》云'春夏学《诗》、《乐》,秋冬学《书》、《礼》'是也。春夏是阳,阳体轻清,《诗》、《乐》是声,声亦轻清;轻清时学轻清之业则为易入也。秋冬是阴,阴体重浊;《书》、《礼》是事,事亦重浊,重浊时学重浊之业亦易入也。三就日中为时者,前身中、年中二时,而所学并日日修习,不暂废也。故《学记》云'藏焉、修焉、息焉、游焉'是也。今云'学而时习之'者,'时'是日中之'时'也。"学"既要及时,则"习"更要及时。

1.2　有子①曰:"其为人也孝弟②而好犯上者,鲜③矣! 不好犯上,而好作乱者,未之有也。君子务本④,本立而道生⑤。孝弟也者,其为仁⑥之本与⑦!"

注释

① 有子:孔子弟子,姓有,名若,小孔子十三岁,一说小三十三岁。《论语》中有若和曾参每被称为"子",说明有的篇章是由他们的弟子所记。

② 弟:同"悌",善事兄长为悌。

③ 鲜(xiǎn):少。

④ 本:《说文》:"本,木下曰本,从木,一在下。"树木之根为"本"。引申为根本,基始。

⑤ 本立而道生:此句当是古逸诗。《说苑·建本》:"孔子曰:'君子务本,本立而道生。'夫本不正者末必倚,始不盛者终必衰。诗云:'原隰既平,泉流既清,本立而道生。'"

⑥ 仁:有的本子作"人"。《郑注》云:"孝为百行之本,言人之为行,莫先于孝。"《译注》:"作'人'不能与'本立而道生'一句相应,未必符合有子的原意。"

⑦ 与:音 yú,同"欤",表推测语气。

思考与讨论

本章以层递式的推论方式,将"孝弟"作为"仁"之本,即建立和谐的人伦关系之根本,并且将"孝弟"视为社会秩序的根本起点。虽然此章为有子之言,但显然是祖述孔子之思想。这一思想的根基何在? 今天应如何准确认识这一思想?

1.3 子曰:"巧言令色①,鲜矣仁。"

注释

① 令色:《说文》:"色,颜气也。"即脸色。令色,《包注》:"善其颜色。"

文学链接

孔子非常重视"言"的作用,这其中包括对"巧言"的警惕。《论语》里反复记录了这一点。孔子的这一思想应该既是自己观察思考的结果,也显然借鉴了前人的经验和历史的教训。《诗经》里就有这样的作品。

诗·小雅·巧言

悠悠昊天,曰父母且。无罪无辜,乱如此怃。昊天已威,予慎无罪;昊天泰怃,予慎无辜。

乱之初生,僭始既涵;乱之又生,君子信谗。君子如怒,乱庶遄沮;君子如祉,乱庶遄已。

君子屡盟,乱是用长;君子信盗,乱是用暴。盗言孔甘,乱是用餤。匪其止共,维王之邛。

奕奕寝庙,君子作之。秩秩大猷,圣人莫之。他人有心,予忖度之。跃跃毚兔,遇犬获之。

荏染柔木,君子树之。往来行言,心焉数之。蛇蛇硕言,出自口矣。巧言如簧,颜之厚矣。

......

1.4 曾子①曰:"吾日三省②吾身:为人谋而不忠乎? 与朋友交而不信③乎? 传④不习乎?"

注释

① 曾子:孔子学生,名参,字子舆,比孔子小四十六岁,为孔子晚年弟子。

② 三省：三，多次。省，音 xǐng，省思。三省即多次、反复省思之意，不过这里所省之内
　　容恰好为三项。

③ 信：《说文》："信，诚也。从人从言。"《释名·释言语》："信，申也。言以相申束，使不
　　相违也。"有多个本子"交"下有"言"字。

④ 传：有两种解释。　指师所传授于己者；指己所传授于他人者。《集注》："传，谓
　　受之于师。"取前一义；《皇疏》："凡有所传述，皆必先习，后乃可传，岂可不经先习而
　　妄传之乎？"郭翼雪《履斋笔记》云："曾子三省，皆指施于人者言，传亦我传乎人。传
　　而不习，则是以未尝躬试之事而误后学，其害尤甚于不忠不信也。"焦循《论语补疏》
　　谓："己所素习，用以传人，方不妄传，致误学者，所谓'温故而知新，可以为师'也。"
　　都持后一种解释。

1.5　子曰："道①千乘之国②，敬③事而信，节用④而爱人⑤，使民
以时⑥。"

注释

① 道：治理。《马注》："道，谓为之政教。"皇侃本作"导"。

② 千乘：乘，四马拉着的兵车。千乘之国即有千辆兵车的国家。旧注对千乘之国的具
　　体大小纷争不已，但从《论语》其他篇章所述来看，此时千乘之国已经不算大国了。

③ 敬：《说文》："敬，肃也。"《释名·释言语》："敬，警也，恒自警肃也。"

④ 用：财用，开支。

⑤ 人：《皇疏》："人是有识之目，'爱人'则兼朝廷也；民是瞑闇之称，'使之'则唯指黔黎
　　也。"刘逢禄《论语述何篇》亦谓"人"与"民"对举，人指臣子，民指百姓。

⑥ 使民以时："使民"指征集百姓从事各种役作。"时"特指农时，"以时"意为不违农
　　时。《皇疏》："以时，谓出不过三日，而不妨夺民农务也。"

文学链接

　　"敬事而信"是传统政治哲学的重要内容之一，因而与之相关的历史事件也常
常得到史家的特别注意。这些记录下来的历史事件，不但印证了孔子的这一主
张，而且往往生动鲜明、意义深刻，成为叙事文学中的经典片断。

齐鲁柯之盟 《春秋公羊传·庄公十三年》

冬,公会齐侯,盟于柯。传曰:何以不日?易也。其易奈何?桓之盟不日,其会不致,信也。其不日何以始乎此?庄公将会乎桓,曹子进曰:"君之意何如?"庄公曰:"寡人之生则不若死矣。"曹子曰:"然则君请当其君,臣请当其臣。"庄公曰:"诺。"于是会乎桓。庄公升坛,曹子手剑而从之。管子进曰:"君何求乎?"曹子曰:"城坏压境,君不图与?"管子曰:"然则君将何求?"曹子曰:"愿请汶阳之田。"管子顾曰:"君许诺。"桓公曰:"诺。"曹子请盟,桓公下,与之盟。已盟,曹子摽剑而去之。要盟可犯,而桓公不欺;曹子可雠,而桓公不怨,桓公之信著乎天下,自柯之盟始焉。

徙南门之木 《史记·商君列传》

以卫鞅为庶长,卒定变法之令。令既具,未布,恐民之不信己,乃立三丈之木于国都市南门,募民有能徙置北门者,予十金。民怪之,莫敢徙。复曰:"能徙者,予五十金。"有一人徙之,辄予五十金,以明不欺。卒下令,令行于民。

烽火戏诸侯 《史记·周本纪》

幽王以褒姒为后,姒不好笑,幽王欲其笑,万方,故不笑。幽王为烽燧大鼓,有寇至,则举烽火,诸侯悉至。至而无寇,褒姒乃大笑。幽王说之,为数举烽火。其后不信,诸侯益亦不至。犬戎攻幽王,幽王举烽火征兵,兵莫至,遂杀幽王骊山下,虏褒姒,尽取周赂而去。

楚厉王有警鼓 《韩非子·外储说左上》

楚厉王有警鼓,与百姓为戒,饮酒醉,过而击,民大惊。使人止之,曰:"吾醉而与左右戏而击之也。"民皆罢。居数月,有警,击鼓而民不赴,乃更令明号而民信之。

思考与讨论

《荀子·议兵》云:"虑必先事,而申之以敬,慎终如始,终始如一,夫是之谓大吉。凡百事之成也,必在敬之;其败也,必在慢之。"结合荀子的这段话,理解本章"敬事"的含义,并思考它在今日有什么意义?

1.6 子曰:"弟子①入②则孝,出则悌,谨而信,泛爱众,而亲仁③,行有余力,则以学文④。"

注释

① 弟子:弟与子,对兄与父而言,泛指年小为弟、为子之人。

② 入:《礼记·内则》:"由命士以上父子异宫",则"入"指由自己所居之室到父母之室,下一句"出"指出居己宫。

③ 仁:仁人。

④ 文:《马注》:"文,古之遗文。"《郑注》:"文,道艺也。"二说可并通,学文并非仅指学习文字、文献。

1.7 子夏①曰:"贤贤②易色③,事④父母能竭其力,事君能致其身⑤,与朋友交言而有信:虽曰未学,吾必谓之学矣。"

注释

① 子夏:孔子弟子,姓卜名商,字子夏,小孔子四十四岁。旧说《毛诗序》为子夏所作。

② 贤贤:前一"贤"作动词,尊重之意;后一"贤"为名词,贤人。

③ 易色:易有两解。一解作"如",则"贤贤易色"与"好德如好色"意思接近,《孔注》:"易色,言以好色之心好贤则善也。"另一解释"易"为"改易"或"轻略"之意。释作"改易",则此句意为"改易好色之心以好贤",《皇疏》《集注》都作此解;释作"轻略"则此句意为"重德而不重色"。陈祖范、宋翔凤等人认为,这一句与下面三句性质相同,下面三句分别指父母之道、君臣之道以及朋友之道,则此句指夫妇之道,意为娶妻应重德不重色。

④ 事:侍奉。下一句"事君"之"事"作"服事"解。

⑤ 致其身:《说文》:"致,送诣也。"有献出之意。身,生命。

文学链接

毛诗·关雎序

《关雎》,后妃之德也,风之始也,所以风天下而正夫妇也。……是以《关雎》乐得淑女以配君子,忧在进贤,不淫其色;哀窈窕,思贤才,而无伤善之心焉,是《关雎》之义也。

范张之交(节选)《后汉书·独行传》

范式字巨卿,山阳金乡人也。少游太学,为诸生,与汝南张劭为友。劭字元伯。二人并告归乡里,式谓元伯曰:"后二年当还,将过拜尊亲,见孺子焉。"乃共克期日,后期方至,元伯具以白母,请设馔以候之。母曰:"二年之别,千里结言,尔何相信之审耶?"对曰:"巨卿,信士,必不乖违。"母曰:"若然,当为尔酝酒。"至其日,巨卿果到,升堂拜饮,尽欢而别。

1.8 子曰:"君子不重①则不威②,学则不固③。主忠信④;无友不如己者⑤;过则勿惮改。"

注释

① 重:庄重。

② 威:威严,有威仪。《左传·襄公三十一年》:"有威而可畏谓之威。"

③ 固:此句有两解。一解"固"作"坚固"解,则此句与前一句联在一起,意为君子不庄重,则既无威仪,且学习也不能坚固其志。另一解释"固"义为"蔽",或"固陋",则是将此章五句都视为并列指五事,"学则不固"意为"学习则能不蔽,不固陋"。

④ 主:亲近,或以之为主。

⑤ 无:通"毋",不要。友,以之为友。一解,"无"作"没有"解,则"友"为名词。按后一解语气与前后两句不合,似不切。

思考与讨论

苏轼解释此章"无友不如己者"时说:"世之陋者乐以不己若者为友,则自足而日损,故以此戒之。如必胜己而后友,则胜己者亦不与吾友矣。"后来的学者因此颇有疑问;孔子又曾说过"三人行必有我师",与这一章似亦有矛盾。对此应如何理解?

1.9 曾子曰:"慎终①,追远②,民德③归厚④矣!"

注释

① 慎:《说文》:"慎,谨也。"终,《郑注》:"老死曰终。"慎终,谓丧尽其哀。

② 追远:谓父祖已殁,虽然久远,也应当按时追祭。或谓"远"指远祖。

③ 德:《礼记·乐记》:"德者,性之端也。"

④ 厚:淳厚。

问题分析

问:"慎终追远"何以能使民德归厚?

答:慎终追远,说的是按照礼的要求,及时而恰当地祭祀已经故去的祖先。对这一章的含义,一般有两种不同的理解,一种理解认为,这是对居位临民的在上者而言的。在上者能做到丧尽其哀,祭尽其礼,则能给百姓带来良好的示范作用,从而使民风淳厚。一种理解认为不必单指在上者而言,即令一般百姓,能慎终追远,不忘先祖,其风俗自能归于淳厚。这两种其实都指向同一个问题,即"慎终追远"能对风俗人心产生根本性的良好影响。先秦儒家的这种思想有着非常深远的源头,在很大程度上是上古时代祖先崇拜和鬼神观念的遗存。殷商时代重鬼神,至周初虽稍有衰减,但人死后有灵魂的观念仍然存在。人们认为死去的人仍对活着的人施加重要影响,会根据人们行为的善恶赐福降灾。在这些鬼神中,已逝祖先是其中尤为重要者,他们不但主宰着人间的善恶报应,而且对君主和贵族而言,有着显赫功业和声望的祖先也往往保证了自己治政临民的权力和地位有着合法的来源,是自己言行、事业的榜样。适时合礼地追祭祖先,感念他们的功业和德行,使自己沐浴在这些仪式之中而获得某种精神上的陶染,在自己和祖先之间建立起一种情感上的联系。这不但可以调节自己的言行举措归于淳正,而且上以化下,对臣民有着示范性的作用,使他们的言行也归于淳厚。另一方面,据传世文献记载,自王公贵族至于大夫士,都有相应的丧祭礼仪,因此他们也同样在对各自祖先的追祭中建立起与祖先在精神上的联系,在重温先祖生命历程中获得情感上的陶染。即使从现代社会的情形来看,这种情感陶染的效果也是存在的。

1.10　子禽①问于子贡②曰:"夫子③至于是邦④也,必闻⑤其政。求之与? 抑⑥与之与?"子贡曰:"夫子温、良、恭、俭、让以得之。夫子之求之也,其诸⑦异乎人之求之与!"

注释

① 子禽:陈亢,字子禽。旧注或以为也是孔子学生。

② 子贡:孔子学生,姓端木,名赐,字子贡。小孔子三十一岁。

③ 夫子:《皇疏》:"《礼》:身经为大夫者,得称为夫子。孔子,鲁大夫,故弟子呼为夫子也。"此章指孔子,后世亦特指孔子。

④ 邦:与"国"对举时,大曰邦,小曰国。单称则泛指国家。

⑤ 闻:与闻,知闻。

⑥ 抑:抑且,或者,还是。

⑦ 其诸:语气词,表不肯定。

集说

《郑注》:"言夫子行此五德而得之,与人求之异,明人君自愿求与为治也。"

《皇疏》:"政是人君所行,见于民下,不可隐藏,故夫子知之,是人君所行自与之也。"

顾欢:"此明非求非与,直以自得之耳。其故何也? 夫五德自充,则是非自镜也。"又云:"夫子求知乎己,而诸人访之于闻政,故曰异也。"

梁觊:"夫子所至之国,入其境,观察风俗以知其政教,其民温良,则其君政教之温良也;其民恭俭让,则政教之恭俭让也。孔子但见其民,则知其君政教之得失也。"又云:"凡人求闻见乃知耳,夫子观化以知之,与凡人异也。"

《集注》:"五者,夫子之盛德光辉接于人者也。言夫子未尝求之,但其德容如是,故时君敬信,自以其政就而问之耳,非若他人必求之而后得也。圣人过化存神之妙,未易窥测,然即此而观,则其德盛礼恭而不愿乎外,亦可见矣。"

思考与讨论

子贡对孔子"至于是邦必闻其政"的解释,后世注家解释纷纭,其间有何差异? 这些差异说明了什么问题?

子贡是孔门弟子中最长于言语者,他回答陈亢的方式有何特点?

1.11 子曰:"父在,观其志;父没,观其行①;三年②无改于父之道,可谓孝矣。"

注释

① 其:此章两"其"字,《孔注》及《集注》皆认为指子而言。如此,则"父在观其志"指父在世,为子者不得自专其事,因此只能从他的志向来看他孝与否;父没后则从为子者之行为来观察。宋人范祖禹《论语说》则以"其"为指父而言,谓"为人子者,父在则能观其父之志而承顺之,父没则能观其父之行而继述之。"

② 三年:《孔注》以为指在丧期之三年。汪中云:"三年者,言其久也。"

文化史扩展

丁忧 丁艰 本章"三年无改于父之道"中的"三年"或以为是概言"多年",有人则以为指实际三年。总之,在父殁后的一定时期内恪守孝道,守礼尽哀,是古人定下的"三年之丧"的制度,即所谓"丁忧三年"之制。《论语·阳货第十七》记宰我问三年之丧,孔子说三年之丧是天下之通丧,即可知。按礼,父母丧亡,为子者要守丧三年,不得婚娶宴乐,也不能应考做官,如果已出仕,也要辞职归家。用孔子的话说丁忧在身之人,要"食不甘味,闻乐不乐,居处不安",甚至不居于家中,而是"庐于墓侧",即在父母的墓旁结草庐而居。也叫"丁艰",又父丧称"外艰",母丧为"内艰"。

1.12 有子曰:"礼①之用②,和为贵③。先王之道,斯④为美,小大由之。有所不行⑤,知和而和⑥,不以礼节⑦之,亦不可行也。"

注释

① 礼:《礼记·祭义》:"礼者,履此者也。"《檀弓》:"品节斯之为礼。"
② 用:《说文》:"可施行也。"《礼记·燕义》:"和宁,礼之用也。"
③ 和:《说文》:"龢,调也。读与咊同。盉,味也。和,相应也。"《正义》引之,云三义略近。
④ 斯:此。
⑤ 有所不行:此句《皇疏》、《邢疏》皆与上句"小大由之"连读为一句。《集注》则以"小大由之"属上句读,"有所不行"属下读。由此有不同解释。见下"集说"。
⑥ 和:前一"和"字即"和为贵"之"和";后一"和"作动词。
⑦ 节:节制,约束。

集说

礼之用,和为贵。先王之道,斯为美:

《皇疏》:"此以下明人君行化必礼乐相须。用乐和民心,以礼检民迹。迹检心和,故风化乃美。和即乐也,变'乐'言'和',见乐功也。乐既言和,则礼宜云敬,但乐用在内为隐,故言其功也。言圣天子之化行,礼亦以此用和为美也。"

《邢疏》:"和,谓乐也。乐主和同,故谓乐为和。夫礼胜则离,谓析居不和也。故礼贵用和,使不至于离。言先王治民之道以此,礼贵和美,礼节民心,乐和民声。乐至则无怨,礼至则不争,揖让而治天下者,礼乐之谓也。是先王之美道也。"

《集注》:"礼者,天理之节文,人事之仪则也。和者,从容不迫之意。盖礼之为体虽严,然皆出于自然之理,故其为用必从容而不迫,乃为可贵。"

《正义》:"礼主于让,故以和为用,《燕义》云'和宁,礼之用也'是也。……和是礼中所有,故行礼以和为贵。皇、邢疏以'和'为'乐',非也。《乐记》云:'礼胜则离',《郑注》:'离谓析居不和也。'又《易·系辞传》:'履以和行。'虞翻注:'礼之用,和为贵,故以和行。'和是言礼,非谓乐,审矣。"

《疏证》:"事之调适者谓之和,不独喜怒哀乐之发一事也。《说文》云:'龢,调也。盉,调味也。'乐调谓之龢,味调谓之盉,事之调适皆谓之和,其义一也。和今言适合,言恰当,言恰到好处,礼之为用固在乎适合,然若专求适合,而不以礼为之节,则终日舍己徇人,而亦不可行矣。朱子训'和'为'从容不迫',既与古训相违,以之释'知和而和',尤不可通,恐未是也。"

小大由之　有所不行:

《皇疏》:"若小大之事皆用礼而不用和,则于事有所不行也。"

《邢疏》:"言每事小大皆用礼,而不以乐和之,则其政有所不行也。"

知和而和,不以礼节之,亦不可行也:

马曰:"人知礼贵和,而每事从和,不以礼为节,亦不可行。"

皇疏:"上明行礼须乐,此明行乐须礼也。人若知礼用和而每事从和,不复为礼为节者,则于事亦不得行也。所以言'亦'者,沈居士云'上纯用礼不行,今皆用和,亦不可行也。'"

《集注》以"有所不行"属下句,通释至本章末云:"承上文而言,如此而复有所不行者,以其徒知和之为贵而一于和,不复以礼节之,则亦非复理之本然矣,所以流荡忘反,而亦不可行也。……严而泰,和而节,此理之自然、礼之全节也。毫厘有差,则失其中正,而各倚于一偏,其不可行均矣。"

1.13　有子曰:"信近① 于义②,言可复③ 也;恭近于礼,远耻辱也;因④ 不失其亲,亦可宗⑤ 也。"

注释

① 近:《说文》:"近,附也。"附着之意。

② 义:《皇疏》:"义,合宜也。"《集注》:"义者,事之宜也。"《正义》:"《说文》:'谊,人之所实用也,义,己之威仪也。'二字义别,今经传通作'义'。"

③ 复:《集解》:"犹覆也。"《皇疏》:"复,犹验也。"言可反复即可覆验之意。故《集注》云"复,践言也。"《译注》举《左传》中"复言"两例支持朱熹之说:"《左传·僖公九年》荀息说:'吾与先君言矣,不可以贰,能欲复言而受身乎?'又《哀公十六年》叶公说:'吾闻胜也好复言,……复言非信也。'这'复言'都是实践诺言之意。"桂馥《札朴》已引第二条,见《集释》。

④ 因:《孔注》:"因,亲也。"作"亲近"解。《集注》:"因,犹依也。"依靠之意。又或释"因"为"姻"。

⑤ 宗:宗敬,可靠。

集说

《包注》:"恭不合礼,非礼也。以其能远耻辱,故曰近礼也。"

《集解》:"义不必信,信不必义也。以言可反复,故曰近义。"

《皇疏》:"夫信不必合宜,合宜不必信。若为信近于合宜,此信之言乃可复验也。若为信不合宜,此虽是不欺,而其言不足复验也。"

思考与讨论

本章"信"、"义"的含义与今天的理解有什么差别? 今天当如何看待二者之关系?

结合"恭近于礼,远耻辱也"重新认识上一章"礼之用,和为贵"的思想。

1.14　子曰:"君子食无求饱,居无求安①,敏于事而慎于言,就有道②而正③焉:可谓好学也已④。"

注释

① 安:安逸。《郑注》:"无求安饱,学者之志有所不暇也。"

② 有道:有道之人。

③ 正:匡正。

④ 已:同"矣"。

文学链接

子贡倦学　《荀子·大略》

子贡问孔子:"赐倦于学矣,愿息事君。"

子曰:"诗云'温恭朝夕,执事有恪',事君难,事君焉可息哉。"

"然则赐愿息事亲。"

孔子曰:"诗云'孝子不匮,永锡尔类',事亲难,事亲焉可息哉。"

"然则赐愿息于妻子。"

孔子曰:"诗云'刑于寡妻,至于兄弟,以御于家邦',妻子难,妻子焉可息哉。"

"然则赐愿息于朋友。"

孔子曰:"诗云'朋友攸摄,摄以威仪',朋友难,朋友焉可息哉。"

"然则赐愿息耕。"

孔子曰:"诗云'昼尔于茅,宵尔索绹。亟其乘屋,其始播百谷。'耕难,耕焉可息哉。"

"然则赐无息者乎。"

孔子曰:"望其圹,皋如也,嵮如也,鬲如也,此则知其息矣。"

子贡曰:"大哉死乎,君子息焉,小人休焉。"

1.15　子贡问曰:"贫而无谄①,富而无骄,何如?"

子曰:"可也。未若贫而乐②、富而好礼者也。"

子贡曰:"《诗》③云:'如切如磋,如琢如磨④',其斯之谓与?"

子曰:"赐也,始可与言《诗》已矣! 告诸往而知来者。"

注释

① 谄:《说文》:"諂,谀也。"《皇疏》引范宁曰:"不以正道求人为谄也。"
② 贫而乐:《古论》、《史记》等本作"贫而乐道"。定州竹简本亦作"贫而乐道"。《郑注》:"乐谓志于道,不以贫为忧苦。"
③ 诗:即后世所说的《诗经》。这里所引两句诗出自《诗经·卫风·淇奥》。
④ 如切如磋,如琢如磨:切磋琢磨是加工各种器物的方法。《尔雅·释器》曰:"骨谓之切,象谓之磋,玉谓之琢,石谓之磨。"

文学链接

诗·卫风·淇奥

瞻彼淇奥,绿竹猗猗。有匪君子,如切如磋,如琢如磨。瑟兮僩兮,赫兮咺兮。有匪君子,终不可谖兮。

瞻彼淇奥,绿竹青青。有匪君子,充耳琇莹,会弁如星。瑟兮僩兮,赫兮咺兮。有匪君子,终不可谖兮。

瞻彼淇奥，绿竹如箦。有匪君子，如金如锡，如圭如璧。宽兮绰兮，猗重较兮。善戏谑兮，不为虐兮。

赵文子为室《国语·晋语八》

赵文子为室，斫其椽而砻之。张老夕焉而见之，不谒而归。文子闻之，驾而往，曰："吾不善，子亦告我，何其速也？"对曰："天子之室，斫其椽而砻之，加密石焉。诸侯砻之，大夫斫之，士首之。备其物，义也；从其等，礼也。今子贵而忘义，富而忘礼，吾惧不免，何敢以告。"文子归，令之勿砻也。

东平宪王苍传《后汉书》

苍少好经书，雅有智思，为人美须髯，要带十围，显宗甚爱重之。及即位，拜为骠骑将军，置长史掾史员四十人，位在三公上。……是时中兴三十余年，四方无虞，苍以天下化平，宜修礼乐，乃与公卿共议定南北郊、冠冕、车服制度及光武庙登歌八佾舞数。……苍在朝数载，多所隆益，而自以至亲辅政，声望日重，意不自安，上疏归职……，帝优诏不听。其后数陈乞，辞甚恳切，五年，乃许还国。……十一年，苍朝京师，月余，还国。帝临送，归宫，凄然怀思，遣使手诏国中傅曰："……日者问东平王，处家何等最乐，王言，为善最乐。其言甚大，副是要腹矣。"……肃宗即位，……欲为原陵、显节陵起县邑。苍闻之，遽上疏谏，……帝从而止。……六年冬，苍上疏求朝，明年正月，帝许之。……苍既至，升殿乃拜，天子亲答之。……苍以受恩过礼，情不自宁，上疏辞……。帝省奏叹息，愈褒贵焉。……

论曰：孔子称："贫而无谄，富而无骄，未若贫而乐，富而好礼者也。"若东平宪王，可谓好礼者也。若其辞至戚，去母后，岂欲苟立名行而忘亲遗义哉！盖位疑则隙生，累近则丧大，斯盖明哲之所以叹息。呜呼，远隙以全忠，释累以成孝，夫岂宪王之志哉！

文化史扩展

《诗》与春秋战国之诗学 《诗》在后世被称为《诗经》，是西周到春秋中期的诗歌总集，共三百零五篇，另有六篇有目无辞。人们习惯取其整数，称之为"诗三百"。它称得上是春秋时最为重要的典籍之一，广为时人所诵习。人们学《诗》最主要的目的在于用《诗》。当时最流行的做法是在外交场合下赋《诗》以见志。在合适的场合敏捷地诵出恰当表达自己意见的《诗》句,并且听懂对方用《诗》所传达的意思,是出使各国的"行人"必须具备的非常重要的能力,以致有"登高能赋,可以为大夫"的说法。

《论语》这一章记载了与此相应的另一种学《诗》、用《诗》的情形,即用《诗》来阐明生活实践中的道理与感悟;或者反过来,用生活实践中的感悟来解《诗》。孔门师徒对这两种学《诗》、用《诗》的做法都非常认同,并且身体力行着。孔子云"不学诗,无以言",又说"诵《诗三百》,授之以政,不达,使于四方,不能专对,虽多,亦奚以为",并告诫弟子们"何莫学乎诗,诗可以兴,可以观,可以群,可以怨,迩之事父,远之事君,多识于鸟兽草木之名"。弟子们从师问学,亦多举《诗》篇为佐证或问难。近年发现的战国楚竹书更是比较系统地记载了孔子的《诗》论。所有这些都极大地促进了《诗》的学习与研摩,开创了春秋战国时期《诗》学大盛的繁荣局面,并促进了古典的诗歌和文学主张的发展。

1.16　子曰:"不患①人之不己知,患不知人也。"

注释

① 患:担忧,担心。

为 政 第 二

2.1　子曰:"为政以德①,譬如北辰②,居其所③而众星共④之。"

注释

① 德:《礼记·乐记》:"德者,得也。"《乡饮酒》:"德者,得于身也。"

② 北辰:历来解释纷纭不一,一般均释作北极星。但王夫之、陈懋龄等人都认为,辰是指天空无星处,或者说是日月星之"次舍"。北辰实指天极,即地球北极所指向之天空极远处一点,这一点在地球上看来是不动的,但在这一位置上并无星,它只能通过仪器测量出来。因而人们通常通过它附近的星来确认它的位置,这附近的星才是一般所说的北极星。北极星实际上也是围绕着北极运动,自古至今其位置变化很大。郭璞曰:"北极,天之中,以正四时。天中即天心,天体圜,此为最高处,名赤道极。"

③ 所:处所。

④ 共:"拱"之省文。或本即作"拱"。《说文》:"拱,敛手也。"《正义》:"众星列峙错居,还绕北辰,若拱向之也。"

集说

《包注》:"德者无为,犹北辰之不移而众星共之。"

郭象:"万物皆得性谓之德。夫为政者奚事哉?得万物之性,故云德而已也。得其性则归之,失其性则违之。"

《集注》:"为政以德,则无为而天下归之,其象如此。"

李允升《四书证疑》:"既曰为政,非无为也,政皆本于德,有为如无为也。"又曰:"为政以德,则本仁以育万物,本义以正万民,本中和以制礼乐,亦实有宰制,非漠然无为也。"

毛奇龄《论语稽求篇》:"包氏'无为'之说,此汉儒搀和黄老之言。何晏本讲老氏、援儒入道者,其作《集解》,固宜独据包说,专主无为。夫为政以德,正是有为,夫子已明下一'为'字。况为政尤以无为为戒。《礼记》:'哀公问为政。孔子曰:

"政者,正也。君为政,则百姓从政矣。君之所为,百姓之所从也。君所不为,百姓何从。'夫子此言若预知后世必有以无为解为政者,故不惮谆谆告诫,重言迭语,此实可与《论语》相表里。"

王夫之《读四书大全说》:"若更于德之上加一无为以为化本,则已淫入老氏无为自正之旨。抑于北辰立一不动之义,既于天象不合,且陷入老氏轻为重君、静为躁根之说。毫厘千里,其可谬与?"

物茂乡《论语征》:"为政,秉政也。以德,为用有德之人。秉政而用有德之人,不劳而治,故有北辰之喻。"

《新解》:"本章旧注,多以无为释德字。其实德者德性,即其人之品德。孔子谓作政治领袖,主要在其德性,在其一己之品德,为一切领导之主动。即如前'道千乘之国'章,亦即为政以德。惟德可以感召,可以推行,非无为。"

思考与讨论

什么是"德"? 今天应如何看待这一章?

2.2　子曰:"诗三百①,一言②以蔽③之,曰:'思无邪④'。"

注释

① 诗三百:《诗》有三百零五篇,另有六篇"笙诗"有目无辞,共三百十一篇。称"诗三百",是举其大数。

② 一言:一句话。

③ 蔽:当。《论语笔解》韩愈云:"蔽,犹断也。"

④ 思无邪:这一句出自《诗·鲁颂·駉》,见下面"文学链接"。历来解释多有歧义,见下"集说"。

集说

《包注》:"思无邪,归于正也。"

《皇疏》引卫瓘云:"不曰思正,而曰思无邪,明正无所思邪,邪去则合于正也。"

《集注》:"思无邪,《鲁颂·駉》篇之辞。凡诗之言善者,可以感发人之善心;恶者,可以惩创人之逸志,其用归于使人得其情性之正而已。然其言微婉,且或各因一事而发,求其直指全体,则未有若此之明而尽者。故夫子言诗三百篇,而惟此一言足以尽盖其义,其示人之意亦深切矣。"

《项氏家说》:"思,语辞也。用之句末,如'不可求思'、'不可泳思'、'不可度思'、'天惟显思'。用之句首,如'思齐大任'、'思媚周姜'、'思文后稷'、'思乐泮水',皆语辞也。说者必以为思虑之思,则过矣。"

郑浩《论语集注述要》:"'无邪'字在《诗·駉》篇中,当与上三章'无期'、'无疆'、'无斁'义不相远,非邪恶之邪也。……心无邪恶,与牧马之盛意殊不贯,与'无期'各句亦不一例,知古义当不如此。古义'邪'即'徐'也。《诗·邶·北风》篇'其虚其邪'句,汉人引用多作'其虚其徐',是'邪'、'徐'二字古通用。《集传》于《北风》篇'邪'音'徐',于此篇曰'与下句"徂"叶韵',是二字音相通。《管子·弟子职》曰'志无虚邪',是二字双声联合,古所习用。《诗传》云:'虚,虚徐也。'释《诗》者如惠氏栋、臧氏琳等即本之《诗传》,谓'虚'、'徐'二字一意,是徐即虚。《北风》篇之'邪'字既明,则《駉》篇之'思无邪'即可不烦言而解矣。《集传》于前二章曰'无期犹无疆',于后二章不敢曰'无邪犹无斁',以邪、斁二字义尚远也。今如此解,则亦可曰'无邪犹无斁'也。无厌斁,无虚徐,则心无他骛,专诚一志以之牧马,马安得不盛?……《駉》篇'思无邪'之本义既明,则此章亦即可不烦言而解矣。夫子盖言诗三百篇,无论孝子、忠臣、怨男、愁女,皆出于至情流溢,直写衷曲,毫无伪托虚徐之意,即所谓'诗言志'者,此三百篇之所同也,故曰一言以蔽之。惟诗人性情千古如照,故读者易收感兴之效。若夫诗之是非得失,则在乎知人论世,而非此章论诗之本旨矣。"

文学链接

诗·鲁颂·駉

駉駉牡马,在坰之野。薄言駉者,有骄有皇,有骊有黄,以车彭彭。思无疆,思马斯臧。

駉駉牡马,在坰之野。薄言駉者,有骓有駓,有骍有骐,以车伾伾。思无期,思马斯才。

駉駉牡马,在坰之野。薄言駉者,有驒有骆,有骝有雒。以车绎绎。思无斁,思马斯作。

驷驷牡马,在坰之野。薄言駉者,有骃有騢,有驔有鱼,以车祛祛。思无邪,思马斯徂。

问题分析

问:"思无邪"的本义是什么？如何认识将它解释为"归于正"所具有的重要意义？

答:本章之旨,历来注解纷纭,郑注的考辨堪称详确,二千年纷争可以落定。但是,围绕这一章而产生的纷纭本身,却并不因郑氏的确解而失去其意义。在原诗中作为语气词的"思"在历代对《论语》的解释中变为实词,成为"思想"、"性情"或者"内容"的同义词,而"无邪"之"邪"则取"邪恶"之意。注家因而或将此句释作"归于正",或解为"无邪思"、"得性情之正"等,意思是说孔子认为《诗》作者的思想性情或者《诗》的内容纯正无邪。看起来,这似乎是一个字义训诂上的偶然错误,但这一解释却在传统的《诗经》解释学上产生了深远的影响。有意思的是,汉代人将孔子"蔽"《诗》之"一言"解释为"归于正"的时候,也发现《诗》里并不全都是"纯正"的作品。高度概括的"一言"与三百篇《诗》内容上的丰富与复杂之间出现了巨大的裂隙,促使汉代人发展出一套系统的《诗》学。四家《诗》中保存最为完整的《毛诗》的大、小序就是这一努力的成果;至于朱熹,则从读者一面解释,认为诗之内容无论善恶邪正,都可以使读者一归于正,则是弃《毛序》而别开新义。由此,简单的三个字,却确立了儒家的诗教观,并深刻地影响了传统的文学观念。

附:

毛 诗 大 序

说明:《诗》经秦火之劫而保存下来,到汉代立于学官,相继出现齐、鲁、韩、毛四家《诗》,前三者为今文经,毛诗为古文经。四家在阐释《诗》义时互有同异。在岁月的流逝中,又仅有晚出的古文《毛诗》戛戛独存。《毛诗》在每一篇诗前都有小序阐明诗的比兴美刺之意,其中第一篇《关雎》的小序里有一段文字是总述《诗》之所以作的原因,后世通称为《毛诗大序》,或曰《诗大序》。关于大序的作者历来意见纷纭,或以为是孔子弟子子夏所作,或以为汉代人卫宏所作。大序云:

诗者,志之所之也,在心为志,发言为诗,情动于中而形于言,言之不足,故嗟叹之,嗟叹之不足,故咏歌之,咏歌之不足,不知手之舞之足之蹈之也。

情发于声,声成文谓之音。治世之音安以乐,其政和;乱世之音怨以怒,其政乖;亡国之音哀以思,其民困。故正得失,动天地,感鬼神,莫近于诗。先王以是经夫妇,成孝敬,厚人伦,美教化,移风俗。

故诗有六义焉:一曰风,二曰赋,三曰比,四曰兴,五曰雅,六曰颂。上以风化下,下以风刺上,主文而谲谏,言之者无罪,闻之者足以戒,故曰风。至于王道衰,礼义废,政教失,国异政,家殊俗,而变风变雅作矣。国史明乎得失之迹,伤人伦之废,哀刑政之苛,吟咏情性,以风其上,达于事变而怀其旧俗也。故变风发乎情,止乎礼义。发乎情,民之性也;止乎礼义,先王之泽也。是以一国之事,系一人之本,谓之风;言天下之事,形四方之风,谓之雅。雅者,正也,言王政之所由废兴也。政有大小,故有小雅焉。颂者,美盛德之形容,以其成功告于神明者也。是谓四始,诗之至也。

2.3　子曰:"道①之以政②,齐③之以刑,民免④而无耻;道之以德,齐之以礼,有耻且格⑤。"

注释

① 道:古本或作"导"。引导、诱导之意。《集注》:"道,犹引导,谓先之也。"

② 政:《孔注》:"法教也。"《集注》:"法制政令。"指各种法令、政令等统治措施。

③ 齐之以刑:《马注》:"整齐之以刑罚也。"齐,古本或作"济",作"益"解,助益之意。

④ 免:苟免。意谓民畏于法令刑政之处罚而谨守法令,以避免刑罚。

⑤ 格:《集解》:"正也。"《集注》:"至也。"《译注》引《礼记·缁衣》篇,谓"格"与"遯"对举,故以"人心归服"译"格"。古本或作"恪",意为"敬"。《汉书·货殖传》云"在民上者道之以德,齐之以礼,故民有耻且敬",即本此,亦通。

2.4　子曰:"吾十有①五而志于学,三十而立②,四十而不惑,五十而知天命③,六十而耳顺④,七十而从心所欲⑤,不踰矩。"

注释

① 有:同"又"。"十有五"即"十五"。在整数与零数之间加"有"字,是古人常用的表达
　方法。

② 立:《集解》:"有所成立也。"《集注》:"有以自立,则守之固而无所事志矣。"

③ 天命:天命之含义相当复杂,详下面的"集说"。

④ 耳顺:也有很多解释。代表性的解释如郑玄谓"耳闻其言,而知其微旨。"焦循谓即
　"善与人同,乐取于人以为善","言入于耳,隐其恶,扬其善,无所违也。学者自是其
　学,闻他人之言多违于耳,圣人之道一以贯之,故耳顺也。"

⑤ 从心所欲:或本"从"作"纵"。

集说

四十而不惑:

　　《皇疏》:"业成后已十年,故无所惑也。"

　　孙绰:"四十强而仕,业通十年,经明行修,德茂成于身,训洽邦家,以之莅政,
可以无疑惑也。"

　　苏轼:"遇变而惑,虽立不固。四十不惑,可与权矣。"

　　《集注》:"于事物之所当然皆无所疑,则知明而无所事守矣。"

　　黄式三《论语后案》:"立必先不惑,而言不惑于立之后者何也? 夫子曰:'可与
立,未可与权。'立,守经也;不惑,达权也。"

五十而知天命:

　　《孔注》:"知天命之始终。"

　　王弼:"天命废兴有期,知道终不行也。"

　　孙绰:"大易之数五十,天地万物之理究矣。以知命之年通致命之道,穷学尽
数可以得之,不必皆生而知之也。此勉学者之至言也。"

　　熊埋:"既了人事之成败,遂推天命之期运,不以可否系其理治,不以穷通易其
志也。"

　　《皇疏》:"天命,谓穷通之分也。谓天为命者,言人禀天气而生,得此穷通,皆
由天所命也。天本无言,而云有所命者,假之言也。人年未五十,则犹有横企无
厓。及至五十始衰,则自审己分之可否也。"

　　《集注》:"天命即天道之流行而赋于物者,乃事物所以当然之故也。知此则知
极其精,而不惑不足言矣。"

《正义》:"《说文》云:'命,使也。'言天使己如此也。……知天命者,知己为天所命,非虚生也。盖夫子当衰周之时,贤圣不作久矣。及年至五十,得《易》学之,知其有得,而自谦言无大过,则知天之所以生己、所以命己,与己之不负于天,故以知天命自任。命者,立之于己,而受之于天,圣人所不敢辞也。"

六十而耳顺:

《论衡·知实》:"从'知天命'至'耳顺',学就知明,成圣之验也。"

王弼:"耳顺,言心识在耳前也。"

孙绰:"耳顺者,废听之理也。朗然自玄悟,不复役而后得,所谓'不识不知,顺帝之则'也。"

《集注》:"声入心通,无所违逆,知之之至,不思而得也。"

《论语补疏》:"耳顺即舜之'察迩言',所谓善与人同,乐取于人以为善也。顺者,不违也。舍己从人,故言入于耳,隐其恶,扬其善,无所违也。学者自是其学,闻他人之言多违于耳,圣人之道一以贯之,故耳顺也。"

七十而从心所欲,不踰矩:

《马注》:"矩,法也。从心所欲,无非法者。"

《皇疏》:"从,犹放也;踰,越也;矩,法也。年至七十,习与性成,犹蓬生麻中,不扶自直。故虽复放纵心意,而不踰越于法度也。"

《集注》:"从,随也。矩,法度之器,所以为方者也。随其心之所欲,而自不过于法度,安而行之,不勉而中也。"

章旨:

《集注》:"程子曰:孔子自言其进德之序如此者。圣人未必然,但为学者立法,使之盈科而后进,成章而后达耳。"

《集注》:"圣人生知安行,固无积累之渐,然其心未尝自谓已至此也。是其日用之间,必有独觉其进而人不及知者,故因其近似以自名,欲学者以是为则而自勉,非心实自圣而姑为是退托也。"

《新解》:"此章乃孔子自述其一生学之所至,其与年俱进之阶程有如此。学者固当循此努力,日就月将,以希优入于圣域。然学者所能用力,亦在'志学'与'立'与'不惑'之三阶程。至于'知天命'以上,则非用力所及,不宜妄有希效。知有此一境,而悬以存诸心中则可,若妄以己比仿模拟之,则是妄意希天,且流为乡愿,为无忌惮之小人,而不自知矣。学者试玩《学而》篇之首章与末章,而循循自勉,庶可渐窥此章之深处。盖《学而》篇首末两章,只从浅处实处启示,学者可以由此从入。

此章虽孔子之自道，无语不实，其中却尽有深处玄处。无所凭依而妄冀骤入，则转成谈空说玄，非孔子以平实教人之本意。"

《今读》："这已是千古名言，至今沿用。由年岁来描述个体成熟的不同阶段及状态，是很有意思的。从而有各种解说……其实可以各自为解，不必刻板以求。例如，'三十而立'，有人强调与'立于礼'有关……但后世注疏家多不拘泥于学礼，而泛指人格的成熟，更佳。最难解的是'知天命'，似可解释到五十岁，自己对这偶然性的一生，算是有了个来龙去脉的理解和认同，一方面明确了自己的有限性，另一方面明确了自己的可能性。不再是青少年时代'独上高楼，望断天涯路'的前景茫茫，也不再是'天下事舍我其谁'那种不自量力的空洞抱负了。……人生活在无可计量的偶然性中，却决不失其主宰，这才叫'知天命'。'夭寿不二，修身以俟之，所以立命'，'知命者不立岩墙之下；尽其道而死者，正命也'（《孟子·尽心上》），这种'立命'、'知命'、'正命'都指人对自己命运的决定权和主宰性，而绝非听命、任命、宿命，这也才是'知天'。从而'知天命'、'畏天命'便不释为外在的律令或主宰，而可理解为谨慎敬畏地承担起一切外在的偶然，'不怨天不尤人'，在经历各种艰难险阻的生活行程中，建立起自己不失其主宰的必然，亦即认同一己的有限，却以此有限来抗阻，来承担，来建立，这也就是'立命'、'正命'和'知天命'。'五十而知天命'着意在这种承担和建立的完成，即一己对'命运'的彻底把握。这大概一般非五十岁左右难以实现。"

文学链接

这一章是千古名言，但含义也非常复杂："志于学"的"学"指的是什么；"三十而立"，怎样才能称得上"立"；一个人怎样才能自称"不惑"；"天命"究竟指什么；"耳顺"以及"从心所欲不踰矩"又是什么意思，等等，都无法给出一个标准的解释。

或许对此章而言，另一个层面的问题更有意味。《论语》二十篇，近五百章，记载孔子直接述及自己的并不多，但每有记载，读来往往都亲切有味，如云"吾少也贱，故多能鄙事"，读之者自能悬想当时夫子面对弟子时谦逊而又自豪的神情。这一章是孔子七十岁后对一生志业心灵的回顾。当他在弟子面前将自己的人生一一道来时，应有向弟子传授总其一生所得的人生感悟的意图，是在修习礼乐之外，用最直接的方式传递生命的真谛。一切真正的学问，不论其形态及内容如何，都最终指向自身生命的存在意义这一问题，而一切学问也只有最终落实到对生命的感悟上，才是真正完整的学问，才是亲切有味而动人的学问。孔子开门授徒，平日传授的正是这样的学问，而行将衰谢之暮年，又专门为弟子细述自己一生的心路历程。想来弟子当时亲炙斯言，定然对学问、对生命又有新感悟，而对乃师在敬重之外，又添上一段因这一感悟而产生的深情。这大概就是夫子殁后，弟子心丧三年，尽哀之后乃相对洒泪而别的根本原因。本章极富人生情味，正是其堪称优美的原因。

"知命"的含义非常复杂，录《左传》一则故事，以窥其意之一斑：

郯文公知命 《左传·文公十三年》

郯文公卜迁于绎。史曰："利于民，而不利于君。"郯子曰："苟利于民，孤之利也。天生民而树之君，以利之也。民既利矣，孤必与焉。"左右曰："命可长也，君何弗为？"郯子曰："命在养民，死之短长，时也。民苟利矣，迁也，吉莫如之。"遂迁于绎。五月，郯文公卒。君子曰："知命。"

2.5　孟懿子①问孝。子曰："无违②。"
樊迟③御④，子告之曰："孟孙⑤问孝于我，我对⑥曰：'无违'。"
樊迟曰："何谓也？"
子曰："生⑦，事之以礼；死，葬之以礼，祭之以礼。"

注释

① 孟懿子：鲁大夫，姓仲孙，名何忌，"懿"是他的谥号。其父孟僖子仲孙玃，据《左传》记载，孟僖子临终时，遗命要他向孔子学礼。

② 违：《皇疏》："言行孝者每事须从，无所违逆也。"《集注》："无违，谓不背于理。"

③ 樊迟：孔子弟子，名须，字子迟，《史记·仲尼弟子列传》称小孔子三十六岁，《孔子家语》作小孔子四十六岁。《译注》认为从《左传》记樊迟之事考之，《史记》可能有误。

④ 御：御马，即驾车。樊须作为弟子，为孔子驾车。

⑤ 孟孙：即孟懿子。《白虎通·姓名》："诸侯之子称公子，公子之子称公孙，公孙之子，各以其王父字为氏。"孟懿子是鲁国公子庆父之后，本应当称为孟公孙，孟孙为简称。

⑥ 对：回答。

⑦ 生:在生时。

2.6　孟武伯^①问孝。子曰:"父母唯其疾之忧^②。"

注释

① 孟武伯:仲孙彘,孟懿子的儿子,"武"是他的谥号。

② 父母唯其疾之忧:此句有歧解。一解将"其"解为"父母",则将此句理解为为人子者忧父母之疾。如王充《论衡》、高诱注《淮南子》均持此说。一解,"其"指为人子者,《马注》:"孝子不妄为非,唯疾病然后使父母忧",则此句意为父母忧子之疾。《皇疏》意近之,不录。《集注》:"言父母爱子之心无所不至,惟恐其有疾病,常以为忧也。人子体此而以父母之心为心,则凡所以守其身者自不容于不谨矣,岂不可以为孝乎?"二说皆可通,唯后说较迂曲。

2.7　子游^①问孝。子曰:"今之孝者,是谓能养。至于犬马,皆能有养^②;不敬,何以别乎?"

注释

① 子游:孔子弟子,姓言,名偃,字子游,小孔子四十五岁。

② 至于犬马皆能有养:《包注》:"犬以守御,马以代劳,皆养人者。一曰:'人之所养,乃至于犬马,不敬,则无以别。'"《集注》:"养,谓饮食供养也。犬马待人而食,言人畜犬马,皆能有以养,若能养其亲,而敬不至,则与养犬马何异。"

文学链接

　　"至于犬马皆能有养",颇难有确切解释,但它被凝缩为"犬马之养",用以指孝事父母之意,却屡见于古人的诗文中。兹举数例如下。

补亡诗　束皙

养隆敬薄,惟禽之似。

为独孤氏请陪昭陵合葬母表 李峤

犬马含识,乌乌有情。宁怀反哺,岂曰能养。

上太宗疏 马周

微臣每读经史,见前贤忠孝之事,臣虽小人,窃会见大道,未尝不废卷长想,思履其迹。臣少失父母,犬马之养,已无所施。顾来事之可为者,唯忠义而已。

辞免起复表 王丰甫

犬马之养未伸,风木之悲累至。

2.8　子夏问孝。子曰:"色难①。有事,弟子②服其劳;有酒食,先生③馔④。曾是以为孝乎?"

注释

① 色难:有两解。《包注》:"谓承顺父母之脸色乃为难也。"司马光:"观父母之志趣,不待发言而后顺之者也。"此解以"色"指父母之脸色,一解是指人子的脸色,《郑注》:"和颜说色,是为难也。"颜延之:"夫气色和,则情志通。善养亲之志者,必先和其色,故曰难也。"《集注》:"谓事亲之际,惟色为难也。盖孝子之有深爱者必有和气,有和气者必有愉色,有愉色者必有婉容,故事亲之际,惟色为难耳。"

② 弟子:即《学而第一》"弟子入则孝"章中的"弟子",指为人子或弟者。

③ 先生:年长者。旧注或以为指父、兄。

④ 馔:食用。

思考与讨论

　　自"孟懿子问孝"章至这一章,孔子对各人问孝的回答各不相同,这反映出孔子思想方式或教育方式上有什么特点?从四种不同的回答中,又可以看出"孝"的实质是什么？

2.9　子曰："吾与回①言终日，不违②，如愚。退③而省④其私⑤，亦足以发⑥。回也不愚。"

注释

① 回：孔子弟子，姓颜名回，字子渊，《史记·仲尼弟子列传》谓小孔子三十岁。但与《公羊传》等书所载颜回年岁不合，因此有人以为小四十岁。

② 不违：《孔注》："无所怪问。"《集注》："不违者，意不相背，有听受而无问难也。"

③ 退：退下。指弟子从孔子面前问教受业后退下来。

④ 省：省察，观察。

⑤ 私：《孔注》："退与二三子说绎道义。"即与同门在一起讨论切磋之意。《礼记·学记》云："大学之息，必有居学。"与同门共居于学中，居学与从师受业相对，故云"私"。《集注》："燕居独处，非进见请问之时。"

⑥ 发：发明，阐发。《孔注》："发明大体。"《集注》："发明所言之理。"

2.10　子曰："视其所以①，观其所由②，察③其所安④，人焉廋⑤哉？人焉廋哉？"

注释

① 以：《集解》："以，用也，言视其所行用也。"《集注》："以，为也，为善者为君子，为恶者为小人。"则指行为。

② 由：《集解》："经也，言观其所经从也。"《集注》："从也，事虽为善而意之所从来者有未善焉，亦不得为君子矣。"

③ 察：此三句中，"视"、"观"、"察"意思由浅入深。视，《说文》："视，瞻也。"《谷梁传》："常视曰视，非常曰观。"则"观"比"视"更为详核。察，《尔雅·释诂》："察，审也。"《说文》："察，覆审也。"《皇疏》："视，直视也。观，广瞻也。察，沉吟用心忖度之也。即日所用易见，故云视。而从来经历处此即为难，故言观。情性所安最为深隐，故云察也。"

④ 安:安于,乐于。《集注》:"所由虽善而心之所乐不在于是,则亦伪耳。"
⑤ 廋:音 sōu,隐匿。

思考与讨论

如何看待孔子在这里所说的知人之法?朱熹的解释有何特点,如何看待他的解释?

2.11　子曰:"温①故②而知新③,可以为师矣。"

注释

① 温:《集解》:"寻也。"取寻绎之意。《皇疏》释作"温燖"。郑玄注《礼记·中庸》"温故而知新"谓"温,读如燖温之温,谓故学之孰矣,后时习之,谓之温"。古论作"寻",为"燖"之省文。燖,古文写作"燅"。《说文》"燅,于汤中瀹肉也"。服虔注《左传·哀十二年》"若可寻也"云"寻之言重也,温也"。广雅释诂:"温,燅也。"人于所学能时习之,故曰温故。

② 故:《皇疏》:"故,谓所学已得之事也。"或解作"古",先王之道。刘逢禄《论语述何》云:"故,古也,六经皆述古昔称先王者也。"

③ 新:《皇疏》:"谓即时所学新得者也。"《集注》:"新者,今所得,言学能时习旧闻而每有新得。"

集说

《集解》:"寻绎故者,又知新者,可以为人师矣。"

孙绰:"滞故则不能明新,希新则存故不笃,常人情也。唯心耳秉一者守故弥温,造新必通,斯可以为师者也。"

《皇疏》:"所学已得者则温燖之,不使忘失,此是月无忘其所能也;知新,谓日知其所亡也。若学能日知所亡,月无忘所能,此乃可为人师也。"

《论语笔解》:"韩曰:先儒皆谓寻绎文翰由故及新,此是记问之学,不足为人师者。吾谓故者,古之道也。新,谓己之新意,可为新法。李曰:仲尼称子贡云'告诸往而知来者',此与温故知新义同。"

《集注》:"言学能时习旧闻而每有新得,则所学在我而其应不穷,故可以为人师。若夫记问之学,则无得于心而所知有限,故《学记》讥其不足为人师,正与此意互相发也。"

2.12　子曰:"君子不器①。"

注释

① 器:器物。《说文》:"器,皿也。"孔晁注《周书·宝典》"物周为器"云:"言器能周人之用也。"器物只能分别满足人之某一需要,君子不器,言君子不当自限于一途,应以通才务本为尚。

集说

《包注》:"器者各周于用,至于君子,无所不施。"

熊埋:"器以名可系其用,贤以才可济其业。业无常分,故不守一名。用有定施,故舟车殊功也。"

《集注》:"器者各适其用而不能相通。成德之士体无不具,故用无不周,非特为一材一艺而已。"

思考与讨论

如何认识"君子不器"? 当今社会分工条件下如何处理"器"与"不器"的关系?

2.13　子贡问君子①。子曰:"先行其言而后从之②。"

注释

① 问君子:问如何能成为一个君子。

② 先行其言而后从之:沈括等主张在"行"后为句,即"先行,其言而后从之"。

2.14　子曰:"君子周①而不比②,小人③比而不周。"

注释

① 周:《孔注》:"忠信为周。"《皇疏》:"周是博遍之法,故谓为忠信。"《集注》:"周,普遍也。"又训为亲、密、合。《左传·哀公十六年》传"周仁之谓信",杜预注:"周,亲也。"《离骚》"虽不周于今之人兮",王逸注:"周,合也。"

② 比:《孔注》:"阿党为比。"《皇疏》:"比是亲狎之法,故谓为阿党耳。"《集注》:"偏党也。"《尔雅·释诂》:"比,俌也。"

③ 小人:无德之人。另有一义为微贱之人。此章指前义。

2.15 子曰:"学而不思则罔①,思而不学则殆。"

注释

① 罔:"罔"与下句"殆",历来有不同解释,直接关系到对本章的理解,见下面"集说"。

集说

《包注》:"罔然无所得。"

何晏:"不学而思,终卒不得,徒使人精神疲怠。"

《皇疏》:"夫学问之法,既得其文,又宜精思其义。若唯学旧文而不思义,则临用行之时罔罔然无所知也。又一通云:罔,诬罔也。言既不精思,至于行用乖僻,易诬罔圣人之道也。"

《集注》:"不求诸心,故昏而无得。不习其事,故危而不安。"

王念孙《读书杂志》:"《史记·扁鹊仓公传》:'拙者疑殆。'此殆字非危殆之殆,殆亦疑也。《公羊传·襄四年》注曰:'殆,疑也。'思而不学,则无所依据,故疑而不决。下云'多闻阙疑,多见阙殆',殆亦疑也。"

《译注》:"罔,诬罔的意思,'学而不思'则受欺,似乎是《孟子》'尽信书不如无书'的意思。殆,《论语》的'殆'有两个意义,下文第十八章'多见阙殆'的'殆'当'疑惑'解,《微子篇》'今之从政者殆而'的'殆'当危险解,这里两个意思都讲得过去,译文取前一义(按:译作'缺乏信心')。"

2.16 子曰:"攻乎异端①,斯害也已。"

注释

① 端：《正义》："《说文》云：'耑，物初生之题也。端，直也。'二字义别，今经传多假'端'为'耑'。《礼记·礼器》注：'端，本也。'《孟子·公孙丑》注：'端者，首也。'"本章解释分歧极大，见下"集说"。

集说

《集解》："攻，治也。善道有统，故殊涂而同归，异端不同归也。"

《皇疏》："攻，治也。古人谓学为治，故书史载人专经学问者，皆云治其书、治其经也。异端，谓杂书也。言人若不学六经正典，而杂学于诸子百家，此则为害之深。"

《集注》："范氏曰：'攻，专治也。故治木玉金石之工曰攻。异端非圣人之道，而别为一端，如杨、墨是也。其率天下至于无父无君，专治而欲精之，为害甚矣。'程子曰：'佛氏之言比之杨、墨尤为近理，所以其害为尤甚，学者当如淫声美色以远之，不尔则骎骎然入于其中矣。'"

孙奕《示儿编》："攻，如'攻人恶'之攻。已，如'末之也已'之已，已，止也。谓攻其异端，使吾道明，则异端之害人者自止。孟子距杨墨，则欲杨墨之害止；韩子辟佛老，则欲佛老之害止。"

《补疏》："《韩诗外传》云：'别殊类使不相害，序异端使不相悖。'盖异端者各为一端，彼此互异，惟执持不能通则悖，悖则害矣。有以攻治之，即所谓序异端也。斯害也已，所谓使不相悖也。攻之训治，见《考工记》'攻木之工'注。《小雅》'可以攻玉'，传云：'攻，错也。'《系辞传》'爱恶相攻'，虞翻云：'攻，摩也。'彼此切磋摩错，使紊乱而害于道者悉归于义，故为序。《韩诗》'序'字足以发明'攻'字之意。已，止也，不相悖，故害止也。"

崔适《论语足征记》："《春秋·文十二年》传曰'惟一介断断焉无他技'，《解诂》曰：'断断，犹专一也。他技，奇巧异端也。孔子曰：攻乎异端，斯害也已。'《礼记·大学篇》郑注义同。《颜氏家训·省事篇》：'古人云多为少善，不如执一。鼯鼠五能，不成技术。近世有两人，朗悟士也。性多营综，略无成名，经不足以待问，史不足以讨论，文章无可传于集录，书迹未堪以留爱玩，卜筮射六得三，医药治十差五，音乐在数十人下，弓矢在千百人中，天文、画绘、棊博、鲜卑语、煎胡桃油、炼锡为银，如此之类，略得梗概，皆不通熟。惜乎以彼神明，若省其异端，当精妙也。'颜氏此言，正与何氏之言相发明，是异端者犹《书》、《礼》之'他技'，此经之'多能'。多能乃圣人之事,常人而务多能,必至一无所能。是故断断无他者,不攻异端之益也;多为少善者,攻异端之害也。害在攻,不在异,何平叔已不得其解,云'善道有统,殊途而归。异端,不同归者也',即以害承异言矣。昌黎遂以异端与佛老并言,《朱注》乃证明其义曰:'异端非圣人之道,而别为一端,如杨、墨是也。'案夫子之时杨、墨未生,何由知之? 孟子之辟杨、墨,虽广为之目曰'邪说',曰'诐行',曰'淫辞',而不谓之'异端',则异端非杨、墨之谓也。孙奕《示儿编》谓'攻如攻人之恶之攻。已,止也,谓攻其异端,则害人者自止'。此说亦非也,阮公《校勘记》云:'皇本、高丽本"已"下有"矣"字。'则'也已矣'三字连文,皆语辞,与'吾末如之何也已矣'例同,可征'已'字不得训'止'也。"

2.17 子曰:"由①,诲女②知之乎? 知之为知之,不知为不知,是知也。"

注释

① 由:仲由,字子路,孔子学生,小孔子九岁。
② 女:同"汝"。

2.18 子张①学干禄②。子曰:"多闻阙疑,慎言其余,则寡尤③;多见阙殆,慎行其余,则寡悔。言寡尤,行寡悔,禄在其中矣。"

注释

① 子张:颛孙师,字子张,孔子弟子,小孔子四十八岁。
② 干禄:《郑注》:"干,求也。禄,禄位也。"
③ 尤:过也。多闻、多见与寡尤、寡悔,皆互文见义,即多闻见、寡尤悔。

2.19 哀公①问曰:"何为则民服?"孔子对曰:"举直错诸枉②,则民服;举枉错诸直,则民不服。"

注释

① 哀公：鲁国君，姓姬，名蒋，定公之子，继定公而即位，在位二十七年。

② 举直错诸枉：直，正直之人。错，同"措"，放置。诸，"之于"合音字。枉，邪枉之人。

2.20　季康子①问："使民敬、忠以②劝③，如之何?"子曰："临之以庄则敬，孝慈则忠，举善而教不能④则劝。"

注释

① 季康子：鲁大夫季孙肥，鲁庄公同母弟公子季友之后，哀公时正卿。康是其谥号。

② 以：且。

③ 劝：勉，勉力从事之意。

④ 不能：能力不够之人。

2.21　或谓孔子曰："子奚①不为政。"子曰："《书》②云：'孝乎③惟孝，友于兄弟④，施于有政⑤。'是亦为政，奚其为为政?"

注释

① 奚：何。

②《书》：《尚书》。此章所引是《尚书》的逸文。伪《古文尚书》的作者采入《君陈》篇。

③ 乎：汉石经作"于"。

④ 友于兄弟：《包注》："善于兄弟也。"

⑤ 施于有政：施，《包注》："行也。"有，语辞，无义。

文学链接

刘平江革传后序 华峤《后汉书》

先代石氏父子称孝，子庆相齐，人慕其言而治。此殆所谓"孝乎惟孝，友于兄弟，施于有政，是以为政"也。

郅恽传（节选）《后汉书》

恽志在从政，既乃喟然而叹，谓敬曰："天生俊士，以为人也。鸟兽不可与同群，子从我为伊吕乎，将为巢许而父老尧舜乎。"敬曰："吾足矣。初从生步重华于南野，谓来归为松子。今幸得全躯树类，还奉坟墓，尽学问道，虽不从政，施之有政，是亦为政也。"

闲居赋序（节选）潘岳

昔通人和长舆之论余也，固谓拙于用多。称多则吾岂敢，言拙信而有征。方今俊乂在官，百工惟时，拙者可以绝意乎宠荣之事矣。太夫人在堂，有赢老之疾，尚何能违膝下色养，而屑屑从斗筲之役乎？于是览止足之分，庶浮云之志，筑室种树，逍遥自得。池沼足以渔钓，春税足以代耕。灌园粥蔬，以供朝夕之膳；牧羊酤酪，以俟伏腊之费。孝乎惟孝，友于兄弟，此亦拙者之为政也。乃作《闲居赋》，以歌事遂情焉。

示徐州弟诗 萧统

人伦惟何，五常为性。因以泥黑，犹麻违正。违仁则勃，弘道斯盛。友于兄弟，是亦为政。

2.22 子曰："人而无信，不知其可也。大车无輗，小车无軏[1]，其何以行之[2]哉？"

注释

[1] 輗，軏：音 ní，yuè，车辕端固定车衡者。

[2] 何以行之：《郑注》："輗穿辕端着之，軏因辕端着之，车待輗軏而行，犹人之行不可无信也。"

文学链接

曾子烹彘《韩非子·外储说左上》

曾子之妻之市，其子随之而泣。其母曰："女还，顾反，为女杀彘。"妻适市来，曾子欲捕彘杀之。妻止之曰："特与婴儿戏耳。"曾子曰："婴儿非与戏也。婴儿非有知也，待父母而学者也，听父母之教。今子欺之，是教子欺也。母欺子，子而不信其母，非以成教也。"遂烹彘也。

孟母市东家豚肉《韩诗外传》

孟子少时，东家杀豚。孟子问其母曰："东家杀豚，何为？"母曰："欲啖汝。"其母自悔而言曰："吾怀妊是子，席不正不坐，割不正不食，胎教之也。今适有知而欺之，是教之不信也。"乃买其东家豚肉以食之，明不欺也。

2.23　子张问："十世①可知也？"子曰："殷因②于夏礼③，所损益，可知也；周因于殷礼，所损益，可知也；其或继周者，虽百世可知也。"

注释

① 世：《说文》：三十年为一世。《集注》："王者易姓受命为一世。"
② 因：依因。
③ 礼：《正义》："《汉书·杜周传》：'钦对策曰：殷因于夏，尚质；周因于殷，尚文。'此读以夏、殷绝句。《汉书·董仲舒传》有'夏因于虞'之文，《史记集解》引《乐记》《郑注》：'殷因于夏，周因于殷'，与杜读同。则知今人以'礼'字断句者，误也。"

集说

《马注》："所因，谓三纲五常。所损益，谓文质三统。物类相召，世数相生，其变有常，故可豫知。"

《论语注》："世，谓易姓之世也。问其制度变易如何。所损益可知也者，据时篇目皆在，可校数。自周以后，以为变易损益之极，极于三王，亦不是过也。"

《集注》:"三纲五常,礼之大体,三代相继,皆因之而不能变,其所损益,不过文章制度小过不及之间,而其已然之迹,今皆可见,则自今以往,或有继周而王者,虽百世之远,所因所革亦不过此,岂但十世而已乎? 圣人所以知来者盖如此,非若后世谶纬术数之学也。"

2.24 子曰:"非其鬼而祭之,谄也①。见义不为,无勇也。"

注释

① 非其鬼而祭之谄也:《郑注》:"人神曰鬼。非其祖考而祭之,是谄求福也。"《集注》:"非其鬼,谓非世所当祭之鬼。谄,求媚也。"

文学链接

申生之鬼欲报晋《左传·僖公十年》

秋,狐突适下国,遇太子。太子使登,仆,而告之曰:"夷吾无礼,余得请于帝矣,将以晋畀秦,秦将祀余。"对曰:"臣闻之,神不歆非类,民不祀非族。君祀无乃殄乎! 且民何罪? 失刑乏祀,君其图之。"君曰:"诺。吾将复请。七日,新城西偏,将有巫者而见我焉。"许之,遂不见。及期而往,告之曰:"帝许我罚有罪矣,敝于韩。"

八 佾 第 三

3.1　孔子谓季氏①:"八佾②舞于庭③,是可忍④也,孰不可忍也?"

注释

① 季氏:鲁国大夫季孙氏,或以为本章所指为季平子,或以为季桓子,皆不足据。《正义》:"鲁季孙得氏,自文子始,以文子为季友孙也。此文'季氏',及下篇'季氏旅于泰山'、'季氏富于周公'、'季氏将伐颛臾',俱不名者,内大夫,且尊者,宜讳之也。"

② 八佾:佾音 yì,八人一列为一佾,八佾即八列。按礼制,天子祭祀时,乐舞用八佾;诸侯为六佾,大夫四佾,士二佾,"自天子至士,降杀以两"。季氏为大夫,只能用四佾,用八佾是违礼的行为,所以孔子讥之。

③ 舞于庭:《正义》:"《白虎通·礼乐》:'歌者在堂上,舞在堂下何? 歌者象德,舞者象功,君子上德而下功。'"案"堂下"即庭。本章指舞于季氏家庙之庭。

④ 忍:有二解。一为忍心,《集注》:"季氏以大夫而僭用天子之礼乐,孔子言其此事尚忍为之,则何事不可忍为。"一义为容忍,《正义》:"当时君臣不能以礼禁止,而遂安然忍之,所谓鲁以相忍为国者也。"汉代以降,多取后一义。如后汉荀爽对策、魏高贵乡公、文钦、晋元帝、卢谌、庾亮等凡声讨致罪,皆如此。

文学链接

　　舞,古又称"万",《左传·昭公二十五年》:"将禘于襄公,万者二八,其众万于季氏。"万即舞。在《诗经》中有许多描写舞蹈场面、以善舞来称赞人的作品。如下面的《简兮》:

简兮 《诗·邶风》

简兮简兮,方将万舞。日之方中,在前上处。

硕人俣俣,公庭万舞。有力如虎,执辔如组。

左手执龠,右手秉翟。赫如渥赭,公言"锡爵"。

山有榛,隰有苓。云谁之思?西方美人。彼美人兮,西方之人兮。

问题分析

问:什么是"八佾"?孔子为何如此严厉批评季氏"八佾舞于庭"的做法?

答:佾指的是古代乐舞的队列。古代宗庙祭祀的八佾之舞中,每一佾都用八人,这是有讲究的。"舞所以节八音,八音克谐,然后成乐,故必以八人为列。"古人称由金、木、石、匏、土、革、丝、竹等八种材料制成的乐器为八音,其中,钟为金,磬为石,柷敔为木,琴瑟为丝,箫管为竹,笙竽为匏,埙为土,鼓为革。参《周礼·春官·大师》"皆播之以八音"注。古人认为八音谐和,才能称为乐。

舞乐规模有严格的规定,大概由于文献缺失,加上春秋以降越礼之风盛行,以致具体的规定在不同的记载中常有抵牾。《春秋公羊传》谓"天子八佾,诸公六,诸侯四。"《白虎通·礼乐》依《公羊传》,并引《诗传》云"大夫士琴瑟御"。《左传》则谓"天子用八,诸侯用六,大夫四,士二"。但"八佾"是天子之制则是肯定的,诸侯不得僭用,大夫更是如此。然而春秋时王纲解纽,制度开始废弛,各国似乎早就开始僭用舞乐。《春秋》记载隐公五年"初献六佾",据《公羊传》解释,鲁国是侯国,只能用四佾,用"六佾"之舞,已是僭越了。《公羊传》甚至还暗示鲁国早已开始僭用天子之乐。鲁国是周公旦的封国,周公辅佐成王,制礼作乐,对周王室有莫大的功劳,因此周成王特许鲁国世世用天子之乐祭祀周公。故鲁国是备有八佾之舞的,鲁君可能因此很早就僭用八佾了。季氏是大夫,所用之乐更应在鲁国君之下,但他却在家庙里直接用天子之舞,在孔子看来这真是难以容忍了,或者说,连这个制度都敢于僭越,那就什么都能做出来了。

文化史扩展

古人的姓氏 上古时姓与氏是有着严格区别的。古代从母姓,故"姓"从女从生。《左传·隐公元年》:"天子建德,因生以赐姓,胙之土而名之字。"故唯国君乃有姓。姓所以别婚姻,同姓之人不可以通婚。

氏亦非所有人都能拥有,氏者,"所以别子孙之所自出"。顾炎武云:"氏之所由兴,其在于卿大夫乎?……氏焉者,类族也,贵贵也。"因此,庶人是无氏的,对庶人只能直接称其名。

出自同一姓的人,可能有不同的氏。氏的得名有不同的缘由,"凡氏,或以官,或以邑,或以王父字"。顾炎武以为,诸侯赐卿大夫以氏,若同姓,公之子曰公子,公子之子曰公孙,公孙之子因为离祖先已远,不能上连于公,故以王父字为氏。若异姓,则以父祖官及所食之邑为氏。以官为氏的如司马、司城之类;以邑为氏者,如韩、赵、魏等。本章季氏是以王父字得来的。春秋时,鲁桓公有四子,其中继承国君之位的是庄公,另外三子不能承继国君之位,遂成为辅佐庄公的公卿大夫,称为公族,最小的一个名季友,季友之孙又于因以季为氏。

姓是永远不变的,氏则可以改。在称呼上,上古时是女子称姓,男子称氏。秦汉之后,姓、氏逐渐合而为一,后世遂通称姓氏。可详参顾炎武《日知录》卷二十三。

3.2　三家①者以《雍》②彻③。子曰:"'相维辟公④,天子穆穆⑤',奚取于三家之堂⑥?"

注释

① 家:《说文》:"家,居也。"《易·师》:"开国承家",荀注:"承家,立大夫也。"《左传·桓公二年》:"诸侯立家",杜注:"卿大夫称家。"三家,指鲁国的仲孙(又称孟孙)、叔孙、季孙三家,鲁桓公之后,世为鲁国卿大夫。

② 雍:《诗·周颂》里的一篇。据《毛诗》,《雍》是祭祀文王的乐章,是周天子祭礼典礼中所用之乐,用于祭礼完毕后撤去祭品时。

③ 彻:即撤,祭祀完毕撤去祭品。

④ 相维辟公:相,音 xiàng,辅助,辅佐,在《雍》诗中是助祭之意。维,语助词。辟公,《包注》:"辟公谓诸侯及二王之后。"

⑤ 穆穆:《尔雅·释诂》:"穆穆,美也。"《释训》:"穆穆肃肃,敬也。"

⑥ 堂:古人居处庙寝合一,是为室,室外为堂,堂外则为庭。祭祀在室中,歌在堂上,舞在庭中。

文学链接

雍《诗·周颂》

有来雍雍,至止肃肃。相维辟公,天子穆穆。于荐广牡,相予肆祀。假哉皇考,绥予孝子。宣哲维人,文武维后。燕及皇天,克昌厥后。绥我眉寿,介以繁祉。既右烈考,亦右文母。

3.3　子曰:"人而不仁,如礼何? 人而不仁,如乐何?"

注释

《包注》:"言人而不仁,必不能行礼乐。"

3.4　林放①问礼之本。子曰:"大哉问! 礼,与其奢也,宁俭;丧,与其易②也,宁戚。"

注释

① 林放:《郑注》:"鲁人。"

② 易:《包注》:"和易也。"《郑注》:"简也。"《集注》:"治也。《孟子》曰'易其田畴',在丧礼,则节文习熟而无哀痛惨怛之实者也。"

思考与讨论

林放问"礼之本",孔子是怎么回答的? 从他的回答中可以看出他认为"礼之本"是什么?

3.5　子曰:"夷狄①之有君,不如诸夏②之亡③也。"

注释

① 夷狄:《尔雅·释地》:"九夷、八狄、七戎、六蛮谓之四海。"郭璞注:"九夷在东,八狄在北,七戎在西,六蛮在南。"

② 诸夏:中国。《说文》:"夏,中国之人也。从夊从页从臼,臼两手,夊两足也。"《公羊传·成公十五年》传注:"诸夏,外土诸侯也。谓之夏者,大总下土言之辞也。"《正义》:"称'中国',自我言之。王者政教之所及也,夷狄在四远为外国,故谓诸夏为中

国矣。"

③亡:同"无"。

集说

《皇疏》:"此章为下僭上者发也。言中国所以尊于夷狄者,以其名分定而上下不乱也。周室既衰,诸侯放恣,礼乐征伐之权不复出自天子,反不如夷狄之国尚有尊长统属,不至如我中国之无君也。"

释惠琳:"有君无礼,不如有礼无君。刺时季氏有君无礼也。"

《邢疏》:"此章言中国礼义之盛而夷狄无也。言夷狄虽有君长,而无礼义,中国虽偶无君,若周、召共和之年,而礼义不废,故曰'夷狄之有君,不如诸夏之亡也'。"

《集注》:"程子曰:夷狄且有君长,不如诸夏之僭乱,反无上下之分也。"

3.6　季氏旅①于泰山。子谓冉有②曰:"女弗能救③与?"对曰:"不能!"子曰:"呜呼! 曾谓泰山不如林放④乎?"

注释

① 旅:《玉篇》:"祣,力煮切,祭名,《论语》作旅。"祭山。郑玄注《周官·大宗伯》"旅上帝及四望"云:"旅,陈也。陈其祭祀以祈焉,礼不如祀之备也。"

② 冉有:冉求,字子有,孔子弟子,小孔子二十九岁。《马注》:"时仕于季氏。"

③ 救:《马注》:"救,犹止也。"《集注》:"救,谓救其陷于僭窃之罪。"

④ 泰山不如林放:《包注》:"神不享非礼,林放尚知问礼,泰山之神反不如林放耶? 欲诬而祭之也。"《集注》:"言神不享非礼,欲季氏知其无益而自止之,进林放以励冉有也。"

文化史扩展

旅与古代山川崇拜　本章"季氏旅于泰山",是上古山川祭祀文化的反映。古人认为,山川都有其所属的神灵,要时时祭祀以获福佑。山川崇拜的起源相当早,在《山海经》中就有许多关于祭祀山川的记载。根据记载,周代规定了一套山川祭祀的制度,天子与诸侯之间有不同的祭祀礼仪。《礼记·王制》记载,"天子祭天下名山大川,五岳视三公,四渎视诸侯。诸侯祭名山大川之在其地者"。天子祭祀天下的名山大川,在规格上,五岳相当于朝廷的三公,四渎比于诸侯。诸侯则只能祭祀在其国内的山川,不能越境祭祀。《礼记·祭法》云:"诸侯在其地则祭之,亡其地则不祭。"《公羊传》亦云:"诸侯山川有不在其封内者,则不祭也。"例如鲁国有泰山,晋国境内有黄河,则鲁、晋分别祭泰山和黄河。大夫以下不能祭祀山川,因此季氏旅于泰山,是违礼之举。

山川祭祀在古代中国一直相沿不衰,而其中更发展出一种最庄重的活动,即"封禅"。封禅是帝王到泰山祭祀天地,登上泰山,筑土为坛以祭天,名"封";在泰山脚下的梁父山上辟场祭地,是为"禅"。传说古代封泰山禅梁父者有七十二家。第一个可考的封禅帝王是秦始皇。后来汉武帝、唐高宗、唐玄宗等都举行过封禅大典。

3.7 子曰:"君子无所争,必也射①乎! 揖让而升②,下而饮③,其争也君子。"

注释

① 射:《说文》:"躲,弓弩发于身而中于远也,从矢从身。篆文躲从寸,寸,法度也,亦手也。"
② 升:由阶上堂。下句"下"即从堂上下来。
③ 饮:饮酒。依射之胜负而饮。

文学链接

"射箭"活动与先民的社会生活紧密相关,因此很早就成为衡量、赞美人物的一项重要依据,并且形诸歌咏。《诗》中就保留了这样的作品。下面这首来自齐地的作品,称赞了一位贵族子弟颀长英俊的仪表、优美的舞姿,以及高超的射艺,生动地展现了"射"之于周民的重要意义及其间所蕴含的浓烈情感。

猗嗟 《诗·齐风》

猗嗟昌兮! 颀而长兮。抑若扬兮,美目扬兮。巧趋跄兮,射则臧兮。

猗嗟名兮！美目清兮。仪既成兮，终日射侯，不出正兮，展我甥兮。

猗嗟娈兮！清扬婉兮。舞则选兮，射则贯兮。四矢反兮，以御乱兮。

文化史扩展

射与射礼 "射"，即射箭。射箭不仅是一项军事技能和劳动本领，而且还是选拔人才的一种重要方式，并因而演变为一项庄重的礼仪活动，不但展示射箭技能，更在于展示一种君子人格。据典籍记载，射有四类：一曰大射，天子诸侯卿大夫将祭而择士，是为大射。大射的地点，天子于射宫，诸侯于大学，卿、大夫于郊。士无臣，无所择，故无大射礼。二曰宾射，宾主相见时举行，天子以诸侯为宾，在治朝行射礼，诸侯则或在朝，或会盟时在国境，卿、大夫、士等在郊。三曰燕射，闲暇时相与射箭宴饮，天子、诸侯在路寝，卿、大夫、士亦在郊。四曰乡射，地方州县之长春秋时属民射于州序，天子、诸侯无此射礼。

从军事与劳动发展起来的射礼，有严格的礼仪规范，赛前赛后的升降揖让，胜负双方的坐立、执弓、饮酒都有细致的规定。例如比赛结束后，胜者执张弓（即张上弦的弓），而负者执弛弓（松了弦的弓），就是很有意味的细节。可详参《礼记·射义》。在这样的礼仪活动中，展示的不仅仅是射艺的精湛与否，还被认为直接关系到人的德行。《礼记·射义》中云："故射者进退周还必中礼，内志正，外体直，然后持弓矢审固。持弓矢审固，然后可以言中。此可以观德行矣。"又云："孔子曰'射者何以射，何以听？循声而发，发而不失正鹄者，其惟贤者乎'，若夫不肖之人，则彼将安能以中？"可以看到，"射"不是单纯的张弓发矢的技能，而是德行、志意的体现与培养。正是因为这个原因，孔子强调君子在射的活动中，不能不争（胜负）。《正义》云："射中乃君子所尚，必于平日讲肄，至射时以不胜为耻，盖不胜嫌于不肖，故君子必求中焉。求中即是争，即是争为贤者，故曰'其争也君子'。惟争为君子，故言于射而后有争也。"孟子更云射者"不怨胜己者，反求诸己"。它脱离了原发性的军事和劳动生产性质，而成为一门体现人格养成的礼仪活动，被列为孔门六艺之一，也成为当时士人必须修习的一项礼仪。

四种射礼中，大射与乡射都直接与选士有关，"射"就成为与选士密切相关的一个词。如"射宫"，既是天子举行大射礼的地方，也是试士的场所。《礼记·射义》云"古者天子之制，诸侯岁献贡士于天子，天子试之于射宫"。汉代选士有策试，分"对策"和"射策"。射策是指主试者将试题写于简策之上，分甲、乙等，应试者随意选取作答，主试者依据等第论其优劣。刘勰《文心雕龙·议对》云："对策者,应诏而陈政也;射策者,探事而献说也。言中理准,譬射侯中的……射策者,以甲科入仕。"后来泛称士人参加科举考试为"射策",高中者称为"射策高第"。

3.8 子夏问曰:"'巧笑倩^①兮,美目盼^②兮,素^③以为绚^④兮。'何谓也?"

子曰:"绘事后素^⑤。"

曰:"礼后乎?"

子曰:"起予^⑥者商也,始可与言《诗》已矣!"

注释

① 倩:《马注》:"笑貌。"《诗·卫风·硕人》毛传:"好口辅。"

② 盼:《马注》:"动目也。"《诗》毛传:"白黑分也。"《字林》:"美目也。"

③ 素:《说文》:"白致缯也。"《释名·释采帛》:"物不加饰,皆目谓之素,此色然也。"

④ 绚:《马注》:"文貌。"《正义》:"《聘礼》'绚组'注:'采成文曰绚。'是绚为文貌。《郑注》此文亦曰:'文成章谓之绚。'盖妇人容貌,先加他饰,后加以素,至加素,则已成章,故得称绚。"子夏所举三句,前两句见于今传《诗经·卫风·硕人》第二章,"素以为绚兮"一句,《马注》以为是此章逸句。朱熹以为此三句当系另一逸诗,非《硕人》第二章逸此一句。

⑤ 绘事后素:此句有歧解,详下"集说"。

⑥ 起予:《包注》:"予,我也。孔子言子夏能发明我意,可与共言《诗》。"

集说

《郑注》:"绘,画文也。凡绘画先布众色,然后以素分布其间,以成其文,喻美女虽有倩盼美质,亦须礼以成之也。"

《皇疏》:"如画者先虽布众采荫映,然后必用白色以分间之,则画文分明,故曰绘事后素。"

《集注》:"素,粉地,画之质也。绚,采色,画之饰也。言人有此倩盼之美质,而又加以华采之饰,如有素地而加采色也。子夏疑其反谓以素为饰,故问之。绘事,绘画之事也。后素,后于素也。《考工记》曰:'绘画之事后素功。'谓先以粉地为质,而后施五采,犹有美质然后可加文饰。礼必以忠信为质,犹绘事必以粉素为先。杨氏曰:'甘受和,白受采,忠信之人可以学礼。苟无其质,礼不虚行,此绘事后素之说也。'"

凌廷堪:"朱子不用旧注,以后素为后于素。于《考工记注》亦反之,以后素功为先以粉地为质而后施五采。近儒皆以古训为不可易,而于礼后之旨,则终不能会迪而发明之,故学者终成疑义。窃谓《诗》云'素以为绚兮'者,言五采待素而始成文也。今时画者尚如此,先布众色毕,后以粉勾勒之,则众色始绚然分明。《诗》之意即《考工记》意也。子夏疑五采何独以素为绚,故以为问。子曰'绘事后素'告之,则素以为绚之理不烦言而解矣。子夏礼后之说,因布素在众采之义而悟及之者也。盖人之有仁义礼智信五性,犹绘之有青黄赤白黑五色是也。礼居五性之一,犹素为白采居五色之一也。五性必待礼而后有节,犹之五色必待素而后成文,故曰礼后乎,本非深文奥义也。何氏《集解》云'以素喻礼',但依文解之,而不能申言其义。毛氏、惠氏、戴氏虽知遵旧注,而解因素悟礼之处,不免格格不吐,皆坐不知礼为五性之节故也。"

全祖望《经史问答》:"问:《礼器》'甘受和,白受采',是一说。《考工》'绘画之事后素功',又一说。古注于《论语》'绘事后素'引《考工》,不引《礼器》。其解《考工》亦引《论语》。至杨龟山解《论语》,始引《礼器》,而朱子合而引之,近人多非之,未知作何折衷?曰:《论语》之说正与《礼器》相合。盖《论语》之素乃素地,非素功也,谓其有质而后可文也。何以知之?即孔子借以解《诗》可知之。夫巧笑美目,是素地也。有此而后可加粉黛簪珥衣裳之饰,是犹之绘事也,所谓绚也。故曰绘事后于素也。而因之以悟礼,则忠信其素地也,节文度数之饰,是犹之绘事也,所谓绚也。若《考工》所云,则素功,非素地也,谓绘事五采,而素功乃其中之一,盖施粉之采。粉易于污,故必俟诸既施而加之,是之谓后。然则与《论语》绝不相蒙。夫巧笑美目,岂亦粉黛诸饰中之一乎?抑亦巧笑美目出于人工乎?且巧笑美目反出于粉黛诸饰之后乎?此其说必不可通者也。龟山知其非,故别引《礼器》以释之。朱子既是龟山之说,而仍兼引《考工》之文,则误矣。"

思考与讨论

历代注疏对"绘事后素"有两种解释,当用它来喻"礼"之于人的意义时,两种解释之间的差异反映出什么问题?

另外,请根据"集说"所列各家观点,仔细体会其中反映出来的古人解读经典的特点。

3.9　子曰:"夏礼,吾能言之,杞^①不足征^②也;殷礼,吾能言之,宋^③不足征也。文献^④不足故也,足则吾能征之矣。"

注释

① 杞:国名,周初封夏禹之后于杞。
② 征:《包注》:"成也。杞宋之君不足以成也。"《集注》:"证也。"
③ 宋:国名,周初封殷商之后于宋。
④ 文献:《郑注》:"献,犹贤也。"《集注》:"文,典籍也。"

文化史扩展

夏杞、殷宋与兴灭国继绝世　本章夫子云杞不足征夏礼、宋不足征殷礼,透露出传统社会里一项相当重要的政治制度的信息。据《史记》记载,周武王建立新朝之后,封夏禹之后东楼公之于杞,以世世奉夏禹之祀,是为杞国;又封殷帝乙之长子、纣王之庶兄微子开为国君,统殷代遗民于宋,世代奉殷之祀不绝,是为宋国。这很可能是周武王出于政治需要而创设的一项政治制度,并且收到极好的效果,保证了新王朝能迅速获得最广泛的认同,从而稳定下来。故《论语·尧曰二十》中云周"兴灭国,继绝世,举逸民,天下之民归心焉"。夫子惋惜继承夏、商两代礼制的杞、宋两国无文献可征,还透露出这一政治制度的重要特点,即杞、宋两国虽然受封于周天子,但享有以天子之礼乐奉祀各自的受命先王,并且遵用先王的礼仪文物、而非周王朝的制度,即所谓自行其正朔服色。请参阅《史记》中的《陈杞世家》及《宋世家》。

武王封夏殷亡国之后为诸侯,允许其自行本朝正朔、衣冠文物,对后世有重要的示范意义。秦始皇灭六国,废封建,六国之后不得受封,遂成为秦末大乱的一个重要诱因。经此之后遂大体相沿不衰。当鼎革之际,新朝受命之君,无论是通过胁迫性的"禅让"还是通过暴力手段获得统治,都往往要遵行武王故事,优待旧朝后裔,赐以爵邑奉祀其先王。当然,秦汉以来以郡县为主,这些前朝遗孤虽然有爵位封地,却仅能衣食租税而已,与春秋时的杞、宋两国已不可同日而语。

这一情形,最近的一个例子,自然是辛亥革命后,民国政府与清王室达成的优待清室协议,直到冯玉祥逼宫前,逊清帝室仍据有皇城,在紫禁城内礼仪朝拜一如昔日君天下之时,及至被逐出后遂依附日本,转而至东三省建立傀儡政权。

3.10 子曰:"禘①,自既灌而往②者,吾不欲观之③矣。"

注释

① 禘:音 dì,《尔雅·释天》:"禘,大祭也。"《礼记·丧服小记》:"王者禘其祖之所自出,以其祖配之,而立四庙。"禘为古代天子之大祭,其仪式规定历代有不同说法,可详参《正义》及《集释》所引诸说。

② 既灌:已灌之后。灌,祼(guàn)之假借,祭祀开始之时以酒灌地以降神。

③ 吾不欲观之矣:诸侯以下不能举行禘祭,但据典籍记载,因为周公有大功于周室,故成王特许周公有禘祭之事,此后鲁国承用不变。孔子非之,故云"不欲观之矣"。

3.11 或问禘之说。子曰:"不知①也。知其说者之于天下也,其如示②诸斯乎!"指其掌。

注释

① 不知也:《孔注》:"答以不知者,为鲁君讳也。"《集注》:"先王报本追远之意莫深于禘,非仁孝诚敬之至,不足以与此,非或人之所及也。而不王不禘之法又鲁之所当讳者,故以不知答之。"

② 示:《中庸》郑注:"示,读如'寘诸河干'之寘,寘,置也。"《集注》:"示与视同。"

3.12 祭如在①,祭神如神在。子曰:"吾不与祭②,如不祭。"

注释

① 祭如在:在,谓在生时。《孔注》:"言事死如事生。"

② 与祭:参加祭祀。

3.13 王孙贾①问曰:"与其媚于奥②,宁媚于灶③,何谓也?"子曰:"不然,获罪于天,无所祷也。"

注释

① 王孙贾:卫大夫。

② 奥:《说文》:"室之西南隅。"《释名·释宫室》:"室中西南隅曰奥。不见户明,所在秘奥也。"《正义》:"凡室制,以奥为尊,故《曲礼》云:'为人子者,居不主奥。'明奥为尊者所居,故凡祭亦于奥矣。"

③ 竈:《释名·释宫室》:"竈,造也,造创物食也。"媚于竈,指祭竈以求悦于竈神。

集说

《孔注》:"奥,内也,以喻近臣。竈以喻执政。贾执政者,欲使孔子求昵之,微以世俗之言感动之也。天以喻君也,孔子距之曰,如获罪于天,无所祷于从神。"

《皇疏》:"时孔子至卫,贾诵此旧语以感切孔子,欲令孔子求媚于己,如人之媚竈也。"

《集注》:"竈者,五祀之一,夏所祭也。凡祭五祀,皆先设主而祭于其所,然后迎尸而祭于奥,略如祭宗庙之仪。如祀竈则设主于竈陉,祭毕而更设馔于奥以迎尸也。故时俗之语因以奥有常尊而非祭之主,竈虽卑贱而当时用事,喻自结于君,不如阿附权臣也。贾,卫之权臣,故以此讽孔子。天即理也,其尊无对,非奥竈之可比也。逆理则获罪于天,岂媚于奥竈所能祷而免乎? 言但当顺理,非特不当媚竈,亦不可媚于奥也。"

《四书典故辨正》:"罗整莽云:子见南子,子路不悦,盖疑夫子欲因南子以求仕也。然当是时不独子路疑之,王孙贾亦疑之矣。媚奥之讽,殆指南子而言也。观夫子所谓'天厌之'者,即'获罪于天'之意。此说得之。奥者,室中深隐之处,以比南子。竈是明处,盖谓借援于宫阃之中,不如求合于朝廷之上耳。"

《四书约指》:"或谓王孙贾在卫算不得权臣,当时市权只有弥子瑕一人,或是他自家欲酌所媚而问耳。"

3.14 子曰:"周监①于二代②,郁郁③乎文④哉! 吾从周。"

注释

① 监:《孔注》:"监,视也。"

② 代:《说文》:"更也。"代,即前后相更替之世。二代,谓夏、殷。

③ 郁:《说文》:"馘,有文章也。"《古论》"郁"作"馘"。《集注》:"郁郁,文盛貌。"

④ 文:礼乐制度。

3.15　子入太庙①,每事问。或曰:"孰谓鄹人之子②知礼乎? 入太庙,每事问。"子闻之,曰:"是礼也③。"

注释

① 太庙:鲁国太庙,即周公庙。

② 鄹人之子:鄹,音 zōu,鲁邑名。孔子之父叔梁纥居于鄹邑,故称孔子为鄹人之子。或谓叔梁纥尝为鄹大夫。

③ 是礼也:此语有不同解说。《孔注》:"虽知之,当复问,慎之至也。"俞樾《群经平议》:"古字也、邪通用……此两'也'字,寻绎文义,亦'邪'字也。鲁僭王礼,大庙之中,牺牲服器之等,必有不循旧典者,子入大庙每事问,所以讽也。或人不谕其旨,反有孰为知礼之讥,故子曰'是礼也',犹云'是礼邪',乃反诘之辞,正见其非礼矣。"

3.16　子曰:"射不主皮①,为力不同科②,古之道也。"

注释

① 主皮:皮,箭靶,以皮或布为之。主皮,贯穿箭靶。

② 为力不同科:《马注》:"为力,为力役之事也,亦有上中下设三科焉,故曰不同科。"《集注》:"古者射以观德,但主于中而不主于贯革,盖以人之力有强弱不同等也。"

3.17　子贡欲去告朔①之饩羊②。子曰:"赐也,尔爱其羊,我爱其礼③。"

注释

① 告朔:朔,《说文》:"月一日始苏也。"告朔,每年秋冬时周天子向天下诸侯颁布历书之制度,详下"文化史扩展"。

② 饩羊：饩，音 xì。本作"气"，《说文》："气，馈客刍米也，从米，气声。"《正义》："凡供给宾客，或以牲牢，或以禾米，生致之皆曰饩。"告朔之饩羊，《郑注》以为国君视朔时祭于庙之羊，《正义》引刘台拱《论语骈枝》力辨其非，以为告朔乃天子颁告诸侯，非诸侯祭告于祖庙，故饩羊非用于朔日祭庙之时，而是诸侯致送于天子之礼牲。文长不录。

③ 尔爱其羊我爱其礼：《马注》："羊存，犹以识其礼；羊亡，礼遂废。"《集注》："子贡盖惜其无实而妄费。然礼虽废，羊存犹得以识之而可复焉。若并去其羊，则此礼遂亡矣。孔子所以深惜之。"

文化史扩展

告朔　授时与社会秩序　告朔是古代一项重要制度。据典籍记载，夏商周三代各自有自己的定朔，《尚书大传》云："夏以平旦为朔，殷以鸡鸣为朔，周以夜半为朔。"谓夏用寅时，殷用丑时，周用子时也。但比较之下自以周代的制度仪文记载最为详明。每年秋冬时，周天子预颁来年历书于诸侯，是为告朔，或称班朔。诸侯国君受之而藏于祖庙，每月一日朝于庙中，使大夫南面奉天子之命，北面受之，谓之视朔、听朔。视朔后始可听本国之政事。告朔制度实际上与农业生产有直接之关系，自然节律的变化决定着农业生产的节奏，即所谓"敬授民时"，方能保证生产的顺利进行，后世修订历法，有一次颁布的新历法就叫"授时历"。告朔也因此而成为规范社会秩序的指南。《白虎通·四时》云："朔之言苏也。明消更生，故言朔。"《说文》云"朔，月一日始苏也"。是从月相的变化来释"朔"，《白虎通·三正》又云："朔者，苏也，革也。言万物革更于是，故统焉。"则清晰揭示了"朔"的本义及其所负载的治统之义。《周礼》所谓"正岁年以序事"，正是此意。天地万物的更革皆统于"朔"，因此"朔"只能由天子来确定。《孔子三朝记》云："天子告朔于诸侯，率天道而敬上之，以示威于天下也。"告朔是天子的专有权力，体现了天子承上天之命统治下民的应有权威。

告朔既然维系着治统，则天下无道失序时，告朔制度废弛就首当其冲。《春秋》多有鲁国君不听朔的记载，《谷梁传·文公六年》云："天子不以告朔"，又十六年云："天子告朔于诸侯。"这些都反映了周王朝的告朔制度。《史记·历书》云："三王之正若循环，穷则反本。天下有道，则不失纪序，无道则正朔不行于诸侯。幽厉之后，周室微，陪臣执政，史不记时，君不告朔。"王纲于是开始解纽。而新王朝建立，也必要有定正朔的仪式来象征治统的合法性。正因为告朔乃天地万物君臣民庶秩序之统,不可稍废,虽然当时天子不告朔,孔子仍然坚持要保留几成虚文的饩羊,以示此礼之存。

3.18 子曰:"事君尽礼,人以为谄①也。"

注释

① 谄:《孔注》:"时事君者多无礼,故以有礼者为谄。"

3.19 定公①问:"君使臣,臣事君,如之何?"孔子对曰:"君使臣以礼,臣事君以忠。"

注释

① 定公:鲁国君,名宋,襄公子,昭公弟。在位十五年,谥曰定。

集说

《皇疏》:"言臣之从君如草从风,故君能使臣得礼,则臣事君必尽忠也。君若无礼,则臣亦不忠也。"

《集注》:"尹氏曰:君臣,以义合者也。故君使臣以礼,则臣事君以忠也。"

《集释》:"或问尹氏之说。朱子曰:尹氏之说,则为君而言之尔。若为臣而言,则君之使臣虽不以礼,而臣之事君亦岂可以不忠也哉?"

文学链接

晏子侍于景公 《晏子春秋·杂上篇》

晏子侍于景公,朝寒。公曰:"请进暖食。"晏子对曰:"婴,非君奉馈之臣也,敢辞。"公曰:"请进服裘。"对曰:"婴,非君茵席之臣也,敢辞。"公曰:"然夫子于寡人何为者也?"对曰:"晏,社稷之臣也。"公曰:"何谓社稷之臣?"对曰:"夫社稷之臣,能立社稷:辨上下之义,使当其理;制百官之序,使得其宜;作为辞令,可分布于四方。"自是之后,君不以礼不见晏子。

思考与讨论

仔细比较"集说"所引《皇疏》、《集注》引尹焞之说及《集释》所引朱子对尹氏之说的评论,三者之间有何同异? 三人的解释与孔子的原话之间又有何差异? 这些差异说明了什么问题?

3.20 子曰:"《关雎》①乐而不淫,哀而不伤②。"

注释

① 关雎:《诗经》的第一篇。刘台拱以为此章《关雎》指乐章,非指《诗》篇。
② 乐而不淫,哀而不伤:《孔注》:"乐不至淫,哀不至伤,言其和也。"《郑注》:《关雎》,国风之首篇。乐得淑女,以为君子之好仇,不为淫其色也。寤寐思之,哀世夫妇之道,不得此人,不为减伤其爱也。"《集注》:"淫者,乐之过而失其正者也。伤者,哀之过而害于和者也。"

文学链接

关雎《诗·周南》

关关雎鸠,在河之洲。窈窕淑女,君子好逑。

参差荇菜,左右流之。窈窕淑女,寤寐求之。求之不得,寤寐思服。悠哉悠哉。辗转反侧。

参差荇菜,左右采之。窈窕淑女,琴瑟友之。参差荇菜,左右芼之。窈窕淑女,钟鼓乐之。

毛诗关雎序

见《学而第一》第七章"文学链接"。

毛 诗 大 序

见《为政第二》第三章"文学链接"。

3.21 哀公问社①于宰我②。宰我对曰:"夏后氏③以松,殷人以柏,周人以栗,曰使民战栗。"子闻之曰:"成事④不说,遂事⑤不谏,既往不咎。"

注释

① 社:《鲁论》作"主"。主,《说文》:"宝,宗庙宝祐也。宀者,交覆深屋。"省作"主",指宗庙之神主,以木为之。《古论》作"社"。社,《说文》:"社,地主也。社亦以木为主以供祭祀。"

② 宰我:孔子弟子,姓宰名予,字子我。

③ 夏后氏:夏代。《尔雅·释诂》:"后,君也。"《白虎通》:"夏称后者,以揖让受于君,故称后。"

④ 成事:既成之事。

⑤ 遂事:《广雅·释诂》:"遂,竟也。"完成之意。

文学链接

社稷不仅是帝王、国家的重大祭祀活动,也是百姓生活中不可缺少的内容。祈丰年、报丰收的社祭成为重要的民俗,渗透到民间生活之中,并且成为文学创作的题材,如鲁迅《社戏》即是。下面"文学链接"中略举两例以见一斑。

城狐社鼠 《韩非子·外储说右上》

君亦见乎为社者乎? 树木而涂之,鼠穿其间,掘穴托其中,熏之则恐焚木,灌之则恐涂阤。

游山西村 陆游

莫笑农家腊酒浑，丰年留客足鸡豚。山重水复疑无路，柳暗花明又一村。箫鼓追随春社近，衣冠简朴古风存。从今若许闲乘月，拄杖无时夜叩门。

文化史扩展

主 社 社稷 这一章《鲁论》和《古论》有"问主"与"问社"之不同。作"问主"时，注疏家或有释作"问宗庙之神主"者，郑玄文用《鲁论》，而释义则作"问社之主"。可见哀公所问的乃指"主"以何木为之。"主"是古代祭祀时所用之物，用木制成。庄述祖辑《白虎通》云："祭所以有主者何？ 言神无所依据，孝子以主继心焉。……宗庙之主，所以用木为之者，木有终始，又与人相似也。盖题之以为记，欲令后有知者。"宗庙之主即祖先的神位，引而言之，凡祭祀中用以供神所依凭者，皆称为主。

社，即土地神。稷，五谷之神，二者合称社稷。社稷在传统社会里是政权的象征，凡王朝建立必先立社稷以祀之，若灭他国，且要同时迁立亡国之社稷。故周人除了立有自己的社稷外，还有亳社（亳是殷都）。《白虎通·社稷》云："王者所以有社稷何？ 为天下求福报功。人非土不立，非谷不食……故封土立社，示有土也。稷，五谷之长，故立稷而祭之也。"社稷祭祀也须有"主"，在典籍记载中，一般都指用木制成："以松柏栗者，大司徒：设其社稷之壝而树之田主，各以其野之所宜木，遂以名其社与其野。"秦汉以后，始有用石为之者。至宋代，乃特令用石。惠士奇《礼说》引《宋史·礼乐志》云："社以石为主，长五尺，方二尺，剡其上，培其半。先是州县社主不以石，礼部以为社稷不屋而坛，当受霜露风雨以达天地之气，故用石主，取其坚久，请令州县社主用石，尺寸广长半大社之制。从之。"

3.22　子曰："管仲①之器②小哉！"

或曰："管仲俭乎？"曰："管氏有三归③，官事不摄④，焉得俭？"

"然则管仲知礼乎？"曰："邦君树塞门⑤，管氏亦树塞门；邦君为两君之好⑥，有反坫⑦，管氏亦有反坫。管氏而知礼，孰不知礼？"

注释

① 管仲:春秋时齐国人,字夷吾,谥敬。齐桓公之相,辅桓公霸诸侯。

② 器:器度,器局。

③ 三归:三归之义歧出。《包》注、《皇疏》释作娶三国之女;俞樾《群经平议》以为家有三处;《集注》引《说苑》以为是台名。武亿《群经义证》以为指藏泉币之府库。《译注》引郭嵩焘《养知书屋文集·释三归》文,以为指"市租之常例之归之公者,桓公既霸,遂以赏管仲"。

④ 摄:《包注》:"摄犹兼也。礼,国君事大,官各有人,大夫兼并,今管仲家臣备职,非为俭。"

⑤ 树塞门:树,屏也,如今日之照壁。塞门,谓以屏立于门前以隔内外。《礼记·郊特牲》注:"礼,天子外屏,诸侯内屏,大夫以帘,士以帷。"

⑥ 两君之好:两国国君结好之盟会。

⑦ 反坫:坫,音 diàn。《皇疏》:"筑土为之,形如土堆。"《包注》:"反坫,反爵之坫,在两楹之间。若与邻国君为好会,其献酢之礼更酬,酬毕则各反爵于坫上。"《正义》引金鹗《礼说》云"反坫不在两楹间",又云"大夫无坫,以《乡饮酒礼》考之,凡奠爵皆于篚,即君与臣燕,亦但设二篚以承爵,且皆在堂下,不在堂上,是大夫不得有反坫,今管仲僭为之"。

3.23　子语①鲁大师②乐。曰:"乐其可知也:始作,翕如③也;从之,纯如④也,皦如⑤也,绎如⑥也,以成⑦。"

注释

① 语:音 yù,《包注》:"告也。"

② 大师:即太师,乐官名。

③ 始作翕如:《包注》:"五音始奏,翕如盛。"《郑注》:"始作,谓金奏时。闻金奏,人皆翕如,变动之貌。"

④ 从之纯如:《郑注》:"从读曰纵。纵之,谓八音皆作。纯如,咸和之矣。"《集解》:"从读曰纵,言五音既发,放纵尽其音声,纯纯和谐也。"

⑤ 皦如:《郑注》:"使清浊别之貌。"《集解》:"言音节明也。"

⑥ 绎如:《郑注》:"志意条达。"《集注》:"相续不绝也。"

⑦ 以成：《集解》："言乐始于翕如，而成于三者也。"

3.24　仪封人①请见②，曰："君子之至于斯也，吾未尝不得见也。"从者③见之④。

出，曰："二三子⑤何患于丧⑥乎？天下之无道也久矣，天将以夫子为木铎⑦。"

注释

① 仪封人：仪，邑名，所在今不可考。封人，官名。《周官·封人职》云："掌设王之社壝，为畿封而树之。凡封国封其四疆，造都邑之封域者亦如之。"

② 请见：请求谒见孔子。

③ 从者：《包注》："弟子随孔子行者。"

④ 见之：《包注》："通使得见。"《正义》："言弟子为绍介，通之于夫子，使得见之也。"

⑤ 二三子：谓孔子弟子们。

⑥ 何患于丧：《孔注》："何患于夫子圣德之将丧亡。"刘敞："丧谓失位。"《集注》："谓失位去国。"

⑦ 木铎：《说文》："铎，大铃也。"木铎，铃以木为舌。《孔注》："施政教时所振也，言天将命孔子制作法度以号令于天下。"

集说

　　《集注》："言乱极当治，天必将使夫子得位设教，不久失位也。封人一见夫子而遽以是称之，其所得于观感之间者深矣。或曰：木铎所以徇于道路，言天使夫子失位，周流四方以行其教，如木铎之徇于道路也。"

　　刘开《论语补注》："木铎之义，《注》以为得位行教。又以天使夫子失位周流以行其教，亦可并存，故附于后。余谓是不难一言断之。封人不曰'天以夫子为木铎'，而曰'天将以为木铎'，是专言将必得位以行者矣。若以失位周流为行教，则夫子现在失位，天已使为木铎矣。何'将以'之有？"

　　宦懋庸《论语稽》："夫子去鲁司寇而适卫，入疆之初，故封人得请见。《书·胤征》曰：'每岁孟春，遒人以木铎徇于路。'封人所言盖即所掌封疆之事，以喻夫子之不得安于位者，如木铎之徇道路以为教诲也。丧者，出亡在外之名。"

　　汪烜《四书诠义》："为木铎确主得位设教，信理不信数也。然夫子究不得位，天之理其未可信欤？抑天意之在夫子更有厚于得位者,是则非封人所能逆睹也。"

黄式三《论语后案》:"《左传》引《夏书》'遒人以木铎徇于路,官师相规,工执艺事以谏',此即《汉书·食货志》所谓'行人振木铎徇于路以采诗,献之大师'也。据此,则使为木铎者,谓使之上宣政教下通民情也。盖封人所见君子既众,一旦见出类拔萃之大圣,遂以为天生君子,复生大圣,此天心之复,即否极而泰来之候矣。封人言天道之常耳,岂知其道终不行哉?"

文学链接

原道(节选)《文心雕龙》

自鸟迹代绳,文字始炳。炎皞遗事,纪在三坟,而年世渺邈,声采靡追。唐虞文章,则焕乎始盛。元首载歌,既发吟咏之志;益稷陈谟,亦垂敷奏之风。夏后氏兴,业峻鸿绩,九序惟歌,勋德弥缛。逮及商周,文胜其质,雅颂所被,英华日新。文王患忧,繇辞始炳,符采复隐,精义坚深。重以公旦多材,振其徽烈,制诗缉颂,斧藻群言。至夫子继圣,独秀前哲,镕钧六经,必金声而玉振;雕琢情性,组织辞令,木铎起而千里应,席珍流而万世响,写天地之辉光,晓生民之耳目矣。

思考与讨论

孔子虽然一生不得志,但在生前也已获得很大的声誉。仪封人的话就代表了时人对孔子的最高赞誉。孟子更是认为孔子修《春秋》是在行天子之事,孔子是不在位之天子,是谓"素王"。如何理解仪封人之语?仔细比较"集说"所引诸家解释,并结合刘勰《文心雕龙》中所论,说说自己的看法。

3.25 　子谓《韶[①]》:"尽美矣,又尽善也。"谓《武[②]》:"尽美矣,未尽善也。"

注释

① 韶:舜乐。
② 武:武王乐。

集说

《孔注》："韶,舜乐名。谓以圣德受禅,故曰尽善也。武,武王乐也。以征伐取天下,故曰未尽善也。"

《郑注》："韶,舜乐也。美舜自以德禅于尧,又尽善,谓太平也。武,周武王乐也,美武王以此定功天下,未尽善,谓未致太平也。"

《皇疏》："天下万物乐舜继尧,而舜从民受禅,是会合当时之心,故曰尽美也,揖让而代,于事理无恶,故曰尽善也。天下乐武王从民伐纣,是会合当时之心,故曰尽美也,而以臣伐君,于事理不善,故曰未尽善也。"

《集注》："美者,声容之盛。善者,美之实也。舜绍尧致治,武王伐纣救民,其功一也,故其乐皆尽美。然舜之德,性之也,又揖逊而有天下;武王之德,反之也,又以征诛而得天下,故其实有不同者。"

文学链接

季札观乐《左传·襄公二十九年》

吴公子札来聘,请观于周乐。见舞《大武》者,曰:"美哉!周之盛也,其若此乎!"见舞《韶濩》者,曰:"圣人之弘也,而犹有惭德,圣人之难也。"见舞《韶箾》者,曰:"德至矣哉!大矣!如天之无不帱也,如地之无不载也!虽甚盛德,其蔑以加于此矣。观止矣,若有他乐,吾弗敢请已!"

3.26 子曰:"居上①不宽②,为礼不敬,临丧不哀,吾何以观之③哉?"

注释

① 居上:居于上位者,在上者。

② 宽:宽以待下。

③ 何以观之:意谓其人不足观也。

里 仁 第 四

4.1　子曰:"里[①]仁为美,择[②]不处仁,焉得知[③]?"

注释

① 里:《说文》:"里,居也。"《尔雅·释诂》:"里,邑也。"

② 择:《困学纪闻》谓《古论》"择"作宅。《尔雅·释名》:"宅,择也,择吉处而营之。"

③ 知:即"智"。

集说

《郑注》:"里者,民之所居也。居于仁者之里,是为善也。求居而不处仁者之里,不得为有智。"

《皇疏》引沈居士:"言所居之里尚以仁地为美,况择身所处而不处仁道,安得智乎?"

《集注》:"里有仁厚之俗为美。择里而不居于是焉,则失其是非之本心而不得为知矣。"

《新解》:"谓居于仁为美。居仁为美,犹孟子云'仁,人之安宅也。'人贵能择仁道而处,非谓择仁者之里而处。"

文学链接

《论语》言简意约,往往难以具诠,由此也为后世提供了多样阐释的可能性,如本章又是一例。其实不妨求之于平易之处,荀子曾以"蓬生麻中"、"白沙在涅"为喻,本得自日常生活经验,"孟母择邻"也颇有民间文艺之活泼精神,二者所说之道理皆可谓平易近人,亦可从平易近人中体会之。

孟母择邻《列女传》

邹孟轲之母号孟母,其舍近墓。孟子之少也,嬉游为墓间之事,踊跃筑埋。孟母曰:"此非吾所以居处子也。"乃去舍市傍,其嬉戏为贾人之事。孟母又曰:"此非吾所以居处子也。"复徙舍学宫之傍,其嬉戏乃设俎豆揖让进退。孟母曰:"其可以居吾子矣。"遂居之。及孟子长,学六艺,卒成大儒之名。君子谓孟母善以渐化。

"里仁"、"择处仁"者,求能于己有益、归于仁也,与仁者相处,不特见自己之智,亦且乐在其中焉。陶渊明可谓深得此旨。

移居 陶渊明

昔欲居南村,非为卜其宅。闻多素心人,乐与数晨夕。怀此颇有年,今日从兹役。弊庐何必广,取足蔽床席。邻曲时时来,抗言谈在昔。奇文共欣赏,疑义相与析。

4.2　子曰:"不仁者,不可以久处约①,不可以长处乐②。仁者安仁③,知者利仁④。"

注释

① 约:《孔注》:"不可久约,久困则为非也。"《皇疏》:"犹贫困也。"

② 乐:《孔注》:"不可长乐,必骄佚也。"《皇疏》:"富贵也。"

③ 安仁:安于仁。《包注》:"惟性仁者自然体之,故谓安仁也。"

④ 利仁:《集解》:"知者知仁为美,故利而行之也。"《皇疏》:"利仁者,其见行仁者若于彼我皆利,则己行之;若于我有损,则使停止,是智者利仁也。"

4.3　子曰:"唯仁者能好①人、能恶②人。"

注释

① 好:音 hào,喜好。

② 恶:音 wù,憎恶。

4.4　子曰:"苟①志于仁矣,无恶②也。"

注释

① 苟:《孔注》:"诚也。"
② 恶:旧注"恶"有两读。一,恶读作 è,即"善恶"之"恶";一读作 wù,"厌恶"之"恶"。二读不同,相应全句有不同理解,详下"集说"。

集说

　　这又是《论语》中歧解迭出的一章。依对"恶"的解释不同,大体有如下说法:

一、恶,读作 è。有两解:

　　(一)志于仁的人,始终无恶行。《孔注》:"苟,诚也。言诚能志于仁,则其余终无恶。"《集注》:"志者,心之所之也。其心诚在于仁,则必无为恶之事矣。"

　　有人批评这一说法,认为人既志于仁,则自无恶行,不必特意强调"无恶"。

　　(二)若人之行事出于仁,则虽违礼不法,也可视为无恶而不予追究。汉代有持此种说法者。董仲舒《春秋繁露·玉英篇》:"难者曰:为贤者讳皆言之,为宣、穆讳独弗言,何也?曰:不成于贤也。其为善不法,不可取亦不可弃。弃之则弃善志也,取之则害王法,故不弃亦不载,以意见之而已。苟志于仁无恶,此之谓也。"《盐铁论·刑德篇》:"故春秋之治狱,论心定罪,志善而违于法者免,志恶而合于法者诛。"

二、恶读作 wù,也有二解:

　　(一)认为这一章承上一章"唯仁者能好人,能恶人"而来,是更进一步认为,若确实是一个仁者,对他人应无所恶。《论语训》:"上言仁者能恶人,嫌仁者当恶以绝不仁,故此明其无恶。仁者爱人,虽所屏弃放流,皆欲其自新,务于安全,不独仁人无恶,但有志于仁皆无所憎恶。"

　　(二)仁者兼爱,视万物为一体,他人虽有不仁之处,仁者仍应以仁爱待之。《论语意原》:"志于仁者,无一念不存乎仁,其视万物为一体。体有贵贱,皆天理也……民之秉彝,与我无间,不仁而丧其良心,矜之而已,虽谓之无恶可也。曰能好恶人,所以明性情之正;曰无恶也,所以明体物之心。"

4.5　子曰:"富与贵,是人之所欲也;不以其道得之,不处①也。贫与贱,是人之所恶也;不以其道得之,不去②也。君子去仁,恶乎③成名?君子无终食之间④违仁,造次⑤必于是⑥,颠沛⑦必于是。"

注释

① 处:接受。

② 去:抛弃,离开。

③ 恶乎:恶,音 wū,表疑问,"恶乎"即"如何"之意。

④ 终食之间:吃完一顿饭的时间。

⑤ 造次:仓促之间。

⑥ 是:代指"仁"。

⑦ 颠沛:偃仆,引申为颠沛流离。

文学链接

"君子无终食之间违仁",反映了儒家士人在追求"仁"的道路上坚毅果决、直往不回的意志。《礼记》中记载的曾子临终易箦之事,也正是这种意志的反映。

曾子易箦 《礼记·檀弓上》

曾子寝,疾病。乐正子春坐于床下,曾元曾申坐于足,童子隅坐而执烛。童子曰:"华而睆,大夫之箦与?"子春曰:"止。"曾子闻之,瞿然曰:"呼!"曰:"华而睆,大夫之箦与?"曾子曰:"然,斯季孙之赐也,我未之能易也。元,起易箦!"曾元曰:"夫子之病革矣,不可以变。幸而至于旦,请敬易之。"曾子曰:"尔之爱我也不如彼。君子之爱人以德,细人之爱人也以姑息。吾何求哉?吾得正而毙焉,斯已矣。"举扶而易之,反席未安而没。

4.6 子曰:"我未见好①仁者,恶不仁者。好仁者,无以尚之②;恶不仁者,其为仁矣③,不使不仁者加乎其身。有能一日用其力于仁矣乎?我未见力不足者。盖④有之矣,我未之见也。"

注释

① 好：音 hào，喜好。下一句"恶"音 wù，厌恶之意。

② 无以尚之：无以复加。

③ 恶不仁者其为仁矣：裴松之注《三国志·顾雍传》引有这一句，在"矣"后断句，按照这一引用情形，则"其"为语气词，表强调；"矣"也表示感叹，但从上下义的文意脉络来看，应将"其"视为代词，指"恶不仁"的人；而"矣"字同"也"，表短暂停顿。

④ 盖：大概，表推测。

4.7　子曰："人之过①也，各于其党②。观过，斯知仁③矣。"

注释

① 过：过失，过错。

② 党：《孔注》："类也。"

③ 仁：诸本"仁"作"人"，作"仁"当是因音而误。

集说

《孔注》："小人不能为君子之行，非小人之过，当恕而勿责之。观过，使贤愚各得其所，则为仁矣。"

《皇疏》："人之有失，各有党类。小人不能为君子之行，则非小人之失也。犹如耕夫不能耕，乃是其失，若不能书，则非耕夫之失也，若责之，当就其辈类责之也。不求备于一人，则此观过之人有仁心。"

殷仲堪："言人之过失各由于性类之不同，直者以改邪为义，失在于寡恕；仁者以恻隐为诚，过在于容非。是以与仁同过，其仁可知。观过之义，将在于斯者。"

《集注》："程氏曰：人之过也，各于其党。君子常失于厚，小人常失于薄；君子过于爱，小人过于忍。尹氏曰：于此观之，则人之仁不仁可知矣。"

文学链接

子路丧姊《汉书·外戚·孝昭上官后传》

子路丧姊，期而不除，孔子非之。子路曰："由不幸寡兄弟，不忍除之。"故曰观过知仁。

孙性私赋民钱 《后汉书·吴佑传》

啬夫孙性私赋民钱,市衣以进其父。父得而怒,曰:"有君如是,何忍欺之?"促归伏罪。性惭惧,诣阁持衣自首。佑屏左右问其故,性具谈父言。佑曰:"掾以亲故,受污秽之名,所谓观过斯知仁矣。"使归谢其父,还以衣遗之。

4.8　子曰:"朝闻道,夕死可矣。"

集说

《集解》:"言将至死,不闻世之有道也。"

栾肇:"道所以济民,圣人存身,为行道也。济民以道,非以济身也。故云诚令道朝闻于世,虽夕死可也。伤道不行,且明己忧世不为身也。"

孙奕《示儿编》:"孔子岂尚未闻道者? 苟闻天下之有道,则死亦无遗恨。盖忧天下如此其急。"

《集注》:"道者,事物当然之理。苟得闻之,则生顺死安,终能自发其光,晦而复显,盖其精神有不可磨灭者在也。"

顾炎武:"'吾见其进也,未见其止也。'有一日未死之身,则有一日未闻之道。"

黄式三《论语后案》:"式三谓此言以身殉道也,朝闻当行之道,夕以死赴之,无苟安,无姑待,成仁取义,勇决可嘉矣。"

《正义》:"闻道者,古先圣王君子之道,已得闻知之也。闻道而不遽死,则循习讽诵,将为德性之助。若不幸而朝闻夕死,是虽中道而废,其贤于无闻也远甚,故曰'可矣'。"

4.9　子曰:"士志于道,而耻恶衣恶食者,未足与议①也。"

注释

① 未足与议:不值得与之商议。"与"后省略"之";"议"后也省略了"议"的内容。

文化史扩展

士 四民 传统社会有所谓"四民"的说法,即士、农、工、商。其中,士为四民之首。士接受文化教育,出仕治民,是各级官吏的当然人选;同时它又传承文化,承担着一种道义责任。这种身份与职责使得它与"四民"的其他三民有着明确的区别。

"士"的称呼早在孔子之前的时代就已经出现,《诗经》中有三十余篇提到了"士",所指含义较为复杂,除了在一般意义上指男子之外,有许多都指在卿大夫之下一级的官吏,如"百辟卿士"(《假乐》)、"皇父卿士"(《十月之交》)。孔子的时代,正是"士"作为一个独立阶层开始兴起、并逐步确立自身品格的历史时期。据研究认为,作为一个独立阶层的"士",是春秋战国时期以周王室为中心的封建社会走向崩溃的产物。由于社会变动,原有的贵族阶层中的一部分地位下降成为士,而平民中的一部分也因教育等原因逐渐上升,在激烈的社会变动中开始承担起独特的使命。在这个历史性的变动过程中,孔子扮演着非常重要的作用。他用原掌握在贵族手中的诗、书、礼、乐等文化知识来教育他的学生,并在人格上鼓励他们成为"君子",以"志于道"、"依于仁"作为"士"的人生目标,使原先以身份、血缘为纽带依附于政治结构中的群体,逐渐转变为凭借文化知识、人格信念而独立于社会的新阶层,在后世社会发展和文化的传承与创造中起到了关键性的作用。

4.10 子曰:"君子之于天下[①]也,无适[②]也,无莫也,义之与比[③]。"

注释

① 天下:《正义》:"言'天下'者,谓于天下之人与事也。"

② 适:音 dí,郑本作"敌","敌"古通作"适"。"适"与下一句"莫",解释纷纭,详下"集说"。

③ 比:亲也,近也,从也。

集说

《郑注》:"莫,无所贪慕也。"

范宁:"适莫,犹厚薄也。比,亲也。君子与人无有偏颇厚薄,惟仁义之亲也。"

《集注》:"适,专主也。《春秋传》曰'吾谁适从'是也。莫,不肯也。比,从也。"

《论语稽求篇》:"适莫与比皆指用情言。适者,厚也,亲也;莫者,薄也,漠然也。比者,密也,和也。……若曰君子之于天下何厚何薄、何亲何疏,惟义之所在与相比焉。"

《正义》:"敌当即仇敌之义。无敌无慕,义之与比,是言好恶得其正也。"

《群经平议》:"此章大抵郑读得之。敌之言相当也,相当则有相触迕之义……言君子之天下无所适牾,无所贪慕,唯义是亲而已。"

4.11　子曰:"君子怀德[①],小人怀土[②];君子怀刑[③],小人怀惠[④]。"

注释

① 怀德:怀,《孔注》:"安也。"《集注》:"怀,思念也。怀德,谓存其固有之善。"

② 怀土:《孔注》:"安土重迁也。"《集注》:"谓溺其所处之安。"

③ 怀刑:《孔注》:"安于法也。"《集注》:"谓畏法。"

④ 怀惠:《包注》:"惠,恩惠也。"《集注》:"谓贪利。"

集说

《皇疏》:"又一说云:君子者,人君也。小人者,民下也。上之化下,如风靡草。君若化民安德,则民下安其土,所以不迁也。人君若安于刑辟,则民下怀利惠也。"

李充:"此言君导之以德,则民安其居而乐其俗,邻国相望而不相与往来,化之至也。……齐之以刑,则民惠利矣。夫以刑制物者,刑胜则民离。以利望上者,利极则生叛也。"

《群经平议》:"此章之义自来失之。君子,谓在上者,小人,谓在民也。怀者,归也。……'君子怀德,小人怀土'者,言君子归于德,则小人各归其乡土。……'君子怀刑,小人怀惠'者,言君子归于刑,则小人归于他国慈惠之君。……此章之义,以'怀德'、'怀刑'对举相形,欲在位之君子不任刑而任德也。"

4.12　子曰:"放[①]于利而行,多怨。"

注释

① 放:《孔注》:"依。"或以为当读 fǎng,同"仿"。

4.13　子曰:"能以礼让^①为国乎? 何有^②! 不能以礼让为国,如礼何^③!"

注释

① 让:《正义》:"让者礼之实,礼者让之文。"

② 何有:《集解》:"言不难也。"

③ 如礼何:《包注》:"言不能用礼也。"

文学链接

齐景公登射 《说苑·修文》

齐景公登射,晏子修礼而待,公曰:"选射之礼,寡人厌之矣。吾欲得天下勇士与之图国。"晏子对曰:"君子无礼是庶人也,庶人无礼是禽兽也。夫臣勇多则弑其君,子力多则弑其长。然而不敢者,惟礼之谓也。礼者,所以御民也。辔者所以御马也。无礼而能治国家者,婴未之闻也。"景公曰:"善。"乃饬射,更席,以为上客,终日问礼。

4.14　子曰:"不患无位,患所以立^①;不患莫己知,求为可知^②也。"

注释

① 所以立:《集注》:"所以立乎其位者。"立、位古通。

② 求为可知:《包注》:"求善道而学行之,则人知己也。"

4.15　子曰:"参乎! 吾道一以贯之^①。"

曾子曰:"唯^②。"

子出。门人^③问曰:"何谓也?"

曾子曰:"夫子之道,忠恕^④而已矣!"

注释

① 一以贯之：《广雅·释诂》："贯，行也。"

② 唯：《说文》："唯，诺也。"《孔注》："直晓不问，故答曰唯。"《曲礼记》注："应辞唯恭于诺。"

③ 门人：孔子弟子。旧注或谓曾子弟子，不确。

④ 忠恕：《国语·周语》："中能应外，忠也。"《周官·大司徒》："忠，言以中心。"恕，《贾子·道术》："以己量人谓之恕。"

4.16 子曰："君子喻①于义，小人喻于利②。"

注释

① 喻：《孔注》："犹晓也。"

② 义、利：《集注》："义者，天理之所宜。利者，人情之所欲。"

集说

此章"君子"、"小人"旧注有以指在位与否而言：

俞樾《群经平议》云："古书言君子小人大都以位而言，汉世师说如此。后儒专以人品言君子小人，非古义矣。《汉书·杨恽传》引董生之言曰：'明明求仁义，常恐不能化民者，卿大夫之意也；明明求财利，常恐困乏者，庶人之事也。'数语乃此章之确解。此殆七十子相传之绪论而董子述之耳。"

焦循亦以卿大夫解"君子"、庶人解"小人"，并云："唯小人喻于利，则治小人者必因民之所利而利之，故《易》以君子孚于小人为利。君子能孚于小人，而后小人乃化于君子。此教必本于富，驱而之善，必使仰足以事父母，俯足以畜妻子。儒者知义利之辨而舍利不言，可以守己而不可以治天下之小人。小人利而后可义，君子以利天下为义。孔子此言正欲君子之治小人者知小人喻于利。"

思考与讨论

今天如何正确认识义与利之关系？

4.17 子曰:"见贤思齐①焉,见不贤而内自省②也。"

注释

① 思齐:《句注》:"思与贤者等也。"《集注》:"冀己亦有是善。"

② 自省:《郑注》:"省,察也,察己得无然也。"范宁:"顾探诸己谓之内省也。"《集注》:"内自省者,恐己亦有是也。"

文学链接

南瑕子不食鲵鱼 《说苑·杂篇》

昔者南瑕子遇程大子,大子为烹鲵鱼。南瑕子曰:"吾闻君子不食鲵鱼。"程大子曰:"乃君子否? 子何事焉?"南瑕子曰:"吾闻君子上比,所以广德也;下比,所以狭行也。比于善,自进之阶;比于恶,自退之原也。诗曰:'高山仰止,景行行止。'吾岂敢自以为君子哉? 志向之而已。孔子曰:'见贤思齐焉,见不贤而内自省。'"

4.18 子曰:"事父母几谏①。见志不从②,又敬不违,劳而不怨③。"

注释

① 几谏:几,《说文》:"微也。"谏,《说文》:"证也。"《白虎通·谏诤》:"谏者,间也,更也,是非相间,革更其行也。"几谏,《包注》:"当微谏纳善言于父母。"《集注》:"微谏,所谓'父母有过,下气怡色,柔声以谏也'。"《读四书大全说》:"几谏者,非微言不尽之谓,而见微先谏之言为允当。"

② 见志不从:《包注》:"见父母志有不从己谏之色。"《译注》:"志谓人子之志。"

③ 劳而不怨:《皇疏》:"谏又不从,或至十至百,不敢辞己之劳,以怨于亲也。"王引之:"劳,忧也。……劳而不怨,即承上'见志不从'而言,言谏而不入,恐其得罪于乡党州闾,孝子但忧之而不怨其亲也。《曲礼》曰:'三谏而不听,则号泣而随之。'可谓忧矣。"

81

问题分析

问:如何理解孔子所说的当劝谏父母"见志不从"时,应当"又敬不违,劳而不怨"?

答:此章涉及的是儒家学说中的根本问题之一,弟子们在这里非常逼真地记下了孔子备尽委曲的语气,这种委婉的口吻实际上也反映了这一问题的复杂性。它不仅涉及家庭之内的孝道难题,而且联系着对君臣关系的处理。对此皇侃的看法,道出了儒家所面临的这一难题及其处理方式背后的精神意蕴和思想基础。皇侃云:

> 夫谏之为义,义在爱惜。既在三事同,君亲宜一,若有不善,俱宜致谏。今就经记,参差有出没难解。案《檀弓》云:"事亲有隐无犯,事君有犯无隐。"则是隐亲之失,不谏亲之过。又谏君之失,不隐君之过。并为可疑。旧通云:"君亲并谏,同见《孝经》;微进善言,俱陈《记》《传》。"故此云"事父母几谏",而《曲礼》云:"为人臣之礼不显谏",郑玄曰:"合几微谏也。"是知并宜微谏也。又若君亲为过大甚,则亦不得不极于犯颜。故《孝经》曰:"父有争子,君有争臣。"又《内则》云:"子之事亲也,三谏而不听,则号泣而随之。"又云:"臣之事君,三谏不从,则逃之以就经记。"并是极犯时也。而《檀弓》所言欲显真假本异,故其皆不同耳。何者?父子真属,天性莫二。岂父有罪,子向他说也?故孔子曰:"子为父隐,父为子隐,直在其中。"故云有隐也。而君臣既义合,有殊天然。若言君之过于政有益,则不得不言。如齐晏婴与晋叔向其言齐晋二君之过是也。唯值有益乃言之,亦不恒为口实,若言之无益则隐也,如孔子答陈司败曰"昭公知礼"是也。假使与他言父过有益,亦不得言。

可见,虽然儒家认为家庭长幼之间的"孝弟"是君臣关系的基础,但二者又是有区别的。父子之间的孝道,是出于天性,即使父母有错,劝谏不听也不应因此有所违逆,仍应当顺承父母之意,不可有怨怼之情。对君臣则不然,孔子既要求"臣事君以忠",同时也强调"君使臣以礼",这与儿女对父母的态度是有差异的。本篇末章子游云"事君数,斯辱矣"说的也是类似的意思。

4.19 子曰:"父母在,不远游,游必有方①。"

注释

① 方:《郑注》:"犹常也。"《皇疏》:"《曲礼》:'为人子之礼,出必告,反必面,所游必有常,所习必有业。'是必有方也。若行游无常,则贻累父母之忧也。"《集注》:"游必有方,如己告云之东,则不敢更适西,欲亲必知己之所在而无忧,召己则必至而无失也。"

文学链接

陟岵 《诗·魏风》

陟彼岵兮,瞻望父兮。父曰:"嗟! 予子行役,夙夜无已。上慎旃哉! 犹来无止。"

陟彼屺兮,瞻望母兮。母曰:"嗟! 予季行役,夙夜无寐。上慎旃哉! 犹来无弃。"

陟彼冈兮,瞻望兄兮。兄曰:"嗟! 予弟行役,夙夜必偕。上慎旃哉! 犹来无死。"

游子吟 孟郊

慈母手中线,游子身上衣。临行密密缝,意恐迟迟归。谁言寸草心,报得三春晖。

问题分析

问:怎样认识孔子"父母在,不远游"的要求?

答:孔子要求为人子者在父母生前不应当远游他乡,退一步说,要远游,也必须遵守一定的限制。在今天看来,它是仿佛苛刻而近乎可笑的教条。但是,这里并不是在抽象地强调对于父母的"孝",这简短的十个字包含着的意蕴其实是相当细致而动人的情感。李泽厚的理解值得参考。《今读》云:

今日有人以此语不再适用,有人以为仍然适用:因为有飞机汽车的快速交通工具,虽远(地理位置)而不远(往返时间缩短了)。其实,重要的是,孔子讲仁、讲孝都非常之实际、具体。例如这里的重点,不在不要远游,而在于不使父母过分思念(飞高走远难以见面)和过分忧虑(无方向的到处游荡,使父母不放心)。这样具体地培育儿女对父母的孝心,即孝、即仁,它是人性情感的具体培育,不是什么"处世格言"。这是情感的具体塑造而非抽象的理论概念,重要的仍是作为人子的这种情感态度。中国年轻人能继续保存这种传统美德吗?

实际上,孔子的这一教诲,并非从抽象原则推绎出来的,而是来自先民生活中的真切感受,上举《诗·魏风·陟岵》一诗,就用独特的手法、极动人地反映了游子担心父母忆念自己的情感。后世的游子诗也经常遵循《诗经》所开创的这一模式,孟郊的《游子吟》与其说是在歌颂慈母对远行游子的担忧之情,不如说是从细节上反映了远游之人对慈母心情的敏锐感受。本篇下面"父母之年"章,同样是基于对亲人的真切情感而发的。

4.20　子曰:"三年无改于父之道,可谓孝矣。"

注释

已见《学而第一》。

4.21　子曰:"父母之年,不可不知也;一则以喜,一则以惧。"

集说

《孔注》:"见其寿考则喜,见其衰老则惧。"

《集注》:"知,犹记忆也,常知父母之年,则既喜其寿,又惧其衰,而于爱日之诚,自有不能已者。"

文学链接

皋鱼三失《韩诗外传》

孔子出,闻哭声甚悲。孔子曰:"驱之,驱之,前有贤者。"至则皋鱼也。被褐拥镰，哭于道傍。孔子辟车与之言，曰："子非有丧，何哭之悲也。"皋鱼曰："吾失之三矣。少而学，游诸侯，以殁吾亲，失之一也；高尚吾志，简吾事，不事庸君，而晚事无成，失之二也；与友厚而中绝之，失之三也。夫树欲静而风不止，子欲养而亲不待。往而不可追者，年也；去而不可得见者，亲也。吾请从此辞矣。"立槁而死。孔子曰："弟子识之，足以诫矣。"于是门人辞归而养亲者十有三人。

过家 黄庭坚

络纬声转急，田车寒不运。儿时手种柳，上与云雨近。舍旁旧佣保，少换老欲尽。宰木郁苍苍，田园变畦畛。招延屈父党，劳问走婚亲。归来翻作客，顾影良自哂。一生萍托水，万事霜侵鬓。夜阑风陨霜，干叶落成阵。灯花何故喜？大是报书信。亲年当喜惧，儿齿欲毁龀。系船三百里，去梦无一寸。

4.22 子曰："古者言之不出，耻躬之不逮①也。"

注释

① 逮：及也。《包注》："古人之言不妄出口，为身行之将不及。"

4.23 子曰："以约①失之者，鲜矣！"

注释

① 约：《孔注》："俭约。"《集注》："谢氏曰：不侈然自放为约。尹氏曰：凡事约则鲜失，非止谓俭也。"

4.24 子曰："君子欲讷①于言，而敏于行。"

注释

① 讷：《说文》："言难也。"《广雅·释诂》："讷，迟也。"

思考与讨论

本章与"古者言之不出"章反映了孔子怎样的"言行"观？它在孔子的"君子人格"中处于怎样的位置？

4.25　子曰："德不孤，必有邻。"

集说

《集解》："方以类聚，同志相求，故必有邻，是以不孤也。"

《皇疏》："言人有德者，此人非孤，然而必有善邻里故也。鲁无君子者，子贱斯焉取斯？又一云：邻，报也。言德行不孤矣，必为人所报也。"

殷仲堪："推诚相与，则殊类可亲；以善接物，物亦不皆忘以善应之，是以德不孤焉，必有邻也。"

张栻《论语解》："德立于己，则天下之善斯归之，盖不孤也。如善言之集，良朋之来，皆所谓有邻也。至于天下归仁，是亦不孤而已矣。"

《集注》："邻，犹亲也。德不孤立，必有类应，故有德者必有其类从之，如居之有邻也。"

4.26　子游曰："事君数①，斯辱②矣，朋友数，斯疏③矣。"

注释

① 数：《集解》："速数之数也。"即"屡次"、"烦琐"之意，音 shuò。《郑注》："谓数己之功劳也。"俞樾："面数其过也。"则为"数说"、"数落"之意，音 shǔ。
② 辱：取辱。《皇疏》："礼不贵亵，故进止有仪，臣非时而见君，此必致耻辱。"
③ 疏：《皇疏》："朋友非时而相往数，必致疏远也。"

文学链接

沈约论侮狎敬疏 《宋书·萧思话刘延孙传论》

夫侮因事狎，敬由近疏，疏必相思，狎必相厌，厌思一殊，荣礼自隔。子曰："事君数，斯疏矣。"（按沈氏引文有脱误，然意则不差）

李谔疏谏矜伐者 《隋书·李谔传》

时当官者好自矜伐。谔上疏云："舜戒禹云：'女惟不矜，天下莫与汝争能；女惟不伐，天下莫与女争功。'言偃又云：'事君数，斯辱矣；朋友数，斯疏矣。'此皆先哲之格言。"

公 冶 长 第 五

5.1　子谓公冶长①:"可妻②也。虽在缧绁③之中,非其罪也。"以其子④妻之。

注释

① 公冶长:孔子弟子,姓公冶,名长。
② 妻:为之娶妻。
③ 缧绁:音 léi xiè。《孔注》:"缧,黑索;绁,挛也,所以拘罪人。"引申为被囚于牢狱之中。
④ 其子:其指孔子自己。子,女儿。

文学链接

　　传说公冶长能通鸟语。《皇疏》引述了《论释》里的一段传说,说公冶长因为能听懂鸟语而蒙冤系狱,这则汉魏小说后来被唐代诗人作为典故引入诗文中。

同狱者叹狱中无燕 沈佺期

　　何许乘春燕,多知辨夏台。三时欲并尽,双影未尝来。食蕊嫌丛棘,衔泥怯死灰。不如黄雀语,能免冶长灾。

　　而最能触动后世士人的,则是公冶长身在缧绁,孔子却能认识到罪非其罪,并且不以身在牢狱为意,而把女儿嫁给他。唐人诗中反复引此为典故,诉说自己非罪蒙罚的冤屈。

枉系 沈佺期

　　昔日公冶长,非罪遇缧绁。圣人降其子,古来叹独绝。我无毫发瑕,苦心怀冰雪。今代多秀士,谁能继明辙。

非所留系每晚闻长洲军笛声 刘长卿

白日浮云闭不开,黄沙谁问冶长猜。只怜横笛关山月,知是愁人夜夜来。

奉酬杨侍郎丈因送八叔拾遗戏赠诏追南来诸宾二首 柳宗元

一生判却归休,谓着南冠到头。冶长虽解缧绁,无由得见东周。

5.2 子谓南容①:"邦有道,不废②;邦无道,免于刑戮。"以其兄③之子妻之。

注释

① 南容:孔子弟子,姓南宫,名适(音 kuò),字子容。《集注》把这一章和第一章并为一章,全篇共二十七章。

② 废:废弃,不被任用。

③ 其兄:孔子的异母兄,名孟皮。《史记·孔子世家·索隐》引《家语》云:"梁纥娶鲁之施氏,生九女。其妾生孟皮,病足,乃求婚于颜氏征在。"

5.3 子谓子贱①:"君子哉若人②!鲁无君子者,斯③焉④取斯?"

注释

① 子贱:孔子弟子,姓宓,名不齐,字子贱,小孔子四十九岁。

② 若人:《包注》:"若人者,若此人也。"《译注》译"若"为指示词,"这个"。

③ 斯:《集注》:"上斯,斯此人;下斯,斯此德。"即前一"斯"指子贱,后"斯"指其君子之德行。

④ 焉:哪里。

集说

《包注》:"如鲁无君子,子贱安得此行而学行之。"

《集注》:"子贱盖能尊贤取友以成其德者,故夫子既叹其贤,而又言若鲁无君子,则此人何所取以成此德乎?因以见鲁之多贤也。"

文学链接

宓子贱是有名的贤人,据说他曾弹琴而治单父邑,后人称其弹琴处为琴台,唐人曾经重修琴台,高适有诗吟咏此事。

宓公琴台诗三首 其二　高适

邦伯感遗事,慨然建琴堂。乃知静者心,千载犹相望。入室想其人,出门何茫茫。唯见白云合,东临邹鲁乡。

5.4　子贡问曰:"赐也何如?"子曰:"女器[①]也。"曰:"何器也?"曰:"瑚琏[②]也。"

注释

① 器:《孔注》:"言汝器用之人。"

② 瑚琏:琏,音 liǎn,《包注》:"瑚琏,黍稷器也,夏曰瑚,殷曰琏,周曰簠簋(音 fǔ guǐ),宗庙器之贵者也。"当作胡连,无玉旁。《说文》:"槤,胡槤也。从木,连声。"胡槤当是木制,桓谭《潜夫论·赞学》:"胡簋之器,其始也,乃山野之木。"或是瓦器,而饰以玉,故俗加以玉旁。又作胡辇。《孔庙礼器碑》作"胡辇"。

集说

《皇疏》引江熙:"瑚琏置宗庙则为贵器,然不周于民用也。汝言语之士,束修廊庙,则为豪秀,然未必能干烦务也。器之偏用,此其贵者,犹不足多,况其贱者乎?是以玉之碌碌,石之落落,君子皆不欲也。"

《集注》:"器者有用之成材。夏曰瑚,殷曰琏,周曰簠簋,皆宗庙盛黍稷之器,而饰以玉,器之贵重而华美者也。子贡见孔子以君子许子贱,故以己为问,而孔子告之以此,然则子贡虽未至于不器,其亦器之贵者与?"

芬格莱特解释此章,大意说,夫子此言既安慰了设想中的子贡的失望之情,又是一个完成了的、完整的答案,即这里强调个体在神圣的礼仪中实现自我价值的个体观。礼器之高贵不在于其自身之精美与否,而在于其参与了神圣的礼仪活动,若将其从礼仪活动中分离出来,便仅仅是一个不适用的器物而已。因此,个体的人也正是在礼仪之中才能实现自己的尊严与价值。

文学链接

赠族叔卫军俭诗 王融

不器其德,有斐斯文。质超瑚琏,才逸卿云。摇笔泉泻,动咏霓纷。渢乎不极,卓兮靡群。

5.5 或曰:"雍①也仁而不佞②。"子曰:"焉用佞? 御③人以口给④,屡憎于人⑤。不知其仁,焉用佞?"

注释

① 雍:孔子弟子冉雍,字仲弓。
② 佞:有口才。《说文》:"佞,巧谄高材也。"《曲礼·释文》:"口才曰佞。"
③ 御:《尔雅·释言》:"禁也。"《集注》:"当也,犹应答也。"
④ 口给:给,足。口给谓口齿便捷。
⑤ 憎于人:为人所憎。

问题分析

问:"佞"的意思古今有何差异? 孔子为何否定"佞"?

答:佞,今天完全是贬义,但在孔子时代及以前,并非如此。佞的本义是有口才之美。古人也常谦称自己"不佞",可见"佞"是美称。对此,阮元《释佞》有详细的考证,从本章或人的话中也可以琢磨出来。夫子之所以不认可当时尚为称美的

"佞",在于它极易流于徒具言语之捷给悦人,而无"仁"之实。《学而第一》中夫子认为"巧言令色,鲜矣仁",已可看到这一点;《先进第十一》云:"是故恶夫佞者",《阳货第十七》又云"恶利口之覆邦家者",可见夫子之态度鲜明,可谓前后一以贯之。在一些场合,孔子也从正面肯定过"佞",如《雍也第六》中他说"不有祝鮀之佞,而有宋朝之美,难乎免于今之世矣",就是肯定祝鮀的口才之美。

不过,大概自夫子否定"佞"之后,"佞"就不再是一个中性的、甚至含有褒义的词了。它完全成为一个贬义的称呼,专门指那些以巧言取悦于在上者的人,特别是取悦于帝王、获取权势禄位的弄臣。这些人被称为"佞臣",在正史里也往往列有"佞幸传",而且,这些佞幸之臣虽能荣耀一时,最终却都落得家破身亡、遭人唾骂的命运。这似乎有力地印证了夫子"屡憎于人"的预言。

5.6　子使漆雕开①仕。对曰:"吾斯②之未能信③。"子说。

注释

① 漆雕开:孔子弟子,姓漆雕,名开。王应麟等人考证认为本名启,字子开,《史记》避汉景帝讳而改启曰开。雕,亦作凋或彫。

② 斯之未能信:《孔注》:"仕进之道未能信者,未能究习也。"《皇疏》:"言己学业未熟,未能究习,则不为民所信,未堪仕也。一云:言时君未能信,则不可仕也。"

文化史扩展

漆雕氏之儒　漆雕开虽自谦不肯仕,但他从孔子问学,却似乎颇有成就,在孔子死后儒学的各种派别中,他的学说自成一派。《韩非子·显学篇》云儒分为八,其中之一即为漆氏之儒,《汉书·艺文志》"儒家者流"有《漆雕子》十三篇,《论衡·本性篇》亦记密(即宓)子贱、漆雕开、公孙尼子之徒亦论性情。刘向《说苑》云"孔子谓'漆雕氏之子君子哉,其善人之美也隐而显,言人之恶也微而著。'"惜其书不传,仅能从这些零星记载中见其学之大概方向。

5.7　子曰:"道不行,乘桴①浮②于海。从③我者其由与?"子路闻之喜。子曰:"由也,好勇过我,无所取材④。"

注释

① 桴:音 fú,用竹木编成筏以渡江海,大者为栰,小者为桴。

② 浮:以舟渡水。

③ 从:跟随。

④ 取材:《郑注》:"无所取材者,无所取于桴材。"郑玄又记另有一解,将"材"解作"哉",语气词。《集注》引程子语释"材"作"裁"。

文学链接

汉阳献李相公 刘长卿

退身高卧楚城幽,独掩闲门汉水头。春草雨中行径没,暮山江上卷帘愁。几人犹忆孙弘阁,百口同乘范蠡舟。早晚却还丞相印,十年空被白云留。

临江仙 苏轼

夜饮东坡醒复醉,归来仿佛三更。家僮鼻息已雷鸣。敲门都不应,倚杖听江声。　　长恨此身非我有,何时忘却营营。夜阑风静縠纹平。小舟从此逝,江海寄余生。

文化史扩展

浮海　五湖扁舟　江海　本章"浮海"之本义,历来注家亦有争议,或以为即如夫子所云"欲居九夷",即隐逸之意;或以为非隐逸之意,所浮之"海",是海东箕子之国,以其尚有礼仪,欲浮海以行道。无论如何,"道不行,乘桴浮于海"实被后世解释为隐逸之先声,确立了隐逸话语之谱系。在隐逸史上,孔子并未真正"浮于海",但很快就有一个人代替他在文化史上开启了这一传统,此人就是吴越争霸时勾践的重要谋臣范蠡。传说他在辅佐勾践灭吴之后,洞察到勾践必将诛有功之臣,于是果断弃官而去,泛舟五湖,人称鸱夷子,深为后世士人所仰慕,成为一个特定的文学意象与文化符号。李白是最热衷于以泛舟五湖自许的士人,他在许多诗篇中都反复吟咏过,惜大多篇幅太长,故上面"文学链接"仅举刘长卿诗一首、苏轼词一首为例。

5.8　孟武伯问:"子路仁乎?"子曰:"不知①也。"

又问。子曰:"由也,千乘之国,可使治其赋②也。不知其仁也。"

"求也何如?"子曰:"求也,千室之邑③,百乘之家④,可使为之宰⑤也。不知其仁也。"

"赤⑥也何如?"子曰:"赤也,束带⑦立于朝,可使与宾客⑧言也。不知其仁也。"

注释

① 不知:《孔注》:"仁道至大,不可全名也。"《皇疏》引范宁:"仁道宏远,仲由未能有之,又不欲指言无仁,非奖诱之教,故托云不知也。"《集注》:"子路之于仁,盖日月至焉者,或在或亡,不能必其有无,故以不知告之。"

② 赋:《孔注》:"兵赋也。"《集注》:"古者以田赋出兵,故谓兵为赋。"

③ 千室之邑:《说文》:"邑,国也。"《左传·庄公二十八年》:"凡邑,有宗庙先王之主曰都,无曰邑。"邑即指民户居住之地。

④ 百乘之家:"家"指有采地的卿大夫。卿大夫受封一定的土地,称为采邑或采地。百乘之家即指有车百乘的卿大夫。

⑤ 宰:《孔注》:"家臣。"卿大夫可以派人去管理自己的采邑,这些人就是他的家臣。

⑥ 赤:公西赤,孔子弟子,字子华,小孔子四十二岁。

⑦ 束带立于朝:《马注》:"有仪容,可使为行人。"《皇疏》引范宁:"束带,整朝服也。"程大中谓:"古人无事则缓带,有事则束带。《说字》云'在腰为腰带,在胸为束带。腰带低缓,胸带高紧'。公西华束带立朝,当有事之际,仓卒立谈,可以服强邻,即折冲尊俎之间意。"

⑧ 宾客:《皇疏》引范宁:"邻国诸侯来相聘享也。"指各诸侯国之间往来的行人使者。《周礼·秋官司仪》:"凡公侯伯子男相为宾,公侯伯子男之臣相为客",郑玄注云"大曰宾,小曰客"。

文化史扩展

行人　宾客　朝享聘问　春秋时期周天子与各诸侯间、以及各诸侯国之间外交活动频繁,这些外交活动有着严格的礼仪,尤其是在应对辞令上更是非常讲究,形成了所谓"行人辞令"之美(这些出使各国的使者称为"行人")。辞令得当,不仅能顺利完成出使任务,而且往往能使自己的国家得到对方乃至国际间的认可,提高本国的声望；否则可能给本国造成外交上的损失，甚至可能引起战争。因此，熟悉礼仪，长于言语，是当时非常受重视的能力。这一章中孔子称公西华"束带立于朝，可使与宾客言"，指的就是这样一种能力，据有关典籍记载，孔子确实非常赞赏公西华的言语外交能力。这些行人的辞令往往非常优美，《左传》中记载了大量的行人辞令，成为《左传》一书的重要特色，使之富于浓厚的文学色彩。

5.9　子谓子贡曰："女与回也孰①愈②？"对曰："赐也何敢望③回？回也闻一以知十，赐也闻一以知二。"子曰："弗如也！吾与女弗如也④。"

注释

① 孰：谁。

② 愈：《孔注》："愈犹胜也。"

③ 望：通"方"，比，相比。《礼记·表记》："以人望人，则贤者可知已矣。"

④ 吾与女弗如也：句中的"与"有不同解释。一作"和"解，意为孔子云自己与子贡都不如颜回。《孔注》："既然子贡不如，复云吾与女俱不如者，盖欲以慰子贡也。"汉唐人皆取此意。《集注》："与，许也。""同意"、"赞同"之意，意为孔子表示赞同子贡说自己不如颜回的看法。

5.10　宰予昼寝①。子曰："朽木不可雕也，粪土②之墙不可杇③也，于予与何诛④？"子曰："始吾于人也，听其言而信其行；今吾于人也，听其言而观其行。于予与改是⑤。"

注释

① 昼寝：昼，或云当作"画"，意谓画饰墙垣。扬雄《甘泉赋》"非木摩而不雕，墙涂而不画"，暗用《论语》此章，可见汉人已有"画寝"之说。《集解》将本章"子曰：始吾于人也"以下另分一章，全篇二十九章。

② 粪土：腐土，秽土。胡绍勋《四书拾义》："《左传》云'小人粪除先王之敝庐'，是除秽谓粪，所除之秽亦谓粪。此经'粪土'犹言'秽土'。古人墙本筑土而成，历久不免生秽，故曰'不可杇'。"

③ 杇:音 wū,《尔雅·释宫》:"镘谓之杇。"用来涂抹粉刷墙壁的工具。句中作动词,粉刷之意。

④ 诛:深责。

⑤ 是:指"观其言而信其行"。

5.11 子曰:"吾未见刚①者!"或对曰:"申枨②。"子曰:"枨也欲③,焉得刚?"

注释

① 刚:《尚书正义·皋陶谟》引郑玄注"刚,强志不屈挠"。《集注》:"刚,坚强不屈之意,最人所难能者,故夫子叹。"

② 申枨:枨,音 chéng,《包注》:"鲁人。"或谓即《史记·仲尼弟子列传》中所云申党。

③ 欲:《孔注》:"多情欲。"

文学链接

由此章演化而来的"无欲则刚"今日已成一成语。或人以申枨对,盖以枨为近刚,然则或人所理解之刚与夫子所说有异,于此可见当时有刚之说,而夫子别有理解。夫子所谓刚,乃从一极高之标准而来,《子路第十三》所谓"刚毅木讷近仁"是也。此一思想发展到孟子时,强调自身修养出至大至刚之气,所谓养吾浩然之气,遂为后人所遵奉信守。不能做到无欲者,则不能至于刚。历史上不乏以刚正见称者,然亦有有其名无其实者,汉代孙宝即是一例。

孙宝挠于定陵 《汉书·孙宝传》

征为京兆尹,故吏侯文以刚直不苟合,常称疾不肯仕。宝以恩礼请文,欲为布衣友,日设酒食,妻子相对。文求受署为掾,进见如宾礼。

数月,以立秋日署文东部督邮。入见,敕曰:"今日鹰隼始击,当顺天气,取奸恶,以成严霜之诛,掾部渠有其人乎?"文卬曰:"无其人不敢空受职。"宝曰:"谁也?"文曰:"霸陵杜穉季。"宝曰:"其次?"文曰:"豺狼横道,不宜复问狐狸。"宝默然。穉季者,大侠,与卫尉淳于长、大鸿胪萧育等皆厚善。宝前失车骑将军,与红阳侯有郤,自恐见危。时淳于长方贵幸,友宝,宝亦欲附之。始视事而长以稗季托宝,故宝穷,无以复应文。文怪宝气索,知其有故,因曰:"明府素著威名,今不敢取稗季,当且阖阁,勿有所问。如此竟岁,吏民未敢诬明府也。即度稗季而谴它事,众中讙哗,终身自堕。"宝曰:"受教。"……

赞曰:"……孔子曰:吾未见刚者。以数子之名迹,然毋将污于冀州,孙宝挠于定陵,况俗人乎?"

5.12　子贡曰:"我不欲人之加①诸②我也,吾亦欲无加诸人。"子曰:"赐也,非尔所及也。"

注释

① 加:《马注》:"陵也。"凌驾,欺凌。

② 诸:"之于"的合音词。

5.13　子贡曰:"夫子之文章①,可得而闻②也;夫子之言性③与天道④,不可得而闻也。"

注释

① 文章:《集解》:"章,明也。文采形质著见,可以耳目循。"《皇疏》引太史叔明:"文章者,六籍是也。"《集注》:"文章,德之见于外者,威仪文辞皆是也。"

② 闻:不特亲闻于夫子,且闻于公卿大夫、同门乡党之口耳。

③ 性:《郑注》:"性,谓人受血气以生,有贤愚吉凶。"《集解》:"性者,人之所受以生者也。"《集注》:"性者,人所受之天理。"

④ 天道:《郑注》:"七政变动占。"《集解》:"天道者,元亨日新之道也。深微,故不可得而闻也。"《集注》:"天道者,天理自然之本体。"

集说

太史叔明:"文章者,六籍是也。性与天道如《何注》。以此言之,举是夫子死后,七十子之徒,追思曩日圣师平生之德音难可复值,六籍即有性与天道,但垂于世者可踪,故千载之下,可得而闻也。至于口说言吐,性与天道,蕴藉之深,止乎身者难继,故不可得而闻也。"

《集注》:"言夫子之文章日见乎外,固学者所共闻。至于性与天道,则夫子罕言之,而学者有不得闻者。盖圣门教不躐等,子贡至是始得闻之而叹其美也。"

《正义》:"据《世家》诸文,则夫子文章谓诗书礼乐也,古乐正,崇四术以造士,春秋教以礼乐,冬夏教以诗书。至春秋时,其学寖废,夫子特修明之,而以之为教。故记夫子四教,首在于文,颜子亦言'夫子博我以文',此群弟子所以得闻也。《世家》又云:'孔子晚而喜《易》,序彖、系、象、说卦、文言。读《易》,韦编三绝。曰:假我数年,若是,我于《易》则彬彬矣。'盖《易》藏太史氏,学者不可得见,故韩宣子适鲁,观书太史氏,始见《周易》。孔子五十学《易》,惟子夏、商瞿晚年弟子得传是学。然则子贡言'性与天道不可得闻',《易》是也。"

问题分析

问:子贡的这一段话反映了孔子思想的什么特点?

答:此章为《论语》中之名篇,对于理解夫子及儒家思想关系极大,而历来解释又相当纷纭复杂。首先,"文章"并不指今天所理解的"文章",而是指孔子的言行、学问、性情、人格,即朱熹所说的"德之见于外者,威仪文辞皆是",当然太史叔明把它解释为"六籍",也还是可取的。"文章可得而闻",又不仅仅是指弟子从孔子那里闻到,还有弟子从乡党邻里、公卿大夫那里听到人们谈论孔子的"文章"这一层意思。这一点可以从《论语·子张第十九》中记载的孔子殁后一些人对他的诽谤中推断得到。除了《论语》之外,其他传世典籍中都不乏孔子言行思想的记载,尽管其中可能有假托,但仍然反映出孔子对时人及后世的影响。人格、学问,这些言传身教因而"可得而闻"的"文章",正是孔子对后世产生伟大影响的重要方面。

至于"性与天道",亲受教诲的子贡等孔门弟子感叹"不可得而闻",则揭示了孔子思想的另一特点。性谓人之性,天道指天地宇宙运行之道,或以为即《易传》之天道阴阳消息盈虚。这两个方面"不可得而闻",是指孔子很少谈论这些话题。孔子强调"未能事人,焉能事鬼",又说"未知生,焉知死",主张"敬鬼神而远之",夫子之不言,盖或存疑,而以切近人生的问题为思考的要务。在孔子之后,他的一些弟子如前面提到的漆雕开等人,再到孟子、荀子等人争相言性命天道,至宋代,程朱提出"天理"观念,把"性与天道"解释为"性者,人所受之天理;天道者,天理自然之本体。其实一理也"。儒学遂一变而为宋明理学。

文化史扩展

性　天道　吉凶祸福　消息盈虚　本章"性"与"天道"是中国传统思想中极为重要的概念,含义也非常复杂,不易说清。《论语》中提到"性"的地方只有两处,除这一章外,另一处是《阳货第十七》的第二章"子曰:'性相近也,习相远也'"。提到"天"的地方则非常多。不过既然子贡都感叹夫子之言性与天道不可得而闻,那么即使"天"出现得再多,也不比仅出现两次的"性"更能说清所指究竟是什么。

孔子很少讨论的这些问题,在他的身后不久即成为热门话题。孟子提出性本善的主张,荀子则提出性恶论。天道观念也随着《易传》的出现开始形成一个体系性的学说(古人相信《易传》就是孔子所作,但今天一般认为是战国时人所作),尤其是用阴阳消息盈虚学说来解释天道运行周而复始的现象,并用以指导人的社会行为,解释个体生命的吉凶祸福等命运遭际,长期影响着传统社会里士阶层的思想和行为。

5.14　子路有闻[①],未之能行,唯恐有闻[②]。

注释

① 有闻:有所闻说。
② 唯恐有闻:《译注》:"有,同'又'。"

集说

《孔注》:"前所闻未及行,故恐后有闻不得并行也。"

《集注》:"范氏曰:子路闻善,勇于必行,门人自以为弗及,故著之。若子路,可谓能用其勇矣。"

《正义》:"有闻文章之道也。子路好勇,闻斯行之,其未及行,又恐别有所闻,致前所闻不能并行。"

5.15　子贡问曰:"孔文子[①]何以谓之'文[②]'也?"子曰:"敏而好学,不耻下问,是以谓之'文'也。"

注释

① 孔文子:卫国大夫孔圉,谥"文"。

② 文:《逸周书·谥法》:"勤学好问曰文。"

5.16　子谓子产①:"有君子之道四焉:其行己也恭,其事上也敬,其养民也惠,其使民也义。"

注释

① 子产:名侨,郑大夫,郑穆公之孙,故称公孙侨,孔子所极称赞之贤臣。为郑相二十二年,周旋于晋楚两大国之间,戎马交争,郑国赖以安。

文学链接

作为春秋时著名的贤相,子产为政有方,深得国人称赞,曾作歌以颂之。

舆人诵子产《左传·襄公三十年》

子产使都鄙有章,上下有服,田有封洫,庐井有伍。大人之忠俭者,从而与之,泰侈者因而毙之。从政一年,舆人诵之曰:"取我衣冠而褚之,取我田畴而伍之,孰杀子产,吾其与之。"及三年,又诵之曰:"我有子弟,子产诲之,我有田畴,子产殖之,子产而死,谁其嗣之。"

文化史扩展

乡校论政与清议传统　子产为郑相期间,还有著名的"不毁乡校"之举。乡校是乡里的学校,郑国人不但在此求学,而且议论时政。有人建议子产毁掉乡校以杜绝议论。子产不允,认为国人的议论有助于施政。今人或将此视为"民主"思想,此说尚可商榷,但它无疑代表了上古时期一个相当积极的思想传统。同样著名、作为反面教训的周厉王止谤,其实也说明了这一点。

乡校论政实为后世清议的先声,但是秦汉以后,像子产这样从正面肯定清议的做法却不多。相反,历史上出现了几次著名的迫害事件,如东汉后期的"党锢之祸",明末的东林党人事件,当权者都大规模地禁锢清议士人,钳制舆论,而结果,却无一例外地像周厉王被国人流于彘一样,伴随党祸而来的是王朝覆灭、生灵涂炭,教训是极为深刻的。

子产不毁乡校《左传·襄公三十一年》

郑人游乡校以论政。然明谓子产曰:"毁乡校,如何?"子产曰:"何为乎? 夫人朝夕退而游焉,以议执政之善否,其所善者,吾则行之,其所恶者,吾则改之,是吾师也。若之何毁之? 我闻忠善以损怨,不闻作威以防怨。岂不遽止? 然犹防川。大决所犯,伤人必多,吾不克救也,不如小决使道,不如吾闻而药之也。"然明曰:"蔑也今而后知吾子之信可事也。小人实不才,若果行此,其郑国实赖之,岂唯二三臣。"仲尼闻是语也,曰:"以是观之,人谓子产不仁,吾不信也。"

5.17　子曰:"晏平仲①善与人交,久而敬之②。"

注释

① 晏平仲:齐大夫,姓晏名婴,字仲,"平"为其谥号。

② 久而敬之:皇侃本作"久而人敬之"。有两解。见下"集说"。

集说

《皇疏》:"此善交之验也,凡人交易绝,而平仲交久而人愈敬之也。"

孙绰:"交有倾盖如旧,亦有白首如新,隆始者易,克终者难。敦厚不渝,其道可久,所以难也,故仲尼表焉。"

《集注》:"人交久则敬衰,久而能敬,所以为善。"

《正义》:"《周官·大宰》'二曰敬故',《郑注》:'敬故,不慢旧也。晏平仲久而敬之。'据郑说,则久谓久故也。君子不遗故旧,则民不偷,故称平仲为善交。……皇本作'久而人敬之'……实则当从郑本无'人'字,解为平仲敬人。"

5.18　子曰:"臧文仲①居蔡②,山节藻棁③,何如其知也?"

注释

① 臧文仲:鲁大夫臧孙辰,"文"是谥号,历仕庄、闵、僖、文四朝。

② 居蔡:蔡,大龟。《包注》:"国君之守龟,出蔡地,因以为名。"居,使之居之意。居蔡,为龟作椟。

③ 山节:节,柱上斗拱。山节,旧注多以为刻山形于斗拱,然郑玄注《礼器》云:"山节,谓刻柱头为斗拱,形如山也。柱头者,节也,斗拱者,山之形。"据此,似谓起斗拱如山形。藻棁:棁音 zhuō,梁上短柱。藻棁,在短柱上刻绘水藻纹。

文化史扩展

龟 蔡 蓍 卜筮的合理化努力 占卜是非常古老的活动。占卜的方式有多种,其中主要的有用动物的甲骨占卜、用蓍草占卜等,殷商多用牛羊的肩胛骨和龟甲占卜,所谓甲骨文就是在甲骨上刻下的占卜时的卜辞。在甲骨占中,龟又被视为卜筮之灵,据记载,自天子至于士,都蓄有供占卜用的龟,并且龟的大小按照等级有一定的差别。《白虎通·蓍龟篇》云:"天子下至士,皆有蓍龟者,重事决疑,示不自专。"按礼,蔡为大龟,为天子诸侯所用,非大夫所当有。

臧文仲不但蓄有不该有的蔡,而且用本为天子家庙之饰的山节藻棁来居蔡。有此二者,已为不智,而臧氏蓄龟欲以媚神徼福,这是夫子认为尤其不智的地方。夫子不语怪力神。据记载,孔子曾经试图"合理化"解释当时的占卜行为。《论衡·卜筮》云:"子路问孔子曰:'猪肩羊膊可以得兆,藋苇蒿芼可以得数,何必以蓍龟?'孔子曰:'不然。盖取其名也。夫蓍之为言耆也,龟之言旧也,明狐疑之事,当问耆旧也。'"通过以音形相释的方法,孔子把人们用蓍龟来占卜的行为解释为向耆旧请教,正如典籍中记载他将"黄帝四面"的传说解释为黄帝有四位能干的大臣治理四方一样,反映出孔子思想精神的重要特点。

5.19　子张问曰:"令尹子文①三仕为令尹,无喜色;三已②之,无愠色。旧令尹之政,必以告新令尹。何如?"

子曰:"忠矣。"

曰:"仁矣乎?"曰:"未知。焉得仁?"

"崔子③弑④齐君,陈文子⑤有马十乘,弃而违⑥之。至于⑦他邦,则曰:'犹⑧吾大夫崔子也。'违之。之一邦,则又曰:'犹吾大夫崔子也。'违之。何如?"

子曰:"清⑨矣。"

曰:"仁矣乎?"曰:"未知。焉得仁?"

注释

① 令尹子文:楚国的宰相叫令尹,《邢疏》:"令,善也。尹,正也。言用善人正此官也。"子文,姓斗,名谷,字于菟。据《左传》,子文于鲁庄公三十年始为令尹,至僖公二十三年让位于子玉,历二十八年,中间可能多次黜免和复用。

② 已:免职。三仕、三已之三,未必是实指。

③ 崔子:齐国大夫崔杼。据《左传·襄公二十五年》记载,他杀掉了齐庄公光。

④ 弑:臣子杀君父为弑。

⑤ 陈文子:齐国大夫,名须无。

⑥ 违:离开。

⑦ 至于:到达。

⑧ 犹:犹如。

⑨ 清:清白。

文学链接

读史 徐夤

亚父凄凉别楚营,天留三杰翼龙争。高才无主不能用,直道有时方始平。喜愠子文何颖悟,卷藏蘧瑗甚分明。须知饮啄繇天命,休问黄河早晚清。

赋四相诗·礼部尚书门下侍郎平章事李岘 皇甫澈

时来遇明圣,道济宁邦国。猗欤瑚琏器,竭我股肱力。进贤黜不肖,错枉举诸直。宦官既却坐,权奸亦移职。载践每若惊,三已无愠色。昭昭垂宪章,来世实作则。

文化史扩展

三仕三已无喜愠　不以物喜不以己悲　令尹子文不以荣辱为意,三仕三已,无喜愠之色,堪称难得,在时人看来,大概称得上"仁"了,可是夫子却不许之以仁。这不但与时人的看法不同,也与后世的认识有较大的差异。范仲淹著名的"不以物喜,不以己悲"之说,差与令尹子文相近,范仲淹却已视作是"古仁人之心",把它作为士人所追求的最高人格标准了。其间的差异,与其说是后世"仁"的标准降低了,无宁说是人格理想与其人生实践之间的自然落差。

在夫子这里,"仁"是一种最为高远的人格理想,从他的话里不难看到,真正能够达到"仁"的境界的人几乎没有。在他很少的几次以"仁"许人的时候,显然都只是从"仁"的某一方面来说的。然则"仁"又有何意义? 在于一种"虽不能至,心向往之"的前行决心,在于有勇气承担的士人能各依才性之所长与时之际会,从不同方向、在不同方面努力接近它。斯则范仲淹视"不以物喜,不以己悲"为"仁人"之典范特征、而在范氏之后的士人也莫不以之砥砺人格的根本原因。

5.20　季文子①三思②而后行。子闻之,曰:"再③,斯可矣。"

注释

① 季文子:鲁大夫季孙行父,文为谥号。文子使晋,预求遭丧之礼以行,后晋襄公果卒,可为"三思后行"之一例。
② 三思:反复考虑。三,表多次之意。
③ 再:两次。

5.21　子曰:"宁武子①邦有道则知,邦无道则愚。其知可及也,其愚②不可及也。"

注释

① 宁武子:卫大夫宁俞,活动在卫文公、成公之时。卫成公与晋交恶,宁俞周旋其间,以济其君。或谓"愚"乃指其自晦以保身济君,故不可及也。
② 愚:佯愚。

集说

"愚不可及"今日已含贬义,夫子原意则为赞叹之语。只是何为"愚不可及",则有不同说法。

《孔注》:"佯愚似实,故曰不可及也。"

孙绰:"人情莫不好名,咸贵智而贱愚,虽治乱异世,而矜鄙不变,唯深达之士,为能晦智藏名,以全身远害。饰智以成名者易,去华以保性者难也。"

《集注》:"成公无道,至于失国,而武子周旋其间,尽心竭力,不避难险。凡其所处,皆知巧之士所深避而不肯为者,而能卒保其身,以济其君,此其愚之不可及也。"

《论语稽》:"上章论季文子之知,此章述宁武子之愚,正可两两互勘。大凡烈士殉国,孝子殉亲,皆必有百折不回之气而后成。当其不知有性命,不知有身家,一往直前,无所顾忌,有似乎愚。及其至性至情,动天地,泣鬼神,人乃以为不可及。而不知所不可及者,即在此置身家性命于度外之一念乎。武子仕卫,进不求达,退不避难,在见几而作之士,不免从旁窃笑,而卒各行其是以保其身而济其国,此夫子所以叹美之也。"

文学链接

歙州卢中丞见惠名酝 杜牧

谁怜贱子启穷途,太守封来酒一壶。攻破是非浑似梦,削平身世有如无。醺醺若借嵇康懒,兀兀仍添宁武愚。犹念悲秋更分赐,夹溪红蓼映风蒲。

思考与讨论

上引诸家对"愚不可及"的解释中,不同之处在哪里? 如何认识这种差异? 又如何理解宁武子的"愚不可及"?

5.22　子在陈①,曰:"归与! 归与! 吾党②之小子③狂简④,斐然成章⑤,不知所以裁⑥之!"

注释

① 陈:陈国。妫姓,武王灭纣,求得舜之后人名妫满者,封于陈,都于宛丘。

② 党:乡党。五家为邻,五邻为里,五百家为党,万二千五百家为乡。吾党,犹言家乡。

③ 小子:孔子自称其弟子。吾党之小子:《集注》:"指门人之在鲁者。"

④ 狂简:狂,《说文》:"狂,狾犬也。狾犬雄猛善发,故人之矫恣自张大者亦谓之狂。"简,大,简慢。

⑤ 斐然成章:文采可观。

⑥ 裁:裁制,剪裁。

文学链接

归田赋 张衡

　　游都邑以永久,无明略以佐时;徒临川以羡鱼,俟河清乎未期。感蔡子之慷慨,从唐生以决疑。谅天道之微昧,追渔父以同嬉。超埃尘以遐逝,与世事乎长辞。

　　于是仲春令月,时和气清,原隰郁茂,百草滋荣。王雎鼓翼,鸧鹒哀鸣,交颈颉颃,关关嘤嘤。于焉逍遥,聊以娱情。尔乃龙吟方泽,虎啸山丘。仰飞纤缴,俯钓长流;触矢而毙,贪饵吞钩。落云间之逸禽,悬渊沈之鲹鳢。

　　于时曜灵俄景,继以望舒,极般游之至乐,虽日夕而忘劬。感老氏之遗诫,将回驾乎蓬庐。弹五弦之妙指,咏周孔之图书。挥翰墨以奋藻,陈三皇之轨模。苟纵心于物外,安知荣辱之所如。

归去来兮辞并序 陶渊明

　　文略。

文化史扩展

　　"归与"之叹与田园隐逸传统　孔子在陈国不能行其志,遂有退归鲁国、修诗书礼乐、教育弟子之意。"不知",或谓夫子不知如何指导弟子,或谓弟子不知如何裁制自己以成就学问。总之,从中可知,夫子欲退而以授业传道为职志,则是确然无疑的;而所退处之地,乃夫子之"党",即故园。这两点,构成了后世士人归隐的根本特征。后世士人,虽不如夫子为天下木铎一般厥功至伟,却都以求得人格完善、不屈其志为趣向,保证了归隐行为的合法性一直延续不绝。士人所承担的伦理价值也因此获得认可,并每每成为整个社会的道德伦理支柱。同时,归隐以士人生于斯、长于斯的田园为目的地,则又终于催生了田园生活的伦理化与审美化,并由此而产生吟咏田园的文学传统。"归与"之叹,遂成为后世士人厌弃浊世,思归田园以养其志的习惯吁求,也成为文学创作的重要动力。

5.23　子曰:"伯夷、叔齐①不念旧恶②,怨是用希③。"

注释

① 伯夷、叔齐:传说为古孤竹国君的两个儿子,孤竹君死后,两人互相推让不肯继承国君之位。后来谏武王伐纣,并不食周粟,逃到首阳山以采薇度日,至于饿死。孤竹国传为殷汤所封之国,传位至于夷、齐之父时,夷长而庶,齐嫡而幼,相让而国绝。故址在今辽宁。

② 恶:仇恨,嫌隙。

③ 怨是用希:用,因此。希,少。

集说

《皇疏》:"旧恶,故憾也。人若录于故憾,则怨恨更多。唯夷、齐豁然忘怀,若有人犯己,己不怨录之,所以于人怨少也。"

《邢疏》:"不念旧时之恶而欲报复,故希为人所怨恨也。"

《集注》:"伯夷、叔齐,孤竹君之二子。孟子称'其不立于恶人之朝,不与恶人言。与乡人立,其冠不正,望望然去之,若将浼焉'。其介如此,宜若无所容矣。然其所恶之人,能改即止,故人亦不甚怨之也。"

毛奇龄《四书改错》:"此恶字,犹《左传》'周、郑交恶'之恶。旧恶,即夙怨也。惟有夙怨而相忘而不之念,因之恩怨俱泯,故'怨是用希'。此必有实事,而今不传者。"

文学链接

伯夷叔齐列传《史记》

夫学者载籍极博,犹考信于六艺。诗书虽缺,然虞夏之文可知也。尧将逊位,让于虞舜,舜禹之间,岳牧咸荐,乃试之于位,典职数十年,功用既兴,然后授政。示天下重器,王者大统,传天下若斯之难也。而说者曰尧让天下于许由,许由不受,耻之,逃隐。及夏之时,有卞随、务光者。此何以称焉?太史公曰:余登箕山,其上盖有许由冢云。孔子序列古之仁圣贤人,如吴太伯、伯夷之伦详矣。余以所闻由、光义至高,其文辞不少概见,何哉?

孔子曰:"伯夷、叔齐,不念旧恶,怨是用希。""求仁得仁,又何怨乎?"余悲伯夷之意,睹轶诗可异焉。其传曰:

伯夷、叔齐,孤竹君之二子也。父欲立叔齐,及父卒,叔齐让伯夷。伯夷曰:"父命也。"遂逃去。叔齐亦不肯立而逃之。国人立其中子。于是伯夷、叔齐闻西伯昌善养老,盍往归焉。及至,西伯卒,武王载木主,号为文王,东伐纣。伯夷、叔齐叩马而谏曰:"父死不葬,爰及干戈,可谓孝乎?以臣弑君,可谓仁乎?"左右欲兵之。太公曰:"此义人也。"扶而去之。武王已平殷乱,天下宗周,而伯夷、叔齐耻之,义不食周粟,隐于首阳山,采薇而食之。及饿且死,作歌。其辞曰:"登彼西山兮,采其薇矣。以暴易暴兮,不知其非矣。神农、虞、夏忽焉没兮,我安适归矣?于嗟徂兮,命之衰矣!"遂饿死于首阳山。

由此观之,怨邪非邪?

或曰:"天道无亲,常与善人。"若伯夷、叔齐,可谓善人者非邪?积仁絜行如此而饿死!且七十子之徒,仲尼独荐颜渊为好学。然回也屡空,糟糠不厌,而卒蚤夭。天之报施善人,其何如哉?盗跖日杀不辜,肝人之肉,暴戾恣睢,聚党数千人横行天下,竟以寿终。是遵何德哉?此其尤大彰明较著者也。若至近世,操行不轨,专犯忌讳,而终身逸乐,富厚累世不绝。或择地而蹈之,时然后出言,行不由径,非公正不发愤,而遇祸灾者,不可胜数也。余甚惑焉,傥所谓天道,是邪非邪?

子曰:"道不同不相为谋",亦各从其志也。故曰:"富贵如可求,虽执鞭之士,吾亦为之。如不可求,从吾所好。""岁寒,然后知松柏之后凋。"举世混浊,清士乃见。岂以其重若彼,其轻若此哉?

"君子疾没世而名不称焉。"贾子曰:"贪夫徇财,烈士徇名,夸者死权,众庶冯生。""同明相照,同类相求。云从龙,风从虎,圣人作而万物睹。"伯夷、叔齐虽贤,得夫子而名益彰。颜渊虽笃学,附骥尾而行益显。岩穴之士,趣舍有时若此,类名堙灭而不称,悲夫!闾巷之人,欲砥行立名者,非附青云之士,恶能施于后世哉?

题伯夷庙 卢纶

中条山下黄礓石,垒作夷齐庙里神。落叶满阶尘满座,不知浇酒为何人。

咏史诗·首阳山 胡曾

孤竹夷齐耻战争,望尘遮道请休兵。首阳山倒为平地,应始无人说姓名。

文化史扩展

夷齐　采薇　首阳山　伯夷、叔齐,《论语》中提到过多次,其他诸子著作中也常常提及,应是古之贤人,但事迹渺茫,诸说互异。《史记》七十列传之首即为《伯夷叔齐列传》,盖本夫子之言而益之以其他传闻,大体言二人本孤竹国君之二子,彼此谦让,不肯继袭国君之位,于是相携逃离。闻西伯姬昌贤而欲往依之。后武王兴师伐纣,二人拦住劝谏,以为武王以臣伐君,不合伦理。武王不听,二人遂逃之首阳山,不食周粟,唯采薇度日,终于饿死。太史公在传末云,夷、齐虽贤人,得夫子之称许而名益彰,是以知人纵然有贤才,必得附骥尾而后方能至于青云之上,显然有借二人之事以浇自己胸中块垒之意。后人谓《伯夷叔齐列传》为七十列传之发凡起例,即有此意。在后世,夷齐就成为士人坚守节操、清高孤介、独立不阿的象征符号,不断见诸于诗文吟咏之中。上面"文学链接"中所引两首诗歌,即是直接歌咏夷齐事迹的,此外还有相当多的化用他们的事迹为典故的作品。

5.24　子曰:"孰谓微生高①直?或乞醯②焉,乞诸其邻而与之。"

注释

① 微生高:微生,姓,高,名。或以为即尾生高。

② 醯:音 xī,醋。

5.25　子曰："巧言、令色、足^①恭,左丘明^②耻之,丘亦耻之。匿怨而友其人^③,左丘明耻之,丘亦耻之。"

注释

① 足:过度,过分。《孔注》:"足恭,便僻貌。"过分恭顺以取悦于人。

② 左丘明:《孔注》:"鲁太史。"相传为《左传》的作者,但他究属何人,是否作过《左传》,以及其姓氏都歧见迭出,难以有一致的看法。

③ 匿怨而友其人:《孔注》:"内相怨而外诈亲也。"

5.26　颜渊、季路侍。子曰："盍^①各言尔志?"

子路曰："愿^②车马衣轻裘^③,与朋友共敝之而无憾^④。"

颜渊曰："愿无伐善^⑤,无施劳^⑥。"

子路曰："愿闻子之志!"

子曰："老者安之,朋友信之,少者怀之^⑦。"

注释

① 盍:何不。

② 愿:此章三"愿"字,第一"愿"宜作"愿意"解,后两"愿"作"希望"解,意思有所偏重。

③ 车马衣轻裘:"轻"字为后世涉《雍也第六》《子华使于齐》章而误衍,唐前古本无"轻"字。

④ 与朋友共敝之而无憾:此句有两种读法,一在"共"后断句,一则作一句读。敝,衣败曰敝。《说文》:"㡀,败衣也。从巾,象衣败之形。敝,帗也,一曰败衣。"

⑤ 无伐善:自称其能曰伐。《孔注》:"不自称己之善。"《皇疏》:"愿行己善而不自称,欲潜行而百姓日用而不知也。"《集注》:"伐,夸也。善,谓有能。"

⑥ 无施劳:《孔注》:"不以劳事置施于人。"《皇疏》:"不施劳役之事于天下也。"《集注》:"施,亦张大之意。劳,谓有功,《易》曰:'劳而不伐'是也。或曰:'劳,劳事也。劳事非己所欲,故亦不欲施之于人。'亦通。"

⑦ 老者安之朋友信之少者怀之:《孔注》:"怀,归也。"《皇疏》:"孔子答愿己为老人必见抚安,朋友必见期信,少者必见思怀也。"《集注》:"老者养之以安,朋友与之以信,少者怀之以恩。一说:'安之,安我也。信之,信我也。怀之,怀我也。'亦通。"

文学链接

此为论语中著名篇章之一,师徒对话极能见出各人性情学问。其中子路之语,一如其重然诺、重义气之性格。虽然友朋之间共财货,志似平平,然实发自深衷,浅语情深,后世亦采入诗文中,以写友情之亲密无间。

边馆逢贺秀才 马戴

贫病无疏我与君,不知何事久离群。鹿裘共弊同为客,龙阙将移拟献文。空馆夕阳鸦绕树,荒城寒色雁和云。不堪吟断边笳晓,叶落东西客又分。

赠殷山人诗 张籍

……自古多高迹,如君少比肩。耕耘此辛苦,章句已流传。昔日交游盛,当时省阁贤。同袍还共弊,连辔每推先。讲序居重席,群儒愿执鞭。满堂虚左待,众目望乔迁。才异时难用,情高道自全。……

戏周正孺 苏轼

天厩新颁玉鼻骍,故人共敝亦常情。相如虽老犹能赋,换马还应继二生。

5.27 子曰:"已矣乎!吾未见能见其过而内自讼①者也。"

注释

① 内自讼:内,内心。讼,责。

5.28 子曰:"十室之邑,必有忠信如丘者焉①,不如丘之好学也。"

注释

① 焉:《邢疏》引卫瓘说,"焉"属下句,读如"安"。安不如,亦不如。武亿《经读考异》:

"焉,犹安也,安不如我之好学,言亦如我之好学也。"亦以"焉"属下句,而意较卫瓛更顺畅。

集说

《邢疏》:"此章夫子言己勤学也。十室之邑,邑之小者也。其邑虽小,亦不诬之,必有忠信如我者焉,但不如我之好学不厌也。"

孙绰:"夫忠信之行,中人所能存全,虽圣人无以加也。学而为人,未足称也,好之者必钻仰不怠,故曰'有颜回者好学,今也则亡'。今云十室之学不逮于己,又曰'我非生而知之者,好古敏而求耳',此皆陈深崇于教,以尽汲引之道也。"

《集注》:"忠信如圣人,生质之美者也。夫子生知,而未尝不好学,故言此勉人。言美质易得,至道难闻,学之至则可以为圣人,不学则不免为乡人而已,可不勉哉。"

雍 也 第 六

6.1　子曰:"雍也可使南面①。"

注释

① 南面:面朝南方而坐。古时君王卿士治事临民,位皆南面,故"南面"意为可出仕任官,当一方之任。《郑注》:"言任诸侯之治。"《包注》:"可使南面者,言任诸侯治,可使治国政也。"《集注》:"南面者,人君听治之位,言仲弓宽洪简重,有人君之度也。"

6.2　仲弓问子桑伯子①,子曰:"可也简②。"仲弓曰:"居敬而行简③,以临④其民,不亦可乎? 居简而行简,无乃大⑤简乎?"子曰:"雍之言然⑥。"

注释

① 子桑伯子:其人已不可考,有人以为即《庄子》中的桑户,又有人以为即《左传》中所记秦国大夫子桑。《集注》将这一章和第一章并为一章。

② 可也简:可,表示赞许。《孔注》:"以其能简,故曰可也。"《集注》:"可者,仅可而存未尽之辞。简者,不烦之谓。"

③ 居敬:《孔注》:"居身敬肃。"《集注》:"言自处以敬,则中有主而自治严。"

④ 临:治理,管理。

⑤ 大:同"太",过甚。

⑥ 然:对,赞同之意。

6.3　哀公问:"弟子孰为好学?"孔子对曰:"有颜回者好学,不迁怒①,不贰过②。不幸短命③死矣! 今也则亡④,未闻好学者也。"

注释

① 不迁怒：《集解》："迁者，移也。怒当其理，不移易也。"《集注》："怒于甲者不移于乙。"

② 不贰过：《集解》："有不善未尝复行也。"

③ 短命：《史记·仲尼弟子列传》记颜回少孔子三十岁，又记"回年二十九，发尽白，蚤死。"只说颜回早死，未具体说明死之年岁。后来《孔子家语》云颜回年三十一死，清人考证，多认为此说不确，当为年四十一时死。或以为若据《家语》，则《仲尼弟子列传》所记"少孔子三十岁"当为"四十"之误。

④ 亡：同"无"。

文学链接

　　颜回是孔门高足，向称德行之典范，却不幸早夭，深为孔子所叹惜。在后世，有德而早夭的颜回成为讨论人世善恶祸福问题的经典案例，而未及实现其抱负便夭亡的士人，也常被比作颜回。

题东山子李适碑阴二首 其二　徐彦伯

　　回也实夭折，贾生亦脆促。今复哀若人，危光迅风烛。夜台沦清镜，穷尘埋结绿。何以赠下泉，生刍唯一束。

6.4　子华①使于齐②，冉子③为其母请粟④。子曰："与之釜⑤。"
请益⑥。曰："与之庾⑦。"
冉子与之粟五秉⑧。
子曰："赤之适⑨齐也，乘肥马⑩、衣轻裘⑪。吾闻之也，君子周急⑫不继富⑬。"

注释

① 子华：公西赤，字子华。见《公冶长第五》第八章注⑥。

② 使于齐：出使到齐国。《皇疏》："子华有容仪，故为使往齐国也。"

③ 冉子：冉有。称冉有为冉子，可知这一章为冉有门人所记。

④ 粟：《说文》："粟，嘉谷实也。"一般未去壳时称"粟"，去殼后称小米。

⑤ 釜：六斗四升。

⑥ 益：增加。

⑦ 庾：《包注》谓"十六斗曰庾"，据清人考证，应为二斗四升。

⑧ 秉：十六斛为一秉。

⑨ 适：往，去。

⑩ 乘肥马：在孔子的时代，尚无骑马的习惯，这里的"乘肥马"是指乘着肥马所驾之车。

⑪ 衣轻裘：衣，音 yì，穿。轻裘，轻而暖的裘衣。

⑫ 周急：周，同赒，接济不足者。急，穷迫。

⑬ 继富：《集注》："继，续有余。"

文学链接

秋兴八首 其三　杜甫

千家山郭静朝晖，日日江楼坐翠微。信宿渔人还泛泛，清秋燕子故飞飞。匡衡抗疏功名薄，刘向传经心事违。同学少年多不贱，五陵衣马自轻肥。

6.5　原思①为之②宰③，与之粟九百④，辞⑤。子曰："毋⑥！以与尔邻里乡党⑦乎！"

注释

① 原思：孔子弟子原宪，字子思。《集注》将这一章和第四章并为一章，故全篇作二十八章。

② 之：同"其"，指孔子。

③ 宰：大夫的家臣。孔子仕鲁时为大夫，依礼有家宰掌其事。《包注》以为是为家邑宰，后人认为孔子仕鲁并无食邑。

④ 与之粟九百：原宪为孔子家臣，从孔子受粟为禄。"九百"后省略了量名，《孔注》以为九百斗，无实据。

⑤ 辞：辞让，辞谢。

⑥ 毋：不要，禁止之辞。《郑注》："止其辞让也。"孔子不允原宪辞让禄米，因这是"禄法所得，当受无让"。

⑦ 邻里乡党：周时的居住组织制度。详下"文化史扩展"。

文学链接

原宪贫　贫与病　原宪为孔子家臣，按礼的规定，孔子给他的粟是他应当得到的俸禄。他辞让是出于什么原因？是因为作自己老师的家臣而不肯接受吗？还是他的家里不需要？无法知道。从孔子让他"以与邻里乡党"的话来推测，仿佛他家里也并不靠这笔俸禄来生活。然而，原宪后来却的确非常贫困。据记载，他居于陋巷，环堵萧然，没于蒿莱之中。但是原宪却甘于贫困，不以为意。后来子贡来看他，非常怜悯他，说"夫子岂病乎？"原宪回答说："吾闻之，无财者谓之贫，学道而不能行者谓之病。若宪，贫也，非病也。"在原宪看来，"贫"是物质上的匮乏，"病"是精神、理想上的问题，二者有本质的区别。贫与病的分别就此成为士人穷困而不失其志的象征，"原宪贫"也成为表示士人生活穷困但不失其志的典故。

六言诗 嵇康

嗟古贤原宪。弃背膏粱朱颜，乐此屡空饥寒。形陋体逸心宽，得志一世无患。

山中示弟 王维

山林吾丧我，冠带尔成人。莫学嵇康懒，且安原宪贫。山阴多北户，泉水在东邻。缘合妄相有，性空无所亲。安知广成子，不是老夫身。

奉赠韦左丞二十二韵 杜甫

纨袴不饿死，儒冠多误身。丈人试静听，贱子请具陈。甫昔少年日，早充观国宾。读书破万卷，下笔如有神。赋料扬雄敌，诗看子建亲。李邕求识面，王翰愿卜邻。自谓颇挺出，立登要路津。致君尧舜上，再使风俗淳。此意竟萧条，行歌非隐沦。骑驴三十载，旅食京华春。朝扣富儿门，暮随肥马尘。残杯与冷炙，到处潜悲辛。主上顷见征，欻然欲求伸。青冥却垂翅，蹭蹬无纵鳞。甚愧丈人厚，甚知丈人真。每于百僚上，猥诵佳句新。窃效贡公喜，难甘原宪贫。焉能心怏怏，只是走踆踆。今欲东入海，即将西去秦。尚怜终南山，回首清渭滨。常拟报一饭，况怀辞大臣。白鸥没浩荡，万里谁能驯。

送张南史 戴叔伦

陋巷无车辙，烟萝总是春。贾生独未达，原宪竟忘贫。草座留山月，荷衣远洛尘。最怜知己在，林下访闲人。

文化史扩展

邻　里　乡　党　据文献记载，周代国都之外的人民居住有一定的组织制度。其中国都附邑，"五家为比，五比为闾，四闾为族，五族为党，五党为州，五州为乡"（《周官·大司徒》），概称时曰"乡"；离国都更远的地方，"五家为邻，五邻为里，四里为酂，五酂为鄙，五鄙为县，五县为遂"。（《遂人》）概称时曰"遂"。是谓"乡遂"之制。国中附邑与田野之居都以五、五、四、五、五为制，而名称不同，郑众注谓："田野之居，其比伍之名，与国中异制，故五家为邻。"郑玄认为"异其名者，示相变耳"，即不过是要在二者之间稍作名称上的变化而已。后世一般两两合称，如"乡里"、"乡党"、"邻里"、"里闾"、"比邻"、"州里"等，都是常见于古诗文中的提法。

"乡党"或者说"乡遂"是非常重要的社会结构单位，尽管在实际生活中未必真正实行如此严格整齐的规划，但古代许多重要活动都以此为单位展开。对士人而言，最重要的就是仕宦的考试举荐，首先就是在自己的乡里进行，由乡里有司逐级推荐应辟命或应举，才能获得进身之阶，称为"乡举里选"。后来实行科举考试，一般首先也要进行乡试，通过后才能上送到京城应举。

6.6　子谓仲弓曰："犁牛①之子骍②且角③，虽欲勿用④，山川⑤其舍⑥诸⑦？"

注释

① 犁牛：犁，音 lí，《集解》："犁，杂文也。"犁牛意为长着杂色花纹的牛。王引之《经义述闻》云："犁与骍对举，犁者，黄黑相杂之名也。"《皇疏》引一说："犁，谓耕牛也。"《经

　　典释文》:"犁,耕犁之牛。"

② 骍:音 xīng。《集解》:"骍,赤也。"周人以赤色为贵,因而祭祀时也用赤色的牲畜。

③ 角:《集解》:"角周正牺牲也。"意为犁牛之角长得周正合乎祭祀的要求。

④ 用:指用于祭祀。《集解》:"虽欲勿用,以其所生犁而勿用。"

⑤ 山川:山川之神。

⑥ 舍:《说文》:"市居曰舍。捨,择也。""舍"、"捨"义有别,此处两字通用,舍弃之意。

⑦ 诸:合语词,之乎。

集说

　　此章之意,历来有不同解释。魏晋注解,多以为指仲弓之父微贱有恶行,而仲弓却有贤才,不应因其父之故而得不到任用。《集注》承此说。

　　《集解》:"言父虽不善,不害于子之美也。"

　　《集注》:"言人虽不用,神必不舍也。仲弓父贱而行恶,故夫子以此譬之。言父之恶不能废其子之善,如仲弓之贤,自当见用于世也。然此论仲弓云尔,非与仲弓言也。"

　　后人多辩驳之,举代表性的两家如下:

　　《四书翼注论文》:"《左传》所载列国卿大夫,炳炳麟麟,皆公族世家,其自菰芦中拔萃者少矣。夫子既告仲弓以'尔所不知,人其舍诸',他日又更端语之曰:'尔为宰有取士之责,凡乡举里选,惟才是视,勿拘于世类,俾秀民之能为士者仍困于农。'犁牛之子,此其义也。若比其父为牛,夫子岂肯出此言? 仲弓岂能乐闻此言? 况仲弓并非不用之人,此语又从何而来乎?"

　　《论语偶谈》:"'尔所不知,人其舍诸?'用人不必皆出于己也。'虽欲勿用,山川其舍诸',贤才更非人之所能抑也。仲弓平日留意人才,故夫子广之,不必定着本身说。"

问题分析

　　问:这一章反映了孔子怎样的人才观? 有何重要意义?

　　答:这一章的意思,诸家解释颇有不同,主要集中在仲弓之父的问题上。撇开这一点不论,各家的意思实际上还是相通的,认为孔子的意思是强调选拔人材不能看他的出身,而要看他本人的才能。即使出身低贱,只要有才,就应任用。这是孔子的一个重要观点,他反复强调过要任人以材。这是对西周至春秋时由贵族世袭职位的重要突破,同时也反映了这时世袭制度开始解体,许多出身平凡甚至低贱的人凭着自己的才能步入历史舞台的现实。孔子的这一人才观念为后世选拔人才奠定了思想基础。尽管凭借家庭出身而进入仕途依然存在于各个时代,但举贤任能的观念却一直产生着重要影响,许多历史学者和思想家都反复强调这一点。《汉书·樊郦滕灌傅靳周传赞》引述这一章云"仲尼称:'犁牛之子骍且角,虽欲勿用,山川其舍诸?'言士不系于世类也。"王充在《论衡·自纪》中还推广孔子之意,举出许多类似的事例,肯定了不当以出身论人的观念,而且有意思的是,他把孔子本人也列入其中:"母犁犊骍,无害牺牲;祖浊裔清,不妨奇人。鲧恶禹圣,叟顽舜神。伯牛寝疾,仲弓洁全。颜路庸固,回杰超伦。孔墨祖愚,丘翟圣贤。"

6.7　子曰:"回也,其心三月不违仁①;其余②,则日月至焉③而已矣。"

注释

① 三月不违仁:《集解》:"移时而不变。"《皇疏》:"既不违,则应终身。而止举三月者,三月一时为天气一变,一变尚能行之,则他时能可知也。亦欲引汲,故不言多时也。故包述曰:颜子不违仁,岂但一时? 将以勖群子之志,故不绝其阶耳。"《集注》:"三月言其久。"

② 其余:指其他的弟子。

③ 日月至焉:《集解》:"暂有至仁时。"《集注》:"或日一至焉,或月一至焉,能造其域而不能久也。"

6.8　季康子问:"仲由可使从政也与?"

子曰:"由也果①,于从政乎何有②?"

曰:"赐也可使从政也与?"

曰:"赐也达③,于从政乎何有?"

曰:"求也可使从政也与?"

曰:"求也艺④,于从政乎何有?"

注释

① 果:《包注》:"谓果敢决断。"

② 何有:《皇疏》引卫瓘:"何有者,有余力也。"

③ 达:《孔注》:"谓通于物理。"

④ 艺:《孔注》:"谓多才艺。"《正义》:"古以礼、乐、射、御、书、数为六艺,人之才能,由六艺出,故艺即训才能。"

6.9　季氏使闵子骞①为费②宰。闵子骞曰:"善为我辞焉。如有复③我者,则吾必在汶上④矣。"

注释

① 闵子骞:孔子弟子,姓闵,名损,字子骞。小孔子十五岁。

② 费:旧音 bì。季氏采邑,在今山东平邑东南。

③ 复:再次。

④ 汶上:汶,音 wèn,水名。汶上,桂馥《札朴》云"水以阳为北,凡言某水上,皆谓水北"。齐鲁两国以汶水为界,汶北为齐国。闵子骞意谓如季氏再使人召其为费宰,则他将逃至齐国。

6.10　伯牛①有疾,子问②之,自牖执其手③,曰:"亡之④,命矣夫!斯人也而有斯疾⑤也!斯人也而有斯疾也!"

注释

① 伯牛:孔子弟子冉耕,字伯牛。旧注家或以为即冉雍之父。

② 问:慰问,探问。

③ 自牖执其手:《包注》:"牛有恶疾,不欲见人,故孔子从牖执其手也。"

④ 亡之:《孔注》:"亡,丧也。疾甚,故持其手曰丧之。"之,无义。

⑤ 斯疾:伯牛所患疾,旧注皆云为厉,而释厉为癞。程树德据《内经·素问》以为风热病之在冬曰厉,即后世所谓传染病也,否则仅癞疾,夫子当不至云亡之。此说或更近情理。

6.11　子曰："贤哉！回也。一箪^①食，一瓢饮^②，在陋巷^③。人不堪其忧，回也不改其乐。贤哉！回也。"

注释

① 箪：音 dān，《说文》："箪，笥也。"竹制器，圆形。

② 一瓢饮：瓢，瓠也，勺也。饮，所饮之水。

③ 陋巷：陋，《说文》："陋，阨狭也。"巷，有二义，一指里中道路，一指人之居所。此章"陋巷"，有注家以为即指颜回居所简陋狭隘。

文学链接

诗　阮瑀

四皓隐南岳，老莱窜河滨。颜回乐陋巷，许由安贱贫。伯夷饿首阳，天下归其仁。何患处贫苦，但当守明真。

西山寻辛谔　孟浩然

漾舟寻水便，因访故人居。落日清川里，谁言独羡鱼。石潭窥洞彻，沙岸历纡徐。竹屿见垂钓，茅斋闻读书。款言忘景夕，清兴属凉初。回也一瓢饮，贤哉常晏如。

答释子良史送酒瓢　韦应物

此瓢今已到，山瓢知已空。且饮寒塘水，遥将回也同。

思考与讨论

此章所云忧乐，为儒家精神之根本要义。历来亦多讨论，尤其颜回之乐，所乐者是什么？《孔注》云"颜渊乐道，虽箪食在陋巷，不改其所乐"，宋儒则一变《孔注》，多近禅机式回答。程子曾说："使颜子以道为可乐而乐之，则非颜子矣。"《集注》亦云：

程子曰："颜子之乐，非乐箪瓢陋巷也，不以贫窭累其心而改其所乐也。故夫子称贤。"又曰："箪瓢陋巷非可乐，盖自有乐尔。'其'字当玩味，自有深意。"又曰："昔受学于周茂叔，每令寻仲尼颜子乐处，所乐何事。"愚按程子之言引而不发，盖欲学者深思而自得之，今亦不敢妄为之说。

杨慎《说苑醍醐》云：

有问予颜子不改其乐，所乐者何事？予曰：且问子人不堪其忧，所忧者何事？知世人之所忧，则知颜子之所乐矣。传云："古有居岩穴而神不遗，末世有为万乘而日忧悲。"此我辈文字禅，不须更下一转语也。

结合这些解释，谈谈对这一章的理解及对现实人生中"忧"、"乐"的看法。

6.12　冉求曰："非不说①子之道，力不足也。"子曰："力不足者，中道而废②。今女画③。"

注释

① 说：同"悦"。

② 中道而废：废，停止，休止。《礼记·表记》记孔子云："向道而行，中道而废，忘身之老也，不知年数之不足也。俛焉日有孳孳，毙而后已。"黄式三谓"中道而废"为中道休息以蓄力前行之意，此说颇为可取。

③ 画：《孔注》："止也。"《正义》："《说文》：'画，界也，象田四界，聿所以画之。'凡有所界限而不能前进者，亦为画，故此注训止。"《集注》："画者，能进而不欲。谓之画者，如画地以自限也。"

6.13　子谓子夏曰："女为君子儒，无为小人儒。"

集说

《孔注》："君子为儒，将以明道。小人为儒，则矜名矣。"

《皇疏》："儒者，濡也。夫习学事久，则濡润身中，故谓久习者为儒也。"

《集注》："儒，学者之称。程子曰：君子儒为己，小人儒为人。"

《群经平议》："以人品分君子小人，则君子有儒，小人无儒矣。非古义也。君子儒、小人儒，疑当时有此名目。所谓小人儒者，犹云'先进于礼乐，野人也'；所谓君子儒，犹云'后进于礼乐，君子也'。古人之辞，凡都邑之士谓之君子……都人谓之君子，故野人谓之小人也。"

《正义》："'儒'为教民者之称。子夏于时设教，有门人，故夫子告以为儒之道。君子儒，能识大而可大受；小人儒，则但务卑近而已。君子、小人，以广狭异，不以邪正分。"

《集释》："《孔注》以矜名为小人，程子注以徇外为小人，二说过贬子夏。《周礼·大司徒》'四曰联师儒'，注：'师儒，乡里教以道艺者。'是儒为教民者之称。子夏于时设教西河，传诗传礼，以文学著于圣门。谓之儒则诚儒矣，然苟专务章句训诂之学，则褊浅卑狭，成就者小。夫子教之为君子儒，盖勉其进于广大高明之域也。"

文化史扩展

儒　儒家　儒学　孔子被称为儒家圣人，他所开创的学说称为儒家学说。但"儒"并不是孔子时才有的，而是很早就出现了。《周官·太宰》"四曰儒以道得民"，注谓"儒，诸侯保氏有六艺以教民者"，意为儒是诸侯之后，以六艺教育子弟。同书《大司徒》"四曰联师儒"，注谓"师儒，乡里教以道艺者"。据此，儒原指以道艺教民者。

但是孔子显然给"儒"以新的内涵。本章就鲜明地反映出这一点。"集说"中各家关于"君子儒"、"小人儒"的解释，虽然《正义》和《集释》都不同意《孔注》和《集注》的说法，但他们的解释都从不同层面揭示了"儒"的真正含义。在孔子看来，真正的、或者说理想的"儒"不仅仅是传授一些知识，而且还要以培育高远的君子人格、承担道义为己任。所以扬雄在《法言》中说："通天地人曰儒。"正因为出现了这种质的变化，自孔子时起，"儒"不仅成为士阶层的专称，还用以专指士阶层中以学问、德行见称的特出者。

作为一家学派之名，"儒家"始于孔子，他的弟子们承乃师之学，而各有专擅，遂有"儒分为八"之说。如《荀子·非十二子》中说："弟佗其冠，神襌其辞，禹行而舜趋，是子张氏之贱儒也；正其衣冠，齐其颜色，嗛然而终日不言，是子夏氏之贱儒也。偷儒惮事，无廉耻而耆饮食，必曰君子固不用力，是子游氏之贱儒也。"韩非子也批评过类似的现象。在孔门亲传弟子之后，孟子是儒家学说一位非常重要的继承者,而荀子则是战国时期儒学的集大成者,但毫无疑问,他们的学说较之孔子的原始儒学,也有了很大的变化。宋代理学兴起则是又一次转折性的变化,近世往往称之为"新儒学"。

6.14 子游为武城①宰。子曰:"女得人焉耳乎②?"曰:"有澹台灭明③者,行不由径④。非公事⑤,未尝至于偃之室也。"

注释

① 武城:鲁国城邑,在今山东费城西南。

② 焉耳乎:《皇疏》、唐宋石经等本皆作"耳"。有的本子作"尔"。有注家谓"焉耳乎"三个语气词连用,不成句,当作"尔",有"于此"之意。

③ 澹台灭明:武城人,复姓澹台,名灭明,字子羽。《史记·仲尼弟子列传》中云亦为孔门弟子。

④ 径:《说文》:"径,步道也。"《尔雅·释名·释道》:"径,经也,人所经由。"焦竑《笔乘》云:"古井田之制,道路在沟洫之上,方直如棋枰,行必遵之,毋庸得斜冒取疾。《野庐氏》'禁野之横行径踰者';《修闾氏》'禁径踰者',皆其证。"则"径"有小道、邪道之意。《集注》:"径,路之小而捷者。不由径,则动必以正,而无见小欲速之意可知。"

⑤ 公事:《集注》:"饮射读法之类。"

6.15 子曰:"孟之反①不伐②,奔③而殿④。将入门⑤,策⑥其马,曰:'非敢后⑦也,马不进也。'"

注释

① 孟之反:鲁国大夫孟之侧。一次鲁国与齐国作战时,大败于齐,孟之反殿后,最后退入鲁国城门。

② 不伐:《孔注》:"不自伐其功。"《集注》:"伐,夸功也。"

③ 奔:《说文》:"走也",走谓速走。《尔雅·释名·释姿容》:"奔,变也,有疾变奔赴之也。"军败逃走。

④ 殿:《马注》:"军后曰殿。"军行在后曰殿,取其镇重之义。

⑤ 门:城门。

⑥ 策:马鞭,作动词,鞭打。

⑦ 后:主动殿后之意。

6.16　子曰:"不有祝①鮀②之佞,而③有宋朝④之美,难乎免⑤于今之世矣!"

注释

① 祝:祝史,《说文》:"祝,祭主赞词者。"

② 鮀:卫国大夫,字子鱼,善辞令。《左传·定公四年》记有其言行。

③ 而:《集解》作"反而"解,王引之《经传释词》训"而"为"与"。

④ 宋朝:宋国公子朝。《左传》昭公二年、定公四年均记其先通于卫襄公夫人宣姜,后又通于灵公夫人南子。

⑤ 免:免于祸害。

6.17　子曰:"谁能出不由户①? 何莫由斯道②也?"

注释

① 户:《说文》:"户,护也。半门曰户,象形。"

② 何莫由斯道:《孔注》:"言人立身成功当由道,譬犹人出入要当从户。"范宁:"人咸知由户而行,莫知由学而成也。"《集注》:"言人不能出不由户,何故乃不由此道耶? 怪而叹之之辞。"

6.18　子曰:"质①胜文②则野③,文胜质则史④,文质彬彬⑤,然后君子。"

注释

① 质:《正义》:"礼有质有文。质者,本也。指礼有其本。"

② 文:礼仪之节文。

③ 野:《说文》:"野,郊外也。"《尔雅·释地》:"牧外谓之野。"引申为人鄙野不知礼节。《包注》:"野如野人,言鄙略也。"《礼记·仲尼燕居》:"敬而不中礼谓之野。"

④ 史:《包注》:"史者,文多而质少。"《集注》:"史掌文书,多闻习事,而诚或不足也。"指祝史及掌管官府文书之人,主掌管祝策、文书,每富于言辞。《仪礼·聘礼记》:"辞多则史。"

⑤ 文质彬彬:《包注》:"文质相半之貌。"《集注》:"彬彬,犹班班,物相杂而适均之貌,言学者当损有余而补不足,至于成德则不期然而然矣。"

文学链接

文质彬彬与中和之美　质与文是传统思想中影响最为广泛的一对概念,可以推而广之至几乎社会生活的全部层面,尤其是为后世文艺审美提出了根本要求与最高理想,即文质彬彬之中和美。建安时期人才兴盛,文学创作上呈现"梗概而多气,志深而笔长"的特点,刘勰誉为"彬彬之盛",被视为传统文学中的理想时代。

此种理想往往成为文学变革之旗帜,如南北朝分裂数百年,南北文风形成了较大的差异,北方文学以质朴见长,史臣称"河朔词义贞刚,重乎气质",南方以文采见称于世,"宫商发越,贵于清绮"。在唐人看来二者都各有不足,"气质则理胜其词,清绮则文过其意",因此初唐贞观君臣提出要合南北之长,创造出"文质彬彬,尽善尽美"的新文学。不过,相对而言,在传统文学中,更多的是对"文"的批评,过于讲究辞彩而内容格调卑弱的诗文,是历代诗文变革的主要对象。这一点值得深究。

6.19　子曰:"人之生也直①,罔②之生也幸③而免④。"

注释

① 生:《马注》:"言人之所以生于世而自终者,以其正直也。"《郑注》:"始生之人皆正直。"《集注》:"程子曰:生理本直。"

② 罔:不正直。指不正直之人。

③ 幸:侥幸。

④ 免:免于夭死之意。

6.20　子曰:"知之者不如好①之者,好之者不如乐②之者。"

注释

① 好:音 hào,喜好。

② 乐:音 lè,以之为乐。

集说

《包注》:"学问,知之者不如好之者笃,好之者不如乐之者深。"

《皇疏》:"谓学有深浅也。知之,谓知学问有益者也。好之,谓欲好学之以为好者也。乐,谓欢乐之也。"

李充:"虽知学之为益,或有计而后知学,利在其中,故不如好之者笃也。好有盛衰,不如乐之者深也。"

《集注》:"尹氏曰:知之者,知有此道也。好之者,好而未得也。乐之者,有所得而乐之也。"

《朱子语类》:"人之生便有此理,被物欲昏蔽,故知此理者少。好之者是知之已至,分明见此理可爱可求,故心诚好之。乐之者是好之已至,此理已得之于己。凡天地万物之理,皆具足于吾身,则乐莫大焉。"

《新解》:"本章'之'字,亦指道。仅知之,未能心好之,知不笃;心好之,未能确有得,则不觉其可乐,而所好亦不深。……孔子教人,循循善诱,期人能达于自强不息、欲罢不能之境,夫然后学之与道与我,浑然而为一,乃为可乐。"

思考与讨论

对此章的解释,从《包注》到《集注》,发生了怎样的变化? 如何认识这种变化? 如何理解此章之意?

6.21　子曰:"中人①以上,可以语上②也;中人以下,不可以语上也。"

注释

① 中人：中智之人。《王注》："两举中人，以其可上可下。"

② 上：《王注》："上谓上智之所知也。"

集说

刘开《论语补注》："天下无生而可以语上之人，以夫子之圣，犹必下学而上达，况贤人乎？故即有中人以上之资，必学造乎中人以上，而后可与闻斯道焉。子曰：'我非生而知之者，好古，敏以求之也。'故今之所谓中人以上，即昔之不安于中人者也；今之所谓中人以下，即昔之自安于中人者也。然则可以语上者无常，中人能不力乎？不可语上者皆是，中人敢自恃乎？吾故为之说曰：'凡上焉者皆无不可语者也，凡下焉者皆无一可语者也。唯有中人介乎可语不可语之间，力能上则吾以是启之，甘于下则吾不能以是教之矣。'"

《集注》："言教人者当随其高下而告语之，则其言易入而无躐等之弊也。张敬夫曰：'圣人之道精粗虽无二致，但其施教则必因其材而笃焉。盖中人以下之质，骤而语之，太高，非惟不能以入，且将妄意躐等而有不切于身之弊，亦终于下而已矣。故就其所及而语之，是乃所以使之切问近思而渐进于高远也。'"

《正义》："孔子罕言利、命、仁，性与天道，弟子不可得而闻，则是不可语上。观所答弟子诸时人语各有不同，正是因人才知量为语之，可知夫子循循善诱之法。"

6.22 樊迟问知。子曰："务民之义①，敬鬼神而远之，可谓知矣。"问仁。曰："仁者先难而后获②，可谓仁矣。"

注释

① 务民之义：之，注疏家释如"的"，《译注》独视作动词。务民之义，《王注》："务所以化道民之义也。"《集注》："专用力于人道之所宜。"

② 先难而后获：《孔注》："先劳苦而后得功。"范宁："艰难之事则为物先，获功之事而处物后。"《集注》："先其事之所难，而后其效之所得。"

6.23 子曰："知者乐水①，仁者乐山②；知者动③，仁者静④；知者乐⑤,仁者寿⑥。"

注释

① 知者乐水:《包注》:"知者乐运其才知以治世,如水流而不知已。"

② 仁者乐山:《集解》:"仁者乐如山之安固,自然不动,而万物生焉。"

③ 知者动:《包注》:"日进故动。"

④ 仁者静:《孔注》:"无欲故静。"

⑤ 知者乐:《郑注》:"知者自役得其志,故乐。"

⑥ 仁者寿:《包注》:"性静者多寿考。"

集说

郑、包、孔、何注见上"注释"。

《皇疏》引陆特进:"此章极辨智仁之分,凡分为三段。自'智者乐水,仁者乐山'为第一,明智仁之性。又'智者动,仁者静'为第二,明智仁之用。先既有性,性必有用也。又'智者乐,仁者寿'为第三,明智仁之功已有用,用宜有功也。"

《集注》:"乐,喜好也。知者达于事理而周流无滞,有似于水,故乐水。仁者安于义理,而厚重不迁,有似于山,故乐山。动静以体言,乐寿以效言也。动而不括故乐,静而有常故寿。程子曰:非体仁知之深者,不能如此形容之。"

文学链接

仁智乐　山水乐　孔子用山水来比拟智者之乐与仁者之乐,启发了后人的山水审美活动,产生了大量的山水诗,并且常用"仁智乐"代指山水之乐。如著名的兰亭之游。

兰亭诗　王羲之

放怀仁智乐,寄畅山水阴。

思考与讨论

孔子用山水来比拟仁智之乐在思想史和文学史上有何重要意义?

6.24 子曰:"齐一变,至于鲁;鲁一变,至于道。"

集说

《包注》:"言齐、鲁有太公、周公之余也。太公大贤,周公圣人。今其政教虽衰,若有明君兴之,齐可使如鲁,鲁可使如大道行之时。"

《论语笔解》:"韩曰:道,谓王道,非大道之谓。李曰:有王道焉,'吾从周'是也;有霸道焉,'正而不谲'是也。"

《集注》:"孔子之时,齐俗急功利,喜夸诈,乃霸政之余习。鲁则重礼教,崇信义,犹有先王之遗风焉,但人亡政息不能无废堕尔。道则先王之道也。言二国之政俗有美恶,故其变而之道有难易。"

《日知录》:"变鲁而至于道者,道之以德,齐之以礼;变齐而至于鲁,道之以政,齐之以刑。"

6.25 子曰:"觚不觚①,觚哉②! 觚哉!"

注释

① 觚不觚:觚,音 gū,酒器,有棱。汉人注或以为觚亦指学书之木牍,所谓"率尔操觚"是。不觚,不成其为觚。

② 觚哉:《集解》:"言非觚也。以喻为政不得其道,则不成。"

6.26 宰我问曰:"仁者,虽告之曰:'井有仁①焉。'其从之②也?"子曰:"何为其然也? 君子可逝③也,不可陷也;可欺④也,不可罔⑤也。"

注释

① 仁:通"人"。

② 从之:《集注》:"谓随之于井而救之也。"

③ 逝:《孔注》:"逝,往也。言君子可使往视之耳,不肯自投从之。"俞樾《群经平议》谓"逝"读如"折",云"君子杀身成仁则有之,故可得而摧折,不可以非理陷害之。"

④ 可欺:《马注》:"可欺者,可使往也。"

⑤ 不可罔:《马注》:"不可罔者,不可得诬罔,令自投下也。""可欺也,不可罔也",孟子云:"君子可欺以其方,难罔以非其道。"可参。

6.27　子曰:"君子博学于文,约①之以礼,亦可以弗畔②矣夫。"

注释

① 约:旧注多解为"约束"之意。按"博"、"约"对举,由博返约,非徒约束之意。《今读》解作"统领",亦佳。

② 畔:同"叛",违反。《孔注》:"弗畔,不违道也。"

6.28　子见南子①,子路不说。夫子矢②之曰:"予所③否④者,天厌⑤之! 天厌之!"

注释

① 南子:卫灵公之夫人,史称南子淫乱,卫灵公惑之。《史记·孔子世家》记有孔子见南子之情形。

② 矢:《郑注》:"誓也。"

③ 所:《译注》:"如果,假若。假设连词,但只用于誓词中。详阎若璩《四书释地》。"

④ 否:《郑注》:"不也。"或读曰 pǐ,释作"否屈"、"否泰",见下"集说"。

⑤ 厌:厌弃,惩罚。或释作"厌塞"。

集说

《集解》:"孔安国等以为南子者,卫灵公夫人,淫乱,而灵公惑之。孔子见之者,欲因而说灵公使行治道。矢,誓也。子路不说,故夫子誓之。行道既非妇人之事,而弟子不说,与之祝誓,义可疑焉。"

栾肇:"见南子者,时不获已,犹文王之拘羑里也。天厌之者,言我之否屈乃天命所厌也。"

《皇疏》:"若有不善之事,则天当厌塞我道也。"

《邢疏》:"言我见南子,所不为求行治道者,愿天厌弃我。再言之者,重其誓,欲使信之也。"

《集注》:"南子,卫灵公夫人,有淫行。孔子至卫,南子请见,孔子辞谢,不得已而见之。盖古者仕于其国,有见其小君之礼。而子路以见此淫乱之人为辱,故不说。矢,誓也,所,誓辞也。如云'所不与崔庆'之类。否,谓不合于礼,不由于道也。厌,弃绝也。圣人道大德全,无可无不可,其见恶人固谓在我有可见之礼,则彼之不善,我何与焉? 然此岂子路所能测哉,故重言以誓之,欲其姑信此而深思以得之也。"

思考与讨论

朱熹是怎样解释孔子的发誓的? 怎么理解他的解释?

6.29　子曰:"中庸①之为德也,其至矣乎! 民鲜久矣②。"

注释

① 中庸:《说文》:"庸,用也。"《集解》:"庸,常也,中和可常行之德。"《集注》:"中,无过不及之名也。"

② 民鲜久矣:《集解》:"世乱,先王之道废,民鲜能行此也久矣,非适今。"

问题分析

问:何为中庸? 如何理解"中庸之为德也至矣?"被称为"四书"之一的《中庸》与之有何关系?

答:中庸是儒家思想的又一核心观念。孔子在这里提出"中庸之为德也,其至矣乎","中",指无过与不及,"庸"的意思是"用",是"常"。中庸并不是平庸无是非之意,而是指中和的、可在日常所行用之德。陈淳认为:"凡日用间人所常行而不可废者,便是正常道理。惟平常,故万古常行而不可废。如五谷之食、布帛之衣,万古常不可改易。"徐复观认为,"所谓庸,是把'平常'和'用'连在一起,以形成新内容的。……'庸'者,指'平常地行为'。因此'平常地行为'实际是指'有普遍妥当性的行为'而言。所谓'平常地行为',是指'随时随地为每一个所应实践、所能实践的行为'而言。……表明了孔子乃是在人人可以实践、应当实践的行为生活中,来显示人之所以为人的'人道',这是孔子之教与一切宗教乃至形而上学断然分途的大关键"。这一解释可以说比较贴近"中庸"的要义。在孔子之后,儒家学人(传统说法认为是子思)作有《中庸》一文,西汉戴圣把它收入《礼记》中,朱熹又将它从《礼记》中抽出,与《论语》、《孟子》以及同出《礼记》的《大学》合称《四书》,对后期中国传统思想及社会产生了巨大影响。

6.30　子贡曰:"如有博施于民而能济众,何如? 可谓仁乎?"

子曰:"何事于仁,必也圣乎! 尧、舜其犹病①诸! 夫仁者,己欲立而立人,己欲达而达人。能近取譬②,可谓仁之方③也已。"

注释

① 病:《广雅·释诂》:"病,难也。"《孔注》:"尧舜至圣,犹病其难也。"

② 能近取譬:《孔注》:"但能近取譬于己,皆恕己所欲而施之于人。"《集注》:"近取诸身,以己所欲,譬之他人,知其所欲亦犹是也。然后推其所欲以及乎人,则恕之事而仁之术也。"

③ 方:《郑注》:"犹'道'也。"《集注》:"术也。"

述 而 第 七

7.1 子曰:"述而不作①,信而好古②,窃③比于我老彭④。"

注释

① 述而不作:述,《说文》:"述,循也。"作,《说文》:"作,起也。"创始之意。《皇疏》:"述者,传于旧章也。作者,新制作礼乐也。"《集注》:"作,创作也。"
② 信而好古:信,即信古。
③ 窃:第一人称自谦之词。
④ 老彭:历来对"老彭"所指为谁意见不一,有以为是指老子和彭祖二人,有以为是指彭祖一人,又有人说是殷时贤大夫。以持一人说者较多。

集说

《皇疏》:"孔子曰:言我但传述旧章而不新制礼乐也。夫得制礼乐者,必须德位兼并,德为圣人,尊为天子者也。所以然者,制作礼乐必使天下行之。若有德无位,既非天下之主,而天下不畏,则礼乐不行;若有位无德,虽为天下之主而天下不服,则礼乐不行,故必须并兼者也。孔子是有德无位,故述而不作也。"

《集注》:"作非圣人不能,而述则贤者可及。……孔子删诗书,定礼乐,赞周易,修春秋,皆传先王之旧而未有所作也,故其自言如此。盖不惟不敢当作者之圣,而亦不敢显然自附于古之贤人,盖其德愈盛而心愈下,不自知其词之谦也,然当是时作者略备,夫子盖集群圣之大成而折衷之,其事虽述,而功则倍于作矣。此又不可不知也。"

文化史扩展

述古 变古 托古 疑古 释古 大概当今各种文明形态中,没有像中国文明传统这样重视"古",也没有如中国这样对于"古"有着如此复杂的态度。对"古"所持态度的每一次变化,往往都呼应着社会的大变化,成为社会变动的思想源泉。自孔子自称"述而不作,信而好古"之后,信古、述古成为传统社会的基本思想原则,"古"不断被引述为当代社会各种行事的依据或反对理由。但即使这种"述"和"信",也包含着变通,在变通中而有创制,是为变古,历代变法即基于此。更甚者,则是"自我作古"。因为"古"的信念根深蒂固,所以变法更常见的是"托古",最有名的如王莽新政、王安石变法。清末康有为更明确提出"托古改制",他著有《孔子改制考》,认为孔子就是一位托古改制者。他借助春秋公羊学宣传变法运动,可以说是述古、托古思潮最后一次大规模的上演。

五四新文化运动提出打倒孔家店,孔子的"信古"、"述古"自然同样被抛弃,不数年间,由五四初起时简单地从情感上否定"古",发展到"疑古",出现以顾颉刚为代表的"古史辨"派,提出"古史层累说",认为上古史是由后代记载层累地积成,隔着种种迷雾,不可轻信,要有怀疑态度,由此兴起了"疑古"思潮,对史学、社会信仰等都造成巨大影响。

近年随着地下考古的不断发现,学界提出"释古"主张,认为五四以来的疑古过分怀疑古代文献记载,现在应进行"解释"的工作。特别是一大批战国竹简、帛书的发现,为人们重新认识古代社会和思想提供了新的材料。

思考与讨论

"述"与"作"的关系如何?怎样准确理解孔子"述而不作"与他的文化创造活动及其贡献之间的关系?

7.2 子曰:"默而识①之,学而不厌②,诲人不倦,何有于我哉③?"

注释

① 识:音 zhì,记住。

② 厌:满足,引申为因满足而弃。

③ 何有于我哉:这句有不同理解。一般理解为这是孔子的自谦,谦称自己前三者都还做不到。一解释"何有"为"何如",意为无人能如我者。另一解以为,谦称则近于伪,夫子尝言"不如丘之好学",又自云"学不厌而教不倦",是未尝如此谦谦作态,释"如"则过于自大,亦非是,故此句当理解为,舍此三者我无他可称也。

7.3　子曰:"德之不修^①,学之不讲^②,闻义不能徙^③,不善不能改,是吾忧也。"

注释

① 修:《说文》"修,饰也。"《广雅·释诂》:"修,治也。"《正义》:"五常之德,人所固有,当时修治之,则德日新。"

② 讲:讲习。即所谓"学而时习之",《易》所谓"君子以朋友讲习"之意。

③ 徙:《说文》:"徙,移也。"徙义,徙于义。

7.4　子之燕居^①,申申如也,夭夭如^②也。

注释

① 燕居:即"宴居",《说文》"宴,安也。"闲居之意。宴,本字,燕,假借字。

② 申申夭夭:《马注》:"申申、夭夭,和舒之貌。"《集注》:"杨氏曰:申申,其容舒也,夭夭,其色愉也。"颜师古注《汉书·万石君传》"申申如也"云"申申,整饬之貌",胡绍勋据此以为"申申言其敬,夭夭言其和"。

7.5　子曰:"甚矣吾衰也! 久矣^①吾不复梦见周公^②。"

注释

① 久矣:此章句读,汉唐人多以"吾衰也久矣"为一句;《集注》以为"据文势,'甚矣吾衰也'是一句,'久矣吾不复梦见周公'是一句。"

② 周公:姓姬,名旦,文王之子,武王之弟,成王之叔,鲁国始封之祖。成王年幼继位,周公尽心辅政,有大功于周。

集说

《孔注》:"孔子老衰,不复梦见周公,明盛时梦见周公,欲行其道也。"

《皇疏》:"夫圣人行教,既须得德位兼并,若不为人主,则必为佐相。圣而君相者,周公是也,虽不九五,而得制礼作乐,道化流行。孔子乃不敢期于天位,亦犹愿放乎周公，故年少之日，恒存慕发梦，乃至年龄衰朽，非唯道教不行，抑亦不复梦见，所以知已德衰，而发'衰久矣'，即叹不梦之征也。"

李充："圣人无想，何梦之有？盖伤周德之日衰，哀道教之不行，故寄慨于不梦，发叹于凤鸟也。"

《集注》："孔子盛时志欲行周公之道，故梦寐之间如或见之。至其老而不能行也，则无复是心而亦无复是梦矣，故因此而自叹其衰之甚也。"

文学链接

古风五十九首 其一　李白

大雅久不作，吾衰竟谁陈。王风委蔓草，战国多荆榛。龙虎相啖食，兵戈逮狂秦。正声何微茫，哀怨起骚人。扬马激颓波，开流荡无垠。废兴虽万变，宪章亦已沦。自从建安来，绮丽不足珍。圣代复元古，垂衣贵清真。群才属休明，乘运共跃鳞。文质相炳焕，众星罗秋旻。我志在删述，垂辉映千春。希圣如有立，绝笔于获麟。

晚登瀼上堂　杜甫

故蹊瀼岸高，颇免崖石拥。开襟野堂豁，系马林花动。雉堞粉如云，山田麦无垄。春气晚更生，江流静犹涌。四序婴我怀，群盗久相踵。黎民困逆节，天子渴垂拱。所思注东北，深峡转修耸。衰老自成病，郎官未为冗。凄其望吕葛，不复梦周孔。济世数向时，斯人各枯冢。楚星南天黑，蜀月西雾重。安得随鸟翎，迫此惧将恐。

明进士北斋避暑　贯休

相访多冲雨，由来德有邻。卷帘繁暑退，湿树一蝉新。道在谁为主，吾衰自有因。只应江海上，还作狎鸥人。

文化史扩展

梦周　梦仲尼　梦周孔　周公旦制礼作乐,为后世制度一切,孔子所孜孜以求者,即恢复周公礼乐制度,其年壮时栖栖惶惶,奔走不息,一皆为此。及至暮年,自知此志无实现之希望,感叹不已,故慨言"衰矣"。周公也很少入梦,似是暗示自己确实老矣,又是一重感叹。简短数语,有无限感慨,此即《论语》之文学意味所在,朴质而深情。

孔子梦周公,成为托梦喻志的经典。只是大抵孔子能够以"梦周公"来喻自己光大周公事业之志,后世士人则已不敢如此,只能转而以夫子删述六经的事业为己任,于是出现了诸多梦仲尼、梦孔子之事。最著名的当数南朝梁时刘勰,他自言梦随仲尼而南行,于是有意撰《文心雕龙》:

> 予生七龄,乃梦彩云若锦,则攀而采之。齿在逾立,则尝夜梦执丹漆之礼器,随仲尼而南行。旦而寤,乃怡然而喜,大哉圣人之难见也,乃小子之垂梦欤！自生人以来,未有如夫子者也。敷赞圣旨,莫若注经,而马郑诸儒,弘之已精,就有深解,未足立家。唯文章之用,实经典枝条,五礼资之以成,六典因之致用,君臣所已炳焕,军国所以昭明,详其本源,莫非经典。而去圣久远,文体解散,辞人爱奇,言贵浮诡,饰羽尚画,文绣鞶帨,离本迷甚,将遂讹滥。概周书论辞,贵乎体要;尼父陈训,恶乎异端;辞训之异,宜体于要。于是搦笔和墨,乃始论文。

初唐四杰之一的王勃也自云尝梦见孔子勉励他学《周易》(见杨炯《王勃集序》)。上引杜甫《晚登瀼上堂》诗云"不复梦周孔",更是干脆把二者结合在一起了,它表达的正是士人的传统理想。

7.6　子曰:"志于道,据于德,依于仁,游于艺①。"

注释

① 艺:礼、乐、射、御、书、数六艺。

7.7　子曰:"自①行②束脩③以上,吾未尝无诲焉！"

注释

① 自:从。

② 行:施行。

③ 束脩:有两解。一解,谓十条干肉。脩,《尔雅·释名·释饮食》:"脯曰脩。脩,缩也,干燥而缩也。"《礼记·少仪》疏云:"束脩,十脡脯也。"学者从师受业,以束脩为贽礼。一解为年十五以上。李贤注《后汉书·延笃传》云"束脩谓束带修饰。郑注《论语》曰:'束脩谓年十五以上也。'"

7.8　子曰:"不愤①不启,不悱②不发③;举一隅④不以三隅反⑤,则不复⑥也。"

注释

① 愤:《方言》:"愤,盈也。"《说文》:"愤,懑也。"《正义》:"人于学有所不知不明,而仰而思之,则必兴其志气,作其精神,故其心愤愤然也。"《集注》:"愤者,心求通而未得之意。"

② 悱:《集注》:"口欲言而不能之貌。"

③ 发:同上一句"启",启发。

④ 隅:《说文》:"隅,陬也。"一隅,一角、一方之意。

⑤ 反:同"返"。举一隅以三隅反,谓举一隅而能推知其余三隅。

⑥ 复:《集注》:"再告也。"

7.9　子食于有丧者之侧,未尝饱也。

集说

《集解》:"丧者哀戚,饱食于其侧,是无恻隐之心。"

《集注》:"临丧哀,不能甘也。"

7.10　子于是日①哭②,则不歌③。

注释

① 是日:此日,谓吊丧之日。

② 哭:《说文》:"哭,哀声也。"谓吊丧问哀。

③ 歌:《说文》:"歌,咏也。"《毛诗·园有桃》传云:"曲合乐曰歌。"

集说

《集解》:"一日之中,或歌或哭,是亵于礼容。"

《集注》:"一日之内余哀未忘,自不能歌也。"

文学链接

九、十两章记孔子临丧之事,非常细致,极好地抓住生活的细节来表现孔子对于人情的真挚深沉。第十章"于是日哭则不歌",后来陶渊明反用于诗歌中,表达人情的冷暖,读来令人感慨。

<h3 style="text-align:center">拟挽歌辞 其三　陶渊明</h3>

荒草何茫茫,白杨亦萧萧。严霜九月中,送我出远郊。四面无人舍,高坟正嶵峣。马为仰天鸣,风为自萧条。幽室一已闭,千年不复朝。千年不复朝,贤达无奈何。向来相送人,各自还其家。亲戚或余悲,他人亦已歌。死去何所道,托体同山阿。

7.11　子谓颜渊曰:"用之则行,舍之则藏,唯我与尔有是夫!"

子路曰:"子行三军①,则谁与②?"

子曰:"暴虎③冯河④,死而无悔者,吾不与也。必也临事而惧⑤,好谋⑥而成⑦者也。"

注释

① 行三军:行,率领之意。三军,《孔注》:"大国三军。"

② 谁与:即"与谁"。

③ 暴虎：徒手搏虎。

④ 冯河：徒足涉河。冯，音 píng，即"凭"。

⑤ 惧：《集注》："惧，谓敬其事。"

⑥ 好谋：善于谋划。

⑦ 成：《集注》："谓成其谋。"焦循《论语补疏》："邢疏以成为成功，义殊不了。成，犹定也，定即决也。……好谋而成，即是好谋而能决也。"俞樾《群经平议》："成当读为诚……成与诚古通用也，行军之事固不可无谋，然阴谋诡计又非圣人所与也，故曰'好谋而诚'，惧与诚，行军之要矣。"

文学链接

用舍　行藏　"用之则行，舍之则藏"意为若能用我，则出仕，不能用则卷而怀之。这种仕宦态度，被后世士人概括为"用舍行藏"，成为一个广泛应用于诗文中的典故。在仕途不顺之时，士人或以此寻求自我安慰，或者劝慰友人，是士阶层人格理想及其文学话语的重要标志之一。下引诗作分别从不同角度展示了这一现象。

赠崔公 张说

我闻西汉日，四老南山幽。长歌紫芝秀，高卧白云浮。朝野光尘绝，榛芜年貌秋。一朝驱驷马，连辔入龙楼。昔遁高皇去，今从太子游。行藏惟圣节，福祸在人谋。卒能匡惠帝，岂不赖留侯。事随年代远，名与图籍留。平生钦淳德，慷慨景前修。蚌蛤伺阴兔，蛟龙望斗牛。无嗟异飞伏，同气幸相求。

江上 杜甫

江上日多雨，萧萧荆楚秋。高风下木叶，永夜揽貂裘。勋业频看镜，行藏独倚楼。时危思报主，衰谢不能休。

初至西虢官舍南池呈左右省及南宫诸故人 岑参

黜官自西掖，待罪临下阳。空积犬马恋，岂思鹓鹭行。素多江湖意，偶佐山水乡。满院池月静,卷帘溪雨凉。轩窗竹翠湿,案牍荷花香。白鸟上衣桁,青苔生笔床。数公不可见,一别尽相忘。敢恨青琐客,无情华省郎。早年迷进退,晚节悟行藏。他日能相访,嵩南旧草堂。

示外生 严维

牵役非吾好,宽情尔在傍。经过悲井邑,起坐倦舟航。相宅生应贵,逢时学可强。无轻吾未用,世事有行藏。

新营别墅寄家兄 窦巩

懒性如今成野人,行藏由兴不由身。莫惊此度归来晚,买得西山正值春。

江南谪居十韵 白居易

自哂沈冥客,曾为献纳臣。壮心徒许国,薄命不如人。才展凌云翅,俄成失水鳞。葵枯犹向日,蓬断即辞春。泽畔长愁地,天边欲老身。萧条残活计,冷落旧交亲。草合门无径,烟消甑有尘。忧方知酒圣,贫始觉钱神。虎尾难容足,羊肠易覆轮。行藏与通塞,一切任陶钧。

此翁 韩偓

高阁群公莫忌侬,侬心不在宦名中。严光一唾垂緌紫,何胤三遗大带红。金劲任从千口铄,玉寒曾试几炉烘。唯应鬼眼兼天眼,窥见行藏信此翁。

沁园春·密州早行马上寄子由 苏轼

孤馆灯青,野店鸡号,旅枕梦残。渐月华收练,晨霜耿耿,云山摛锦,朝露漙漙。世路无穷,劳生有限,似此区区长鲜欢。微吟罢,凭征鞍无语,往事千端。

当时共客长安,似二陆初来俱少年。有笔头千字,胸中万卷,致君尧舜,此事何难。用舍由人,行藏在我。袖手何妨闲处看。身长健,但优游卒岁,且斗尊前。

7.12　子曰："富而^①可求也,虽执鞭之士^②,吾亦为之。如不可求,从吾所好。"

注释

① 而:作假设连词,若、如果之意。

② 执鞭之士:指贱役。据《周礼》,执鞭之士有二,《周礼·秋官》"条狼氏下士八人","掌执鞭以趋辟,王出入则八人夹道,公六人,侯伯四人,子男二人"。此其一,即王侯出行时执鞭开道之士;其二为市朝守门之士,《周礼·地官·司市》云"入则胥执鞭度守门"。

集说

《郑注》:"富贵不可求而得者也,当修德以得之。若于道可求者,虽执鞭之贱职,我亦为之。"

《集注》:"苏氏曰:圣人未尝有意于求富也,岂问其可不可哉。为此语者,特以明其决不可求尔。杨氏曰:君子非恶富贵而不求,以其在天,无可求之道也。"

《四书辨疑》:"苏氏过高之论,不近人情。富与贵人皆欲之,圣人但无固求之意,正在论其可与不可,择而处之也。不义而富且贵,君子恶之,非恶富贵也,恶其取之不以其道也。古所谓富贵者,禄与位而已。贵以位言,富以禄言。富而可求,以禄言也。执鞭,谓下位也。盖言君子出处当审度事宜,谷禄之富,于己合义,虽其职位卑下,亦必为之。故夫子之于乘田委吏亦所不鄙,苟不合义,虽爵位高大,亦必不为。故夫子之于季孟之间亦所不顾也。伊川曰:'富贵人之所欲也,苟于义可求,虽屈己可也;如义不可求,宁贫贱以守其志也。'"

《论语补疏》:"《易传》称'崇高莫大乎富贵',富贵非圣人所讳言也,但有可求不可求耳。不可求,所谓'不以其道得之'也。苟以其道得之,何不可求之有？孟子言'非其道,一箪食不可受于人。如以道,则舜受尧之天下不以为泰',正与此章之恉相发明。非道以求富贵,鄙夫也。必屏富贵不言,并其可求者而亦讳之,此坚瓠之谓,圣人所不取也。'而'与'如'通,'而可求'即如可求。如可求即为之,如不可求则不为,圣人之言明白诚实如此。若以'富而可求'为设言之虚语,此滑稽者所为,曾以是拟孔子乎？"

思考与讨论

对孔子的这一段话,各家之说中有什么差异,反映了什么问题? 今天如何看待这一问题?

7.13　子之所慎:齐①、战、疾。

注释

① 齐:同"斋",二字常通用。《说文》:"斋,戒洁也。"《祭统》云:"及时将祭,君子乃齐。齐之为言齐也,齐不齐以致齐者也。"

7.14　子在齐闻《韶》,三月不知肉味。曰:"不图①为乐②之至于斯也!"

注释

① 不图:不料。
② 为乐:乐,音 yuè,据《史记·孔子世家》是"学习音乐"。多释作"欣赏音乐",又有释为"舜作韶乐"者。

7.15　冉有曰:"夫子为①卫君②乎?"子贡曰:"诺。吾将问之。"

入,曰:"伯夷、叔齐何人也?"曰:"古之贤人也。"

曰:"怨乎?"曰:"求仁而得仁,又何怨!"

出,曰:"夫子不为也。"

注释

① 为:《郑注》:"为犹助也。"《译注》:"赞成。"
② 卫君:指卫出公辄。卫灵公之孙,太子蒯聩之子。蒯聩因得罪卫灵公夫人南子,逃在晋国。灵公死,卫人立辄为君。晋国赵简子欲送蒯聩回国,藉此侵卫。卫国拒绝

蒯聩入卫,派兵抵御晋军。孔子周游在卫,有人以为孔子支持卫出公拒父回国,是以冉有有此问。

7.16　子曰:"饭^①疏食^②、饮水^③,曲肱^④而枕之,乐亦在其中矣! 不义而富且贵,于我如浮云。"

注释

① 饭:《说文》:"饭,食也。"
② 疏食:《孔注》:"疏食,菜食。"毛诗《召公之什·旻》"彼疏斯粺"郑笺曰:"疏,粗也,谓粝米也。"似以"粗食"更近原义。
③ 饮水:《译注》:"古代常以'汤'和'水'对言,'汤'的意义是热水,'水'就是冷水。"
④ 曲肱:弯着胳膊。

文学链接

多病戏书因示长孺 权德舆

行年未四十,已觉百病生。眼眩飞蝇影,耳厌远蝉声。甘辛败六藏,冰炭交七情。唯思曲肱枕,搔首掷华缨。

闲乐 白居易

坐安卧稳舆平肩,倚杖披衫绕四边。空腹三杯卯后酒,曲肱一觉醉中眠。更无忙苦吟闲乐,恐是人间自在天。

写意二首 牟融

寂寥荒馆闭闲门,苔径阴阴展少痕。白发颠狂尘梦断,青毡冷落客心存。高山流水琴三弄,明月清风酒一樽。醉后曲肱林下卧,此生荣辱不须论。

7.17 子曰:"加我数年,五十以学《易》[①],可以无大过矣。"

注释

① 易:《易经》,又称《周易》,儒家六经之一。其中卦辞和爻辞作于孔子之前,据说孔子晚年好《易》,读之韦编三绝,又赞《易》,作《十翼》。易,今本通作"易",马王堆帛书亦作"易"。唯鲁论作"亦",连下句读。

集说

《集解》:"《易》穷理尽性以至于命。年五十而知命,以知命之年读至命之书,故可以无大过矣。"

《皇疏》:"当孔子尔时年已四十五六,故云'加我数年,五十而学《易》'也。所以必五十而学《易》者,人年五十,是知命之年也。《易》有大演之数五十,是穷理尽命之书,故五十而学《易》也。"

王朗云:"鄙意以为《易》盖先圣之精义,后圣无间然者也。是以孔子即而因之,少而诵习,恒以为务。称五十而学者,明重《易》之至,故令学者专精于此书,虽老不可以废倦也。"

7.18 子所雅言[①]:《诗》、《书》[②]、执礼,皆雅言也。

注释

① 雅言:《孔注》:"雅言,正言也。雅言意谓正其音。"
② 书:指《尚书》,上古文献,后来成为儒家六经之一。
③ 执礼:行礼。《郑注》:"礼不诵,故言'执'也。"古代行礼时有人在旁司仪,因此需"雅言"。

7.19 叶公[①]问孔子于子路,子路不对[②]。子曰:"女奚[③]不曰:其为人也,发愤忘食,乐以忘忧,不知老之将至云尔。"

注释

① 叶公：叶，旧音 shè，楚地，在今河南叶县南。叶公为叶地县尹。

② 对：回答。

③ 奚：何，为何。

问题分析

问： 叶公问子路孔子何如人，子路不对，为什么？孔子自己的回答有什么值得注意的地方？

答： 子路不对，非不欲对，是不能对，颜回尚云夫子"仰之弥高，钻之弥坚，瞻之在前，忽焉在后"，可见弟子们实在觉得无法概括夫子。孔子自己的话则不仅极具概括力，更富有极强的感染力。它略去了毕生所追求之仁义礼乐等后人看来最为重要的方面，只寥寥数句，平易而生动，令人过目成诵，一诵而终身难忘，真欲以此为人生之追求也。然岂容易哉！此章境界可与"饭疏食饮水"一章相媲美。"饭疏食"一章多兴象，此章则直置眼前，二章异曲而同工。

如夫子之"乐以忘忧"、"忘身之老"，后世已几乎不能复得。盖夫子知天命而不忧，后世则知生命短促而忧，忧而欲销之而不能也。试看《兰亭集序》。

兰亭集序 王羲之

永和九年，岁在癸丑，暮春之初，会于会稽山阴之兰亭，修禊事也。群贤毕至，少长咸集。此地有崇山峻岭，茂林修竹；又有清流激湍，映带左右。引以为流觞曲水，列坐其次。虽无丝竹管弦之盛，一觞一咏，亦足以畅叙幽情。

是日也，天朗气清，惠风和畅，仰观宇宙之大，俯察品类之盛，所以游目骋怀，足以极视听之娱，信可乐也。夫人之相与俯仰一世，或取诸怀抱，悟言一室之内；或因寄所托，放浪形骸之外。虽趣舍万殊，静躁不同，当其欣于所遇，暂得于己，快然自足，不知老之将至。

及其所之既倦，情随事迁，感慨系之矣。向之所欣，俯仰之间，已为陈迹，犹不能不以之兴怀。况修短随化，终期于尽，古人云，死生亦大矣，岂不痛哉！每揽昔人兴感之由，若合一契，未尝不临文嗟悼，不能喻之于怀。固知一死生为虚诞，齐彭殇为妄作，后之视今，亦犹今之视昔。悲夫！故列叙时人，录其所述，虽世殊事异，所以兴怀，其致一也。后之揽者，亦将有感于斯文。

7.20 子曰:"我非生而知之①者,好古,敏②以求之者也。"

注释

① 生而知之:不待学而能知。

② 敏:《正义》:"敏,勉也,言黾勉以求之也。"

7.21 子不语①怪②、力③、乱④、神⑤。

注释

① 语:言说。《诗·公刘》毛传:"论难曰语。"

② 怪:怪异之事。

③ 力:逞勇力。

④ 乱:《左传·宣公十五年》:"民反德为乱,乱莫大于弑父与君。"

⑤ 神:鬼神之事。

7.22 子曰:"三人行,必有我师焉! 择其善者而从之,其不善者而改之。"

集说

《集解》:"言三人行,本无贤德,择善从之,不善改之,故无常师。"

《皇疏》:"此明人生处世则宜更相进益,虽三人同行,必推胜而引劣,故必有师也。有胜者则谘受自益,故云择善而从之也。有劣者则以善引之,故云其不善者而改之。然善与不善,既就一人上为语也。人不圆足,故取善改恶亦更相师改之义也。"

《集注》:"三人同行,其一我也。彼二人者一善一恶,则我从其善而改其恶焉,是二人皆我师也。"

《论语后案》:"子产曰:'其所善者,吾则行之,其所恶者,吾则改之;是吾师也。'此云善不善当作是解,非谓三人中有善不善也。"

7.23 子曰:"天生德于予,桓魋①其如予何?"

注释

① 桓魋:宋国司马向魋,因为是宋桓公之后,故又称桓魋。魋,音 tuí。《史记·孔子世家》记载:"孔子去曹,适宋,与弟子习礼大树下,宋司马桓魋欲杀孔子,拔其树。孔子去,弟子曰:'可以速矣。'孔子曰:'天生德于予,桓魋其如予何。'"

集说

《包注》:"天生德于予者,谓授我以圣性也。德合天地,吉而无不利,故曰其如予何也。"

《皇疏》引江熙:"小人为恶,以理喻之则愈凶强,宴待之则更自处,亦犹匡人闻文王之德而兵解也。"

《集注》:"魋欲害孔子,孔子言天既赋我以如是之德,则桓魋其奈我何。言必不能违天害己。"

7.24 子曰:"二三子①以我为隐②乎? 吾无隐乎尔。吾无行而不与二三子者,是丘也。"

注释

① 二三子:《包注》:"谓诸弟子。"
② 隐:隐匿,有所隐匿而不教。《包注》:"圣人知广道深,弟子学之不能及,以为有所隐匿。"

7.25 子以四教:文①、行②、忠、信。

注释

① 文:指诗书典籍等。
② 行:行事,实践。

7.26 子曰:"圣人,吾不得而见之矣;得见君子者,斯可矣。"

子曰:"善人,吾不得而见之矣;得见有恒者,斯可矣。亡而为有①,虚而为盈,约而为泰②,难乎有恒矣。"

注释

① 亡而为有:亡,通"无",以无为有。

② 约而为泰:约,困约;泰,奢侈。

7.27 子钓而不纲①,弋②不射宿③。

注释

① 纲:《郑注》:"纲,谓为大索横流属钓。"即大绳,绳上系多钩,横于水中取鱼。

② 弋:《孔注》:"缴射也。"即用系有生丝之矢射飞禽。

③ 宿:《孔注》:"宿鸟也。"指栖于巢中之鸟。《皇疏》:"或云不取老宿之鸟也,宿鸟能生伏,故不取。"

7.28 子曰:"盖有不知而作①之者,我无是也。多闻,择其善者而从之,多见而识之:知之次②也。"

注释

① 不知而作:《包注》:"时人有穿凿妄作篇籍者,故云然。"《皇疏》:"谓妄作穿凿为异端也。"《集注》:"不知其理而妄作也。"

② 知之次也:《孔注》:"如此者,次于天生知之。"《皇疏》:"若多闻择善,多见录善,此虽非生知,亦是生知之者次也。"《集注》:"所从不可不择,记则善恶皆当存之以备参考,如此者虽未能实知其理,亦可以次于知之者也。"

7.29 互乡①难与言②,童子见③,门人惑。子曰:"与④其进也,不与其退也。唯何甚！人絜己⑤以进，与其絜也，不保其往也⑥。"

注释

① 互乡：乡名，其地诸说各异，不可考。

② 难与言：《郑注》："其乡人言语自专，不达时宜。"《集注》："其人习于不善，难与言善。"

③ 童子见：指童子得见孔子。

④ 与：称许。

⑤ 絜己：音 jié，同"洁"，洁身自好之意。

⑥ 不保其往：《郑注》："往，犹去也。人虚己自洁而来，当与之进，亦何能保其去后之行也。"《皇疏》引顾欢："往，谓往日之行也。夫人之为行，未必可一，或有始无终，或先迷后得，故教诲之道，洁则与之，往日行非我所保也。"

7.30　子曰："仁远①乎哉？我欲仁，斯仁至②矣！"

注释

① 远：《集注》："仁者，心之德，非在外也。放而不求，故有以为远者。反而求之，则即此而在矣，夫岂远哉？"

② 至：《包注》："仁道不远，行之则至是也。"《皇疏》引江熙："复礼一日，天下归仁，是仁至近也。"

思考与讨论

对"我欲仁，斯仁至矣"的理解上，汉人与以朱熹为代表的宋人之间有什么差别？

7.31　陈司败①问："昭公②知礼乎？"孔子曰："知礼。"

孔子退，揖巫马期③而进之④，曰："吾闻君子不党⑤，君子亦党乎？君取⑥于吴⑦，为同姓⑧，谓之吴孟子⑨。君而知礼，孰不知礼？"

巫马期以告。子曰："丘也幸，苟有过⑩，人必知之。"

注释

① 陈司败：或以为司败为官名，或以为人名；又陈，或以为陈国人，或以为齐国人，今不可考知。

② 昭公：鲁昭公，名裯，襄公庶子，继襄公而为鲁国国君。

③ 揖巫马期：此处指陈司败拜揖巫马期。巫马期，孔子学生，姓巫马，名施，字子期。

④ 进之：使之进，使之走近之意。之，指巫马期。

⑤ 党：《孔注》："相助匿非曰党。"

⑥ 取：同"娶"。

⑦ 吴：吴国，其始祖太伯，为周太王之长子，太王欲传位太伯之弟季历，以使季历之子昌得继位，太伯乃远避荆越，断发文身，自号句吴。

⑧ 同姓：吴为太伯之后，鲁国为周公之后，两国同为姬姓。按周礼，同姓不得为婚姻，故此章陈司败认为鲁昭公不知礼。

⑨ 谓之吴孟子：吴为姬姓，则昭公所娶吴国君之女当称吴姬，不言"吴姬"而只云"吴"，正是讳言违礼。孟子，指其为长女。

⑩ 过：《孔注》："讳国恶，礼也。圣人道闳，故受以为过。"《集注》："孔子不可自谓讳君之恶，又不可以娶同姓为知礼，故受以为过而不辞。"

7.32　子与人歌而善，必使反之，而后和之。

集说

《集解》："乐其善，故使重歌而后自和之。"

卫瓘："礼无不答，歌以和，相答也。其善乃当和，音不相反，故今更为歌，然后和也。"

《集注》："反，复也。必使复歌者，欲得其详而取其善也。而后和之者，喜得其详而与其善也。此见圣人气象从容，诚意恳至，而其谦逊审密不掩人善又如此。"

7.33　子曰："文莫①吾犹人也。躬行君子，则吾未之有得。"

注释

① 文莫:二字注解纷纭。《孔注》:"莫,无也。'文无'者,犹俗言'文不'也。'文不吾犹人'者,凡言文皆不胜于人也。"《集注》:"莫,疑辞。犹人言'不能过人而尚可以及人'。"均在"文"后作停顿。杨慎《丹铅总录》引栾肇《论语驳》云"燕齐谓勉强为文莫",则将"文莫"视为一个词,"勉强"、"勉力"之意。《正义》据此云:"夫子谦不敢居安行,而以勉强而行自承,犹之言学不敢居生知,而以学知自承也。"

7.34 子曰:"若圣与仁,则吾岂敢? 抑①为之不厌,诲人不倦,则可谓云尔已矣!"公西华曰:"正唯弟子不能学也!"

注释

① 抑:只是,不过是。

7.35 子疾病①,子路请祷②。子曰:"有诸③?"子路对曰:"有之。诔④曰:'祷尔于上下神祇⑤。'"子曰:"丘之祷久矣⑥。"

注释

① 病:《说文》:"病,疾加也。"疾甚为病。

② 祷:祷请于鬼神。《郑注》:"祷,谢过于鬼神。"

③ 诸:"之乎"的合音。有诸,即"有之乎"。

④ 诔:祈祷之书,非哀悼死者的诔文。

⑤ 上下神祇:上下指天地,天神曰神,地神曰祇。《说文》:"祇,地祇。提出万物者也。"祇,音 qí。

⑥ 丘之祷久矣:《郑注》:"孔子自知无过可谢,明素恭肃于鬼神,且顺子路之言也。"《孔注》:"孔子素行,合于神明,故曰丘之祷久矣。"

7.36 子曰:"奢则不孙①,俭则固②。与其不孙也,宁固。"

注释

① 孙:同"逊"。

② 固:固陋,鄙陋。

7.37 子曰:"君子坦荡荡①,小人长戚戚②。"

注释

① 坦荡荡:《郑注》:"宽广貌。"江熙:"君子坦尔夷任,荡然无私。"《集注》:"程子曰:君子循理,故常舒泰。"

② 长戚戚:《郑注》:"多忧惧貌。"江熙:"小人驰竞于荣利,耿介于得失,故长为愁府也。"《集注》:"程子曰:小人役于物,故多忧戚。"《论语后案》以为,"戚戚"即《诗》之"蹙蹙",为缩小之貌。《说文》无"蹙"字,凡经典"戚"与"蹙"训"忧"者,皆以"慽"为正字。训"迫促"者,以"戚"为正字,即"戚近"义之引申。此"戚戚"当训"迫缩",与"荡荡"反对也。

7.38 子①温而厉②,威而不猛,恭而安。

注释

① 子:据《经典释文》,皇侃本作"君子",又一本作"子曰"。

② 厉:严肃。

集说

　　王弼:"温者不厉,厉者不温,威者必猛,不猛者不威,恭则不安,安者不恭,此对反之常名也。若夫温而能厉,威而不猛,恭而能安,斯不可名之理全矣。故至和之调,五味不形,大成之乐,五声不分,中和备质,五材无名也。"

　　《集注》:"人之德行本无不备,而气质所赋鲜有不偏。惟圣人全体浑然,阴阳合德,故其中和之气见于容貌之间者如此。门人熟察而详记之,亦可见其用心之密矣。抑非知足以知圣人,而善言德行不能记。"

泰 伯 第 八

8.1　子曰:"泰伯^①,其可谓至德^②也已矣! 三以天下让^③,民无得而称^④焉。"

注释

① 泰伯:即太伯,见上篇"陈司败问昭公知礼"章注。范宁:"泰,重大之称也;伯,长也。泰伯,周太王之元子,故号泰伯。"

② 至德:德行之极致。

③ 三以天下让:《郑注》释"三"为实指三次,太王有疾,泰伯借口采药,远走吴越而不返,由其弟季历主丧,是一让;太王没,季历派人赴告泰伯,泰伯不来奔丧,是二让;太王丧期之后,泰伯断发文身,是三让。《皇疏》又引二说,其中一说,以泰伯远适吴越不返,太王传位于季历为一让,季历薨而文王继位,是二让,文王薨而武王立,是三让。"三"宜解为屡次之意。《集注》:"三让,谓固逊也。"

④ 无得而称:《郑注》:"三让之美,皆隐蔽不著,故人无得而称焉。"

文化史扩展

三让、固让与传统政治文化　泰伯之事,《左传·僖公五年》有简略记载,而以《史记·周本纪》记载为详,大意为,周太王有三子,长曰泰伯,次曰仲雍(或称虞仲),幼曰季历。季历有子名昌,太王曾说:"我世当有兴者,其在昌乎!"太伯、仲雍知道太王的意思是想传位给季历,以便季历之子昌能继位而兴周,因此两人便远逃至吴越荆蛮之地,断发文身。由是太王死后季历继位,再传于昌,是为文王。文王之子发灭纣,遂有天下。

诸家注此章,皆本《周本纪》而来,而解释"三让"具体所指,虽略有不同,但郑玄注、皇侃所引注都以"三"为实指"三次"。泰伯让位之事,在后世演化成政坛上一项心照不宣的制度,主要体现在这被解释成"三次"的"三让"上。后世易代之际,尤其是末代弱主在形势逼迫之下禅位于逼位之权臣时,篡位者虽然心期已久,却还是要演一场"三让"的仪式,要惺惺作态地"让"足三次,然后才废黜旧帝,改朝换代。发展到普通臣子,接受帝王较优渥的恩赐或授官时,也要先后上三道谢恩表,才能完成受赐的手续。例如南齐时著名诗人谢朓被超擢为尚书吏部郎时,三次上表辞让,以至有的人怀疑他这样做不合礼制。《集注》虽然不如此明确地解释为"三次",但"固逊"之意,实与此无异,史籍中记载此类事件,正习惯称为"固让"。

8.2　子曰:"恭而无礼则劳,慎而无礼则葸[1],勇而无礼则乱,直而无礼则绞[2]。君子[3]笃于亲,则民兴于仁;故旧不遗,则民不偷[4]。"

注释

[1] 葸:音 xǐ,《广雅·释言》:"葸,慎也。"《集解》:"畏惧貌。"

[2] 绞:《马注》:"绞,绞刺也。"《郑注》:"急也。"《集注》:"急切也。"

[3] 君子:旧说认为此句以下与上文意不连贯,宜另为一章。君子,下文有"民兴于仁"、"民不偷",则此处指在位者。

[4] 偷:偷薄,指民风不淳朴。《说文》:"媮,薄也。""偷"与"媮"同。

思考与讨论

在今天看来,"恭"即是有礼,此章云"恭而无礼则劳",则"恭"与"礼"是分为两事的,对此当如何理解?

8.3　曾子有疾,召门弟子[1]曰:"启[2]予足!启予手!《诗》云[3]:'战战兢兢,如临深渊,如履薄冰。'而今而后,吾知免[4]夫!小子!"

注释

[1] 门弟子:指曾子之弟子。

[2] 启:《郑注》:"开也。曾子以为受身体于父母,不敢毁伤,故使弟子开衾而视之也。"《正义》:"当谓身将死,恐手足有所拘挛,令展布之。郑君以启为开,甚合古训,而以为开衾视之,未免增文成义。又《说文》:'启,视也。'王氏念孙《疏证》引此文,谓'启'与'启'同。此亦得备一解。盖恐以疾致有毁伤,故使视之也。"

[3] 诗云:此三句诗见《诗经·小雅·小旻》。

④ 免:免于祸患刑戮。

8.4 曾子有疾,孟敬子①问②之。曾子言曰:"鸟之将死,其鸣也哀;人之将死,其言也善。君子所贵乎道③者三:动容貌,斯远暴慢矣;正颜色,斯近信矣;出辞气,斯远鄙倍④矣。笾豆之事⑤,则有司⑥存。"

注释

① 孟敬子:鲁大夫,孟武伯之子,名捷。

② 问:探问。

③ 道:此处指礼。

④ 倍:同"背"。背礼,悖礼。

⑤ 笾豆之事:祭祀之事。笾豆,礼器,竹制为笾,木制为豆。

⑥ 有司:谓主事之小吏。有,无义,司,主也。

8.5 曾子曰:"以能问于不能,以多问于寡;有若无,实若虚,犯而不校①,昔者吾友②尝③从事于斯矣。"

注释

① 犯而不校:《包注》:"校,报也,言见侵犯而不报也。"校,音 jiào。

② 吾友:《马注》:"友谓颜渊。"

③ 尝:曾经。

8.6 曾子曰:"可以托六尺之孤①,可以寄百里之命②,临大节③而不可夺④也,君子人与? 君子人也。"

注释

① 六尺之孤:《郑注》:"年十五以下。"《孔注》:"幼少之君也。"古时尺较今日为短,人六

尺尚为孩童。

② 寄百里之命:《孔注》:"摄君之政令也。"

③ 大节:《集解》:"安国家定社稷也。"

④ 不可夺:《集解》:"不可倾夺也。"屈服之意。

8.7　曾子曰:"士不可以不弘毅①,任重而道远②。仁以为己任,不亦重乎? 死而后已,不亦远乎?"

注释

① 弘毅:《包注》:"弘,大也。毅,强而能断也。"

② 任重而道远:《包注》:"士弘毅,然后能负重任,致远路。"

8.8　子曰:"兴于《诗》①,立于礼②,成于乐③。"

注释

① 兴于诗:《包注》:"兴,起也,言修身当先学诗也。"江熙:"览古人之志,可起发其志也。"《集注》:"诗本性情,有邪有正,其为言既易知,而吟咏之间,抑扬反复,其感人又易入。故学者之初,所以兴起其好善恶恶之心而不能自已者,必如此而得之。"

② 立于礼:《包注》:"礼所以立身。"《集注》:"礼以恭敬辞逊为本,而有节文度数之详,可以固人肌肤之会、筋骸之束,故学者之中,所以能卓然自立而不为事物之所摇夺者,必于此而得之。"

③ 成于乐:《包注》:"乐所以成性。"《集注》:"八音之节,可以养人之性情,而荡涤其邪秽,消融其渣滓,故学者之终,所以至于义精仁熟而自和顺于道德者,必于此而得之,是学之成也。"

8.9　子曰:"民可使由之,不可使知之。"

集说

《集解》:"由,用也。可使用而不可使知者,百姓能日用而不能知。"

《郑注》:"由,从也。言王者设教,务使人从之。若皆知其本末,则愚者或轻而不行。"

《皇疏》引张凭:"为政以德,则各得其性,天下日用而不知,故曰可使由之。若为政以刑,则防民之为奸,民知有防而为奸弥巧,故曰不可使知之。言为政当以德,民由之而已,不可用刑,民知其术也。"

《集注》:"民可使之由于是理之当然,而不能使之知其所以然也。程子曰:圣人设教,非不欲家喻而户晓也。然不能使之知,但能使之由之尔。若曰圣人不使民知,则是后世朝四暮三之术也,岂圣人之心乎?"

赵佑《温故录》:"民性皆善,故可使由之。民性本愚,故不可使知之。王者为治但在议道自己、制法宜民,则自无不顺。若必事事家喻户晓,日事其语言文字之力,非惟势有所不给,而天下且于是多故矣。故曰不可。"

《论语稽》:"对于民,其可者使其自由之,而所不可者亦使知之。或曰:舆论所可者则使共由之;其不可者,亦使共知之。均可备一说。"

思考与讨论

上面"集说"中各种解释有何差别?对这些解释又当如何认识?近代有人认为,这一章反映了孔子的愚民思想,这种看法有无道理?

8.10 子曰:"好勇疾贫,乱也。人而不仁,疾之已甚,乱也。"

集说

《郑注》:"不仁之人,当以风化之。若疾之甚,是益使为乱也。"《包注》:"好勇之人而患疾已贫贱者,必将为乱。"

《孔注》:"疾恶太甚,亦使其为乱。"

《集注》:"好勇而不安分,则必作乱。恶不仁之人而使之无所容,则必致乱。二者之心善恶虽殊,然其生乱则一也。"

8.11 子曰："如有周公之才之美①,使②骄且吝③,其余不足观也已。"

注释

① 才之美:"美"修饰"才",形容词后置。

② 使:假使。

③ 吝:《说文》:"恨惜也。"《玉篇》:"鄙也。"也作"恡",顾惜,舍不得。后世多指顾惜财物,此处主要指接待人物的态度。

8.12 子曰:"三年学,不至于谷①,不易得②也。"

注释

① 不至于谷:谷,《郑注》:"禄也。"不至于谷,谓不以为官得禄为念。

② 不易得:难得。有称赞之意。

8.13 子曰:"笃信好学,守死善道①。危邦不入,乱邦不居。天下有道则见②,无道则隐。邦有道,贫且贱焉,耻也。邦无道,富且贵焉,耻也。"

注释

① 守死善道:《皇疏》:"宁为善而死,不为恶而生,故曰'守死善道'。"俞樾《群经平议》:"'善道'与'好学'对文,'善'亦'好'也。……言守之至死而好道不厌也。"

② 见:同"现"。

思考与讨论

"邦有道,贫且贱焉,耻也",反映了孔子怎样的用世精神?结合前面的相关篇章,谈谈孔子对富贵与贫贱的看法。

8.14　子曰:"不在其位,不谋其政①。"

注释

① 谋:谋划、议论。

8.15　子曰:"师挚①之始②,《关雎》之乱③,洋洋乎盈耳哉!"

注释

① 师挚:师,鲁国太师,掌音乐,挚为其名。
② 始:乐始奏。
③ 乱:乐曲之尾声曰乱。

8.16　子曰:"狂而不直,侗①而不愿②,悾悾③而不信,吾不知之矣。"

注释

① 侗:音 tóng,《孔注》:"未成器之人。"《集注》:"无知貌。"
② 愿:《郑注》:"善也。"《集注》:"谨厚也。"
③ 悾悾:悾,音 kōng,《郑注》:"诚悫也。"《集注》:"无能貌。"

8.17　子曰:"学如不及①,犹恐失之②。"

注释

① 学如不及:谓学习时常恐来不及。《集解》:"学自外入,至熟乃可长久;如不及,犹恐失之耳。"《正义》:"如不及者,方学而如不及学也。"
② 犹恐失之:对已学,则常担心忘却。《正义》:"犹恐失者,既学有得于己,恐复失之也。"《集注》:"言人之为学,既如有所不及矣,而其心犹竦然惟恐其失之,警学者当如是也。"

8.18 子曰:"巍巍乎! 舜、禹之有天下也,而不与①焉。"

注释

① 不与:《集解》:"言己不与求天下而得之。"意为舜、禹之得天下,是由禅让而来,非自己贪求而得。或以为"不与"是指舜、禹任用贤能,恭己无为而天下治,《正义》:"'不与'为任贤使能,乃此文正诂。"《集注》:"不与,犹言不相关,言其不以位为乐也。"则又另为一解。《译注》:"与,音 yù,参与,关连。这里含有'私有'、'享受'的意思。"

8.19 子曰:"大哉尧之为君也! 巍巍乎! 唯天为大,唯尧则①之。荡荡②乎! 民无能名③焉。巍巍乎其有成功④也! 焕⑤乎其有文章⑥!"

注释

① 唯尧则之:则,效法,取则。《孔注》:"则,法也,美尧能法天而行化。"
② 荡荡:《包注》:"广远之称。"王弼:"荡荡,无形无名之称也。"
③ 名:名,形容、言说之意。但魏晋玄学家曾有过玄学式的解释,见下"集说"。
④ 成功:已成就之功业,作名词。功指治理天下、化导万民之事业。故《集解》释之为"功成化隆"。《说文》:"功,以劳定国也。"
⑤ 焕:《集解》:"明也。"《集注》:"光明之貌。"
⑥ 文章:礼乐制度。

集说

无能名焉:

《包注》:"言其布德广远,民无能识其名焉。"

王弼:"夫名所名者,于善有所章,而惠有所存,善恶相须,而名分形焉。若夫大爱无私,惠将安在? 至美无偏,名将何生? 故则天成化,道同自然,不私其子而君其臣,恶者自罚,善者自功,功成而不立其誉,罚加而不任其刑,百姓日用而不知所以然,夫又何可名也?"

《集注》:"言物之高大莫有过天者,而独尧之德能与之准,故其德之广远亦如天之不可以言语形容也。"

8.20　舜有臣五人而天下治。武王曰："予有乱臣①十人。"孔子曰："才难，不其然乎？唐、虞之际②，于斯为盛③。有妇人焉④，九人而已。三分天下有其二⑤，以服事⑥殷。周之德，其可谓至德也已矣。"

注释

① 乱臣：《说文》："乱，治也。"乱臣，《集解》谓"治官者"。据考证，古本《论语》无"臣"字。

② 唐虞之际：唐者，尧之号。虞者，舜之号。唐虞之际，谓尧舜禅让之时。

③ 于斯为盛：斯，此，指周代。于斯为盛，《孔注》："言尧舜交会之间，比于周，周最盛，多贤才。"《集注》："言周室人才之多，唯唐虞之际乃盛于此。降及夏商，皆不能及。"

④ 有妇人焉：武王乱臣十人中，有一位是妇人，故真正称得上"人才"的只有九人。妇人，《郑注》谓"文母"，即武王之母，后人以为子不当以臣称母，遂以为当为武王之妻邑姜。

⑤ 三分天下有其二：《包注》："殷纣淫乱，文王为西伯而有圣德，天下归周者三分有二。"《集注》："盖天下归文王者六州，荆、梁、雍、豫、徐、扬也，惟青、兖、冀尚属纣耳。"《四书稗疏》："三分者，约略言之，非专言六州明矣。"

⑥ 服事：臣服、事奉之意。

8.21　子曰："禹，吾无间然①矣。菲饮食②，而致孝乎鬼神③；恶衣服④，而致美乎黻冕⑤；卑⑥宫室，而尽力乎沟洫⑦。禹，吾无间然矣！"

注释

① 间然：间，音 jiàn。《说文》："间，隙也。"《集注》："间，罅隙也，谓指其罅隙而非让之也。"

② 菲饮食：菲，菲薄。谓日常饮食很粗陋。

③ 致孝乎鬼神：《马注》："祭祀丰洁也。"致，送，奉献之意。

④ 恶衣服：恶，恶劣。衣服，谓日常所服之衣服。

⑤ 黻冕：黻，音 fú，祭服之衣。冕，祭祀时所戴之冠。

⑥ 卑宫室：卑陋。

⑦ 沟洫：田庐间的沟渠，据典籍记载，其宽狭、走向或有一定的规定。洫，音 xù。

文化史扩展

尧舜禹传说与上古三代　本篇最后四章记载了孔子对尧、舜、禹等上古三位帝王的评论。这三位帝王所处的时代,在传统思想里往往概称为"三代"或"上古三代",被视为最为理想的历史时期,政治清明,社会安定,民风淳朴。后世帝王、士大夫无不以此为极力追摹的社会理想,成为批评社会积弊、要求进行改革的道德依据。现代研究一般认为,这个"三代之治"的时期大致相当于原始的氏族社会时期,尧、舜、禹相当于氏族首领或者部落联盟的首领。他们因各自的德行和才能而被推举出来担任首领,并因勤力于公共事务而受尊敬。在后世,他们的事迹逐渐被理想化甚至神话化,出现了例如"禅让制"等传说。大体在孔子的时代,三代的传说已经相当风行,孔子显然也有意将此视为一种理想的政治,是以这里极力赞美他们。

尧、舜、禹所代表的上古时期在文献上可征信的材料很少,为此,现代的史学界曾兴起一股疑古思潮,认为是"层累地"造成的。疑古思潮的代表"古史辨"派兴起时,它的代表史学家顾颉刚曾提出大禹是一条虫的观点,并认为大禹治水的神话晚至战国中期才出现。应该说,所谓"三代之治"以及与这三位上古"帝王"各自相关的传说,的确是在漫长的历史时期里逐渐形成的,但它的出现却是非常早的,顾颉刚定于战国中期似嫌太晚。几年前,北京保利艺术博物馆收藏一件失盖的有铭铜□,据专家考定,其时代当属西周后期中段,铭文全文共九十八字,记载的正是天命大禹治水的传说。铭文如下(文字考释以裘锡圭《豳公盨铭文考释》为据,见裘著《中国出土古文献十讲》,复旦大学出版社 2004 年):

> 天命禹敷土,堕山,浚川,乃畴方,设正,降民,监德;乃自作配,向民;
> 成父母,生我王,作臣。厥美唯德,民好明德,馑在天下。用厥邵好,益□
> 懿德,康亡(?)不懋。孝友恫明,经齐好祀,无悖心。好德婚媾,亦唯协
> 天,敏用孝神;复用被禄,永孚于宁。豳公曰:民唯克用兹德,无悔。

从铭文中可以看出,这个时期里,人们已经把大禹看作是受天帝之命来治水理民的神人,所以关于三代的传说,起源是相当早的。

子 罕 第 九

9.1　子罕言利与命与仁①。

注释

① 罕：《尔雅·释诂》：“罕，希也。”希，很少。

集说

　　这一章历来解说纷纭，择其主要者列之如下：

　　《集解》：“利者，义之和也。命者，天之命也。仁者，行之盛也。寡能及之，故希言也。”

　　《皇疏》：“言者，说也。利者，天道元亨，利万物者也。与者，言语许与之也。命，天命，穷通夭寿之目也。仁者，恻隐济众，行之盛者也。弟子记孔子为教化所希言、及所希许与人者也。所以然者，利是元亨利贞之道也，百姓日用而不知，其理玄绝，故孔子希言也。命是人禀天而生，其道难测，又好恶不同，若逆向人说，则伤动人情，故孔子希说与人也。仁是行盛，非中人所能，故亦希说与人也。然希者非都绝之称，亦有时而言与人也。”

　　《集注》：“程子曰：‘计利则害义，命之理微，仁之道大，皆夫子所罕言也。’”

　　以上三家大体都解作孔子罕言利、命、仁三者。许多人质疑孔子罕言命与仁的说法，认为孔子只是罕言“利”：

　　《四书辨疑》：“若以理微道大则罕言，夫子所常言者岂皆理浅之小道乎？圣人于三者之中所罕言者惟利耳，命与仁乃所常言。”

　　史绳祖《学斋占毕》：“子罕言者，独利而已。当以此四字为句作一义。曰命曰仁，皆平日所深与，此当别作一义。‘与’如‘吾与点也’、‘吾不与也’等字之义。”

　　康有为《论语注》：“考之《论语》，孔子言命、仁至多……即《论语》言‘仁’已四十二章，若以为罕言，则孔子所多言者为何也？”

　　按此，则当读此句为“子罕言利，与命与仁”，“与”作“赞成”解。

　　焦循以为非同时罕言利、命、仁三者，也非只罕言利，而是说孔子很少单独言利,要说到利时,必与命或仁在一起提到。《论语补疏》云:"古所谓利,皆以及物言。至春秋时,人第知利己,其能及物遂别为之义,故孔子赞易,以义释利,谓古所谓利,今所谓义也。孔子言义,不多言利,故云子罕言利,若言利则必与命并言之、与仁并言之。"

阮元《论语·论仁篇》:"孔子言仁者详矣,曷为曰'罕言'也? 所谓'罕言'者,孔子每谦不敢自居于仁,亦不轻以仁许人也。"

《集释》:"窃谓解此章者多未了解'言'字之义。盖'言'者,自言也。记者旁窥已久,知夫子于此三者罕自言,非谓以此立教也。说者徒见弟子问答多问仁,遂疑命、仁为夫子所常言,实则皆非此章之义也。"

9.2 达巷党①人曰:"大哉孔子! 博学而无所成名②。"子闻之,谓门弟子曰:"吾何执③? 执御④乎? 执射⑤乎? 吾执御矣。"

注释

① 达巷党:达为巷党名。或以"达巷"为党名。
② 无所成名:《郑注》:"此党人之美孔子博学道艺,不成一名也。"《皇疏》:"孔子广学,道艺周遍,不可一一而称,故云'无所成名'。"《集注》:"盖美其学之博,而惜其不成一艺之名也。"
③ 执:专执,专守。
④ 御:驭马驾车。
⑤ 射:射箭。射、御皆为六艺之一,而御为最卑下。

思考与讨论

郑玄与朱熹解"无所成名"的区别在哪里?

9.3 子曰:"麻冕①,礼也;今也纯②,俭③。吾从众。拜下④,礼也;今拜乎上,泰也⑤。虽违众,吾从下。"

注释

① 麻冕：麻制的祭祀用的缁布冠。

② 纯：丝。今也纯，谓今人多用丝代替麻制冕。

③ 俭：节俭。据典籍记载，依礼，绩麻为冕，须用二千四百缕经线，由于麻质粗，故须织得细密方可成匹，故不如用丝织成为俭。

④ 拜下：臣见君时，先于堂下行拜礼，是为"拜下"，升堂后还须再拜行礼。下文"拜乎上"则是升堂后始拜，省去"拜下"之礼。

⑤ 泰：骄慢，倨傲。臣见君，以先在堂下拜为合礼，不在堂下拜而于升堂后拜，是无君臣之礼，故孔子以为泰。

9.4　子绝①四：毋②意③，毋必④，毋固⑤，毋我⑥。

注释

① 绝：《说文》："绝，断丝也。"《释名·释言语》："绝，截也，如割截也。"禁绝、断绝之意。旧注有"孔子禁绝自己"与"禁绝他人"两种解释。

② 毋：同"无"，不，禁止之意。

③ 意：《说文》："意，志也，从心音，察言而知意也。"段玉裁引此章注云："意之训为测度。"毋意，《集解》："以道为度，故不任意。"《集注》："意，私意也。"

④ 必：《集解》："用之则行，舍之则藏，故无专必。"按孔子云"言必信，行必果，硁硁然小人哉"，是"必"指测未至之事而期于其必至。

⑤ 固：专守一端，执滞不知变通。《集解》："无可无不可，故无固行。"

⑥ 我：《集解》："述古而不作，处群萃而不自异，故不有其身。"《集注》："我，私我也。"

9.5　子畏于匡①。曰："文王②既没③，文④不在兹⑤乎？天之将丧⑥斯文也，后死者⑦不得与⑧于斯文也；天之未丧斯文也，匡人其如予何？"

注释

① 畏于匡：匡，地名，孔子去卫适陈，过匡地。匡人因曾为阳虎所暴掠，而孔子状类阳虎，匡人是以拘囚孔子。畏，拘囚之意。或以为即畏惧意。《说文》："畏，恶也。"《广

雅·释诂》:"畏,惧也,恐也。"夫子见围于匡人而有戒惧之心。

② 文王:周文王。

③ 既没:已死之后。既,已经。

④ 文:《集注》:"道之显者谓之文,盖礼乐制度之谓。不曰'道'而曰'文',亦谦辞也。"

⑤ 兹:此,孔子自指。

⑥ 丧:使之丧,灭绝。

⑦ 后死者:《孔注》:"文王既没,故孔子自谓'后死者'。"江熙以为通指后代人。

⑧ 与:得到,获得。

文学链接

答顾秀才诗 陆云

芒芒上玄,有物有则。厥初造命,立我艺则。爱兹族类,有觉先识。斯文未丧,诞育明德。

贡举人谒先师闻雅乐 王起

蔼蔼观光士,来同鹄鹭群。鞠躬遗像在,稽首雅歌闻。度曲飘清汉,余音遏晓云。两楹凄已合,九仞杳难分。断续同清吹,洪纤入紫氛。长言听已罢,千载仰斯文。

晓入南山 孟浩然

瘴气晓氛氲,南山复水云。鲲飞今始见,鸟堕旧来闻。地接长沙近,江从汨渚分。贾生曾吊屈,予亦痛斯文。

和司空曙刘眘虚九日送人 孙昌胤

京邑叹离群,江楼喜遇君。开筵当九日,泛菊外浮云。朗咏山川霁,酣歌物色新。君看酒中意,未肯丧斯文。

9.6　太宰①问于子贡曰："夫子圣者与？何其多能也?"子贡曰："固天纵之将圣②，又多能也。"

子闻之，曰："太宰知我乎！吾少③也贱④，故多能鄙事⑤。君子多乎哉⑥？不多也。"

注释

① 太宰:官名，或以为吴之太宰，或以为宋之太宰，不可考。

② 天纵之将圣:天使之成圣，即天生之圣。纵，谓尽其能，不为限量。将圣，大圣。

③ 少:年少小时。

④ 贱:贫贱。

⑤ 鄙事:鄙夫之事。孔子少时尝为乘田、委吏，此即为鄙事。

⑥ 君子多乎哉:《包注》:"君子固不当多也。"君子，指有德堪在位者。

文学链接

和谒孔子庙 刘斌

性与虽天纵，主世乃无由。何言泰山毁，空惊逝水流。及门思往烈，入室想前修。寂寞荒阶暮，摧残古木秋。遗风暖如此，聊以慰蒸求。

过宋氏五女旧居 窦常

谢庭风韵婕妤才，天纵斯文去不回。一宅柳花今似雪，乡人拟筑望仙台。

9.7　牢①曰:"子云:'吾不试②，故艺③'。"

注释

① 牢:郑玄以为孔子弟子子牢，然子牢不见于《史记·仲尼弟子列传》。《集注》将第六、七两章合为一章。

② 试：用,得到任用之意。
③ 艺：多技艺。

9.8　子曰："吾有知①乎哉？无知也。有鄙夫问于我,空空如②也；我叩其两端③而竭④焉。"

注释

① 有知：有知识,对事物无所不知之意。
② 空空如：无所知之意,指孔子于鄙夫所问之事原无所知。或以"空"同"悾",诚恳貌,则指鄙夫问孔子时之诚恳态度。
③ 两端：事之终始两端、正反两面。
④ 竭：竭尽所知,竭尽其理。

9.9　子曰："凤鸟①不至,河不出图②,吾已③矣夫！"

注释

① 凤鸟：凤凰,传说中的神鸟,天下太平时才会出现。
② 河不出图：上古传说伏羲、黄帝、尧、舜、禹、汤等人受命时,黄河中有龟或龙马驮着图书出现,称为"河图"。河不出图,意为世无贤明之君。
③ 已：停止。

文学链接

　　凤鸟、河图,上古相传是天下大治、圣人受命之象,屡见于上古文献。孔子之感叹,旧注每以为是在感叹自己有圣人之德而不受命有天下,此说实为尊孔子而过甚其辞所致。另有一说谓感叹自己不逢明君不见用于世,更合乎孔子行事与当时情形。此种感叹,在《论语》中其实并不少见,且为后世士人所引为典语,用以寄寓自己怀才不遇之感。

饮酒诗 其二十　陶渊明

羲农去我久,举世少复真。汲汲鲁中叟,弥缝使其淳。凤鸟虽不至,礼乐暂得新。洙泗辍微响,漂流逮狂秦。诗书复何罪,一朝成灰尘。区区诸老翁,为事诚殷勤。如何绝世下,六籍无一亲。终日驰车走,不见所问津。若复不快饮,空负头上巾。但恨多谬误,君当恕醉人。

寓题述怀　徐夤

大道真风早晚还,妖讹成俗污乾坤。宣尼既没苏张起,凤鸟不来鸡雀喧。刍少可能供骥子,草多谁复访兰荪。尧廷忘却征元凯,天阙重关十二门。

仪凤　杨嗣复

八方该帝泽,威凤忽来宾。向日朱光动,迎风翠羽新。低昂多异趣,饮啄迥无邻。郊薮今翔集,河图意等伦。闻韶知鼓舞,偶圣愿逡巡。比屋初同俗,垂恩击壤人。

赠秀才　虚中

筠阳多胜致,夫子纵游遨。凤鸟瑞不见,鲈鱼价转高。门开沙觜静,船系树根牢。谁解伊人趣,村沽对郁陶。

9.10　子见齐衰者①、冕衣裳②者与瞽者③,见之,虽少④,必作⑤;过之,必趋⑥。

注释

① 齐衰者:穿齐衰服的人。齐衰,丧服,粗麻布缝成,其下边缝齐,故曰齐衰。齐,音 zī,衰,音 cuī。

② 冕衣裳：大夫之服。《说文》："冕，大夫以上冠也。"

③ 瞽者：目盲之人。

④ 少：年小。

⑤ 作：起。

⑥ 趋：《说文》："趋，走也。"走即今日之快走。

9.11　颜渊喟然叹曰："仰之弥高，钻之弥坚，瞻之在前，忽焉在后！夫子循循然①善诱人，博我以文，约我以礼。欲罢不能。既竭吾才，如有所立②卓尔③。虽欲从之，末由④也已！"

注释

① 循循然：有次序貌。《说文》："循，顺行也。"许多典籍引此章，作"恂恂然"，恂，恭顺貌。

② 如有所立：《集解》、《皇疏》引孙绰，皆谓指孔子之所立，并以此四字为一读。《笔解》谓颜渊谓自己有所立。

③ 卓尔：《说文》："卓，高也。"卓尔，高绝不可跻攀貌。

④ 末由：无由。

9.12　子疾病，子路使门人为臣①。病间②，曰："久矣哉！由之行诈也，无臣而为有臣③。吾谁欺？欺天乎？且予与其死于臣之手也，无宁④死于二三子⑤之手乎？且予纵不得大葬⑥，予死于道路乎？"

注释

① 臣：旧注多释为"家臣"。或释为"君臣"之臣，意谓子路拟以葬君之礼治孔子之丧。《四书稗贩》以为，按《周礼》有小臣之职掌诸侯之丧，而大夫、士之丧则无小臣执掌，孔子为大夫，无小臣，所以下文孔子自云"无臣"。

② 病间：间，音 jiàn，病稍缓和，稍愈。

③ 无臣而为有臣：没有小臣，却伪为有小臣。

④ 无宁：宁愿。

⑤ 二三子:孔子称自己的弟子。

⑥ 大葬:《马注》、《集注》皆谓以君臣礼葬。《正义》谓以大夫礼葬。

9.13　子贡曰:"有美玉于斯,韫①椟②而藏诸,求善贾③而沽④诸?"子曰:"沽之哉! 沽之哉! 我待贾者也!"

注释

① 韫:藏。

② 椟:音 dú,《说文》:"椟,匮也。"亦作"椟"。

③ 善贾:贾,有两读,一音 gǔ,商人,则"善贾"意谓识其价值之商人;一音 jià,同"价"。下文"我待贾者也"之"贾"亦同。《译注》以为,与其说孔子是等价钱的人,不如说是等识货的人,可谓能得孔子之真意。

④ 沽:卖。

9.14　子欲居九夷①。或曰:"陋②,如之何!"子曰:"君子居之,何陋之有③?"

注释

① 九夷:东方曰夷,《马注》谓东方之夷有九,故称九夷。具体名目说法不同。或以为南方淮夷。

② 陋:僻陋,地隘狭为陋,民俗鄙薄不知礼仪亦称陋,此处或兼而言之。

③ 君子居之,何陋之有:《马注》:"君子所居则化。"意为君子居九夷,可以化导其俗使合于礼义,故不陋。《皇疏》引孙绰:"九夷所以为陋者,以无礼义也。君子所居者化,则陋有泰也。"

文学链接

　　为什么孔子说君子居于九夷之地,就不陋了? 汉魏以来旧注多解作君子居于九夷之地,能以礼义化其俗,故不觉其陋。这种解释也不错,不过古人自有另一种解释,这就是由刘禹锡的《陋室铭》为代表,强调是因为君子自己有着美好的德行,故能居陋室而不觉其陋。

陋室铭 刘禹锡

　　山不在高,有仙则名;水不在深,有龙则灵。斯是陋室,唯吾德馨。苔痕上阶绿,草色入帘青。谈笑有鸿儒,往来无白丁。无丝竹之乱耳,无案牍之劳形。可以调素琴,阅金经。南阳诸葛庐,西蜀子云亭。孔子曰:何陋之有?
实际上,在刘禹锡之前的唐玄宗开元年间,左散骑常侍兼副东都留守崔沔,在其母亲所居之堂"北五步之外,建瓦堂三间以居之,杂用旧椽,不崇坛,无赭垩","著《陋室铭》以自广"。崔沔的《陋室铭》今虽不传,但从颜真卿为此文而写的《陋室铭记》中仍可以窥知其意。

9.15　子曰:"吾自卫反^①鲁,然后乐正,雅、颂各得其所^②。"

注释
① 反:同"返"。孔子自卫反鲁,《左传》记载在哀公十一年冬,孔子六十八岁。
② 雅颂各得其所:雅和颂既为《诗》内容之分类名目,亦为乐曲之分类。孔子所正为《诗经》之篇章抑或指乐章,旧注多有不同说法。

文化史扩展
　　孔子删《诗》与素王述训　孔子自称"自卫反鲁,然后乐正,雅、颂各得其所",历来都解释为是删述六经、定礼乐。《史记·孔子世家》:"古者《诗》三千余篇,及至孔子,去其重,取可施于礼义,上采契、后稷,中述殷周之盛,至幽、厉之缺。"又云:"三百五篇,孔子皆弦歌之,以求合韶、武、雅、颂之音,礼乐自此可得而述,以备王道,成六艺。"这是关于孔子删《诗》的最早记载。这一记载并不完全可靠,但尽管如此,却并不妨碍删《诗》说在文化史上的意义。孔子的"删述"事业被士人视为庄严、神圣的文化创造活动,它是与天子治国临民相提并论的功业,孔子也因此被称为"素王","删述"被称为"素王述训"、"素王述典"。对于一些独特的士人而言,也不妨以效仿孔子的删述事业为己任,寄寓自己的人生志向或文化关怀。著名的如隋末的王通,他是被四库馆臣视为自汉代扬雄模仿《论语》而作《法言》之后最为狂悖的人,因为他全面模仿传统说法所认为的孔子删述六经的行为,续书,删诗,续春秋,赞易,定礼。唐代诗人李白也号称"我志在删述,绝笔于获麟",见《述而第七》"甚矣吾衰也"章"文学链接"。当然这只是诗人之言。

9.16 子曰:"出①则事公卿,入则事父兄,丧事不敢不勉,不为酒困②,何有于我哉③!"

注释

① 出:谓出仕。下句"入"谓居家在内。
② 困:《马注》:"困,乱也。"不为酒困,谓饮酒不致失礼。《皇疏》谓"不为酒困"指"出"、"入"、"丧事"三者皆不为酒困。
③ 何有于我哉:此句有歧解。或解作自谦之词,意为"我何能行此三事",或解作自述之词,"何有"为"不难有"之意。

9.17 子在川上曰:"逝者如斯夫! 不舍昼夜。"

集说

孙绰:"川流不息,年逝不停,时已晏矣,而道犹不兴,所以忧叹。"

江熙:"言人非南山,立德立功,俛仰时迈,临流兴怀,能不慨然。圣人以百姓心为心。"

皇侃:"孔子在川水之上,见川流迅迈,未尝停止,故叹人年往去,亦复如此,向我非今我,故云逝者如斯夫者也。日月不居,有如流水,故云不舍昼夜也。"

《集注》:"天地之变化,往者过,来者续,无一息之停,乃道体之本然也。然其可指而易见者莫如川流,故于此发以示人,欲学者时时省察而无毫发之间断也。"

《论语述要》:"此章似只言岁月如流,欲学者爱惜光景之意。……道体不息,虽有此理,然另是一义,夫子言下恐未必然。"

文学链接

秋江送别二首 其一　王勃

早是他乡值早秋,江亭明月带江流。已觉逝川伤别念,复看津树隐离舟。

晚渡黄河 骆宾王

千里寻归路,一苇乱平源。通波连马颊,迸水急龙门。照日荣光净,惊风瑞浪翻。棹唱临风断,樵讴入听喧。岸迥秋霞落,潭深夕雾繁。谁堪逝川上,日暮不归魂。

华清宫二首 其一　吴融

长生秘殿倚青苍,拟敌金庭不死乡。无奈逝川东去急,秦陵松柏满残阳。

苏武庙 温庭筠

苏武魂销汉使前,古祠高树两茫然。云边雁断胡天月,陇上羊归塞草烟。回日楼台非甲帐,去时冠剑是丁年。茂陵不见封侯印,空向秋波哭逝川。

思考与讨论

结合"集说"所引对此章的解释和"文学链接"中的诗歌,体会孔子"逝水"之喻的丰富含义。

9.18　子曰:"吾未见好德①如好色者也。"

注释

① 好德:好,与"好色"之"好"都音 hào。

9.19　子曰:"譬如为山①,未成一篑②,止,吾止也! 譬如平地,虽覆一篑,进③,吾往④也!"

注释

① 为山:积土成山。

② 篑:土筐。

③ 进:继续之意。

④ 往:前进,坚持之意。

9.20　子曰:"语之而不惰①者,其回也与!"

注释

① 不惰:《集解》:"颜渊解,故语之而不惰,余人不解,故有惰语之时。"是"不惰"指"语之者"而言,即孔子不惰于与颜回语。《皇疏》云"余人不能解,故闻孔子语而有疲懈",则是就听者而言,即颜回不惰。《集注》同《皇疏》,《正义》同《集解》。

9.21　子谓颜渊,曰:"惜①乎,吾见其进也,未见其止也!"

注释

① 惜:痛惜。《皇疏》:"颜渊死,孔子有此叹也。"

9.22　子曰:"苗①而不秀②者有矣夫! 秀而不实③者有矣夫!"

注释

① 苗:《说文》:"苗,草生于田者。"《仓颉篇》:"苗,禾之未秀者也。"

② 秀:禾黍吐穗开花为秀。

③ 实:禾黍结成谷实。

9.23 子曰："后生可畏，焉知来者之不如今也？四十、五十而无闻①焉，斯亦不足畏也已！"

注释

① 无闻：无闻非谓普通声名，是无闻于德、无闻于善之意。

9.24 子曰："法语①之言，能无从乎？改之为贵。巽②与之言，能无说③乎？绎之④为贵。说而不绎，从而不改，吾末如之何也已矣！"

注释

① 法语：法，灋之借字，《说文》："灋，刑也。平之如水，从水；廌，所以触不直者去之，从去。"引申为典则规矩之意，法语指经典之语。

② 巽：音 xùn，恭顺之意。

③ 说：愉悦。

④ 绎之：《马注》："寻绎行之。"他本或作"怿"，更改之意。

9.25 子曰："主忠信，毋友不如己者，过则勿惮改。"

注释

已见《学而第一》第八章。《皇疏》引范宁："圣人应于物作教，一事时或再言，弟子重师之训，故又书而存焉。"

9.26 子曰："三军可夺帅也，匹夫①不可夺志也。"

注释

① 匹夫：《尔雅·释诂》："匹，合也。"《尚书·尧典》疏："士大夫已上，则有妾媵，庶人无妾媵，惟夫妻相匹。其名既定，虽单亦通谓之匹夫匹妇。"《皇疏》："谓为匹夫者，言

其贱,但夫妇相配匹而已也。"

9.27 子曰:"衣^①敝缊^②袍,与衣狐貉^③者立,而不耻者,其由也与!'不忮^④不求,何用不臧^⑤?'"子路终身诵之。子曰:"是道也,何足以臧?"

注释

① 衣:音 yì,穿,动词。下"衣"同。

② 缊:音 yùn,旧絮,指丝绵絮。

③ 狐貉:狐貉之皮所制之裘衣,公子贵族所穿。貉,音 hé。

④ 忮:音 zhì,妒害。

⑤ 臧:善。不忮不求,何用不臧,《诗·邶风·雄雉》中诗句。下一句"何足以臧",多与此句"臧"同作"善"解,唯《译注》解作"藏"。《注疏本》分此章"不忮不求"以下为另一章。

9.28 子曰:"岁寒,然后知松柏之后雕^①也。"

注释

① 雕:同"凋",凋谢。《说文》:"凋,半伤也。"有的本子或古籍引用时即作"凋"。

文学链接

在《诗》的时代里,人们对于自然之感受已相当丰富深刻,举凡草木虫鱼,皆可用以取譬兴喻,引发诗意。松竹亦不例外,如《小雅·斯干》以"竹苞"、"松茂"喻兄弟友于,绍续祖业,已成为经典语言。孔子深于《诗》学,自然熟稔于此。这一章取象于岁寒不凋之松柏,从自然生命的生长不息中感悟人生真谛,并从而反哺自然生命以新的意义,松柏由此获得士人二千余年的吟咏、赞赏,固已不仅不凋于岁寒之时,亦且永远蓬勃繁茂于中国文化血脉之中。这一章情感正大而深沉,语言简洁而劲拔,令人一读之后,终身诵之不已。

诗·小雅·斯干

秩秩斯干,幽幽南山;如竹苞矣,如松茂矣。兄及弟矣,式相好矣,无相犹矣。似续妣祖,筑室百堵,西南其户。爰居爰处,爰笑爰语……

感遇 张九龄

江南有丹橘,经冬犹绿林。岂伊地气暖,自有岁寒心。可以荐嘉客,奈何阻重深。运命唯所遇,循环不可寻。徒言树桃李,此木岂无阴。

赋得临池竹应制 虞世南

葱翠梢云质,垂彩映清池。波泛含风影,流摇防露枝。龙鳞漾嶰谷,凤翅拂涟漪。欲识凌冬性,唯有岁寒知。

陪张丞相登荆城楼因寄蓟州张使君及浪泊戍主刘家 孟浩然

蓟门天北畔,铜柱日南端。出守声弥远,投荒法未宽。侧身聊倚望,携手莫同欢。白璧无瑕玷,青松有岁寒。府中丞相阁,江上使君滩。兴尽回舟去,方知行路难。

古风 其四十四 李白

绿萝纷葳蕤,缭绕松柏枝。草木有所托,岁寒尚不移。奈何夭桃色,坐叹葑菲诗。玉颜艳红彩,云发非素丝。君子恩已毕,贱妾将何为。

山寺律僧画兰竹图 牟融

偶来绝顶兴无穷,独有山僧笔最工。绿径日长袁户在,紫荃秋晚谢庭空。离花影度湘江月,遗佩香生洛浦风。欲结岁寒盟不去,忘机相对画图中。

春暮思平泉杂咏二十首·金松 李德裕

台岭生奇树,佳名世未知。纤纤疑大菊,落落是松枝。照日含金晰,笼烟淡翠滋。勿言人去晚,犹有岁寒期。

阳羡杂咏十九首·松岭 陆希声

岭上青松手自栽,已能苍翠映莓苔。岁寒本是君家事,好送清风月下来。

9.29 子曰:"知者不惑,仁者不忧,勇者不惧。"

集说

《集解》:"不惑,不惑乱也;不忧,不忧患也。"

孙绰:"智能辨物,故不惑也。安于仁,不改其乐,故无忧也。"

缪协:"见义而为,不畏强御,故不惧也。"

《集注》:"明足以烛理,故不惑。理足以胜私,故不忧。气足以配道义,故不惧。此学之序也。"

9.30 子曰:"可与共学,未可与适①道;可与适道,未可与立②;可与立,未可与权③。"

注释

① 适:之也,往也。

② 立:《集解》:"有所成立。""立"与"权"对举,则"立"有确立不移之义。《集注》:"可与立者,笃志固执而不变。"

③ 权:《玉篇》:"权,秤锤也。"《孟子·梁惠王》:"权然后知轻重。"知变通谓之"权"。《集解》:"权量其轻重之极。"《皇疏》引张凭云:"达变通之权也。"

问题分析

问:"立"与"权"的关系是什么？如何理解孔子说"可与立，未可与权"这句话？

答:"立"指有所确立不拔，即坚持某种原则不动摇。"权"则指变通，根据实际情形灵活应对。可见，"立"与"权"指的是原则与机变之间的关系。在这一章中，孔子把"共学"、"适道"与"立"，视为与人相往来的渐次向高的要求，应该说，这都是很容易理解的。"可与立，未可与权"则表明，孔子达到某种原则的"立"的阶段后，还要知权达变。"权"虽然是权变，不是常则，但这并不意味着它不可取。"权"是面对具体情况时的灵活应对能力，也就是实践能力。强调知"权"，反映了孔子一贯重视实践的思想。当然，这种"权"是不能违背"立"的根本原则的。

9.31 "唐棣①之华②，偏其反而③。岂不尔思？室是远而。"子曰："未之思也，夫何远之有？"

注释

① 唐棣:植物，或以为即棠棣。此下四句是逸诗。

② 华:花。《尔雅·释草》："木谓之荣，草谓之华。"

③ 偏其反而:此章意思难有确解。《集解》本与上一章合，谓孔子借此诗言不知权变之人则离道远。故解"偏其反而"云"华反而后合"，即唐棣之花开放时，花瓣反背，后乃合。以喻当知权变。《集注》另分一章，解此句云"言华之摇动也"。而，同"尔"，语气词，下"而"字同。

乡 党 第 十

10.1　孔子于乡党，恂恂①如也，似不能言者。其在宗庙、朝廷，便便言②，唯谨③尔。

注释

① 恂恂：温恭之貌。《说文》："恂，信心也。"谓有信实之心，故能恭慎。本篇本为一章，诸本皆为分章，而章数各有不同。《集注》分为十八章，《正义》分为二十五章，《译注》分为二十七章。今依《译注》分为二十七章。

② 便便：言辞辩给貌。

③ 谨：敬谨。

10.2　朝①，与下大夫②言，侃侃③如也；与上大夫言，訚訚④如也。君在⑤，踧踖⑥如也，与与⑦如也。

注释

① 朝：在朝廷中。此章"朝"与"君在"对举，则"朝"指君未至时。

② 下大夫：天子及诸侯国中，三卿属下的大夫，三卿为上大夫，其属下的大夫则称下大夫。

③ 侃侃：和乐之貌。《正义》引《尔雅·释诂》"衎，乐也"及《说文》："衎，喜貌"，谓"侃"、"衎"古通，"侃"为假借字。汉碑《唐扶颂》正作"衎衎訚訚"。

④ 訚訚：訚，音 yín，《说文》："訚，和悦而诤也。"訚訚，和乐而中正之貌。

⑤ 君在：国君视朝时。

⑥ 踧踖：踧音 cù，踖音 jí，恭敬貌。

⑦ 与与："与"同"懊"，行步安舒貌。

10.3 君召使摈①，色勃如②也，足躩如③也。揖所与立④，左右手⑤。衣前后⑥，襜如⑦也。趋进⑧，翼如⑨也。宾退，必复命曰："宾不顾⑩矣。"

注释

① 使摈：有宾客使迎之。摈，又作"傧"，引导宾客之人。

② 勃如：矜庄之貌。

③ 躩如：躩，音 jué，逡巡之貌。《皇疏》引江熙："不暇闲步。躩，速貌也。"

④ 所与立：左右并立同为摈者之人。

⑤ 左右手：《郑注》："揖左人，左其手；揖右人，右其手。"

⑥ 衣前后：行礼时衣襟前后飘动。

⑦ 襜如：襜，音 chān。摇动貌。

⑧ 趋进：快走曰趋。

⑨ 翼如：《孔注》："言端好。"《集注》："张拱端好，如鸟舒翼。"《正义》："《尔雅·释诂》：'翼，敬也。'《释训》：'翼翼，恭也。'恭敬则端正可知。"

⑩ 顾：回首。

10.4 入公门，鞠躬如①也，如不容②。

立不中门③，行不履阈④。

过位⑤，色勃如也，足躩如也，其言似不足者。

摄齐⑥升堂，鞠躬如也，屏气似不息⑦者。

出⑧，降一等⑨，逞颜色⑩，怡怡如也。

没阶⑪趋进，翼如也。

复其位⑫，踧踖如也。

注释

① 鞠躬如：谨敬之貌。

② 如不容：如无所容身，谨畏之貌。

③ 中门：门之正中。

④ 履阈:履,践,踏。阈,音 yù,门坎。

⑤ 过位:过君之空位。

⑥ 摄齐:摄,整也,敛也。齐,同《子罕第九》第十章"齐衰"之"齐",衣之下摆。

⑦ 息:呼吸。

⑧ 出:谓从公室出来。

⑨ 降一等:下一级台阶。

⑩ 逞颜色:脸色舒展。

⑪ 没阶:下尽台阶。

⑫ 复其位:回到来时所处之位置。

10.5　执圭①,鞠躬如也,如不胜②。上如揖,下如授③。勃如战色④,足蹜蹜⑤如有循⑥。享礼⑦,有容色⑧。私觌⑨,愉愉如也。

注释

① 执圭:《包注》:"为君使聘问邻国,执持君之圭。"圭,玉器,上圆下方,典礼时所持。

② 胜:音 shēng,胜任。如不胜,执圭如不能胜其负,恭敬之至。

③ 上如揖下如授:《郑注》:"上如揖,授玉宜敬也。下如授,不敢忘礼也。"《集注》:"谓执圭平衡,手与心齐,高不过揖,卑不过授也。"

④ 战色:《郑注》:"战色,敬也,恐辱君命也。"《集注》:"战而色惧也。"

⑤ 蹜蹜:音 suō,举步小而轻促。

⑥ 如有循:如有所依循,《郑注》谓举步前先提踵而后行。

⑦ 享礼:谓朝聘后的献礼仪式。享,献也。

⑧ 有容色:有和悦之色。

⑨ 私觌:觌,音 dí,既享之后,以私礼见。

10.6　君子不以绀緅饰①。红紫不以为亵服②。

当暑,袗絺绤③,必表而出之④。

缁衣羔裘⑤,素衣麑裘,黄衣狐裘。

亵裘长⑥,短右袂⑦。

必有寝衣⑧,长一身有半⑨。

狐貉之厚以居⑩。

去丧,无所不佩⑪。

非帷裳⑫,必杀⑬之。

羔裘玄冠⑭不以吊。

吉月⑮,必朝服⑯而朝。

注释

① 绀緅饰:绀,gàn,《说文》:"绀,深青而扬赤色也。"《释名·释采帛》:"绀,含也,青而含赤色也。"緅,音 zōu,黑多赤少之色。饰,衣服领袖之滚边。绀緅色近黑,而黑色是丧服之色,故不以此二色为衣饰。

② 亵服:私居服,家居之服。红紫为庄重之色,不可为私服之色。

③ 袗絺绤:袗,音 zhěn,单衣。絺,音 chì,细葛布。绤,音 xì,粗葛布。都用来做夏服。

④ 必表而出之:表,裼衣。必表而出之,谓夏日家居衣絺绤等单衣,若出门则必在絺绤上另加裼衣。裼衣,罩衣,裼,音 xī。

⑤ 缁衣羔裘:缁衣,黑色衣服。羔裘,羔羊皮所制之皮衣,古人裘衣毛在外,故须外加裼衣以护之,"缁衣"即指黑布所制之裼衣。缁衣羔裘是君臣大夫之视朝、祭祀之礼服。下文"素衣麑裘"、"黄衣狐裘"与此相类。"缁"、"素"、"黄"都强调内外衣在服色的搭配上要符合礼的规定。

⑥ 亵裘长:《孔注》:"私家裘长,主温。"意谓家居所穿之裘长,便于保暖。

⑦ 短右袂:袂,衣袖。《孔注》:"短右袂,便作事。"

⑧ 寝衣:小卧被。被子大曰衾,小曰被。

⑨ 长一身有半:有,同"又"。身,《正义》引王引之《经义述闻》谓此处指"颈以下,股以上,亦谓之身。"长一身有半,则寝衣长至膝。

⑩ 狐貉之厚以居:居,谓在家。《郑注》:"在家以接宾客。"谓衣狐貉之裘在家接待宾客。凤韶谓"居"义为"坐",指以狐貉之皮为坐褥。

⑪ 去丧无所不佩:去丧,除丧。无所不佩,《孔注》:"备佩所宜佩。"

⑫ 帷裳:朝祭之服。以整幅布制成如帷。

⑬ 杀:减去。指缝衣时量体裁衣,先裁去多余之布,不似"帷裳"以整幅布制成。

⑭ 玄冠:黑色冠,吉礼所戴,不能用于吊丧,故下文曰"不以吊"。

⑮ 吉月:《郑注》:"月朔。"谓每月一日。《集释》谓正月一日。

⑯ 朝服而朝:穿着朝服去朝见国君。

10.7　齐^①,必有明衣^②,布^③。

齐,必变食^④,居必迁坐^⑤。

注释

① 齐:同"斋",斋戒沐浴。

② 明衣:浴衣,以其贴身洁清,故称明衣。

③ 布:谓明衣以布制成。布,孔子时代尚无棉,所谓"布"指丝麻葛之类。

④ 变食:改变日常所食。斋戒时饮食较常日为盛,是为变食。《集注》据《庄子》,以为指不饮酒食肉,故将"食不厌精"以下另起一章。

⑤ 迁坐:斋戒时迁居于斋室。古时天子以至于士,寝卧分"燕寝"与"外寝",后者又称"正寝",为斋戒时所居。迁坐即迁宿于外寝。

10.8　食不厌精^①,脍不厌细^②。

食饐而餲^③,鱼馁而肉败^④,不食。色恶^⑤,不食。臭^⑥恶,不食。失饪^⑦,不食。不时^⑧,不食。割不正^⑨,不食。不得其酱^⑩,不食。

肉虽多,不使胜食气^⑪。

唯酒无量,不及乱^⑫。

沽酒市脯^⑬,不食。

不撤姜食,不多食^⑭。

注释

① 食不厌精:食,此处谓饭食。精,《正义》:"善米也。"厌,饱足。《正义》:"夫子疏食饮水,乐在其中,又以士耻恶食为不足与议,故于食、脍皆不厌精细也。"意为不讲求食物之精细。《集注》:"不厌,言以是为善。"则解"厌"为"嫌恶"之意,意为追求食物之精细。

② 脍不厌细:脍,音 kuài,《说文》:"细切肉也。"

③ 食饐而餲：饐，音 yì，《说文》："饭伤湿也。"《字林》："饭伤热湿也。"餲，音 ài，《说文》："饭餲也。"《字林》："食败也。"

④ 鱼馁而肉败：馁，音 něi，鱼腐败曰馁，肉腐败曰败。

⑤ 色恶：食物色泽不好。

⑥ 臭：嗅，气味。

⑦ 失饪：饪，熟。失饪，谓食物生熟不当。

⑧ 不时：《郑注》："不时，非朝、夕、日中时。"食有常时，"不时"谓不当进食之时。

⑨ 割不正：割，谓宰杀牲口时分解肢体。割有一定的方法，不合者谓之不正。

⑩ 其酱：酱，各种调味品之总称。其酱，指酱醋与鱼肉的配合有一定的规定。

⑪ 胜食气：气，五谷之气。食气，即饭食。胜食气，谓肉食超过饭食。

⑫ 乱：饮酒失礼为乱。

⑬ 市脯：市，买。脯，音 pǔ，干肉。

⑭ 不撤姜食不多食：《集解》将"食不厌精"以下至此，视为孔子斋礼之食。《集注》则以为指礼食、常食之节。

10.9　祭于公①，不宿肉②。祭肉③不出三日④。出三日，不食之矣。

注释

① 祭于公：助祭于国君。

② 不宿肉：大夫、士助国君之祭祀，得君所赐祭肉。祭肉于祭祀当日宰杀，祭之次日又用于祭祀，然后颁赐给助祭者，是以祭肉已有两日，不可再留一宿。《集解》："助祭于君，所得牲体，归则以班赐，不留神惠。"意为所得祭肉，应尽早分赐，不可延迟分享鬼神之福。则"不宿肉"又不仅因为时间过长肉会腐败之故。

③ 祭肉：此处指除助祭于公之外的祭肉。

④ 不出三日：肉经三日将腐败不可食，且腐败不能食，则亵渎神灵，故存放不可超过三日。

10.10　食不语，寝不言。

10.11　虽疏食菜羹，瓜^①祭，必齐如^②也。

注释

① 瓜：《鲁论》作"必"。以"必"义是。

② 齐如：如斋戒一般庄重。

10.12　席不正^①，不坐。

注释

① 席不正：席子摆放不合礼制。《说文》："席，藉也。"谓以席藉之于地。古无椅，以席铺地，跪坐其上。

10.13　乡人饮酒^①，杖者^②出，斯出矣。

注释

① 乡人饮酒：按礼制，乡里有饮酒之礼，包括乡射饮、宴贤能之人、蜡祭饮等。

② 杖者：指老者。依礼，年六十可杖于乡里。

10.14　乡人傩^①，朝服而立于阼阶^②。

注释

① 傩：音 nuó，迎神驱逐疫鬼之仪式。《礼记·月令》："季春之月，……命国难，九门磔攘，以毕春气。""仲秋之月，……天子乃难，以达秋气。""季冬之月，……命有司大难，旁磔，出土牛，以送寒气。""难"即"傩"。此章"乡人傩"，是季冬之大傩。

② 朝服而立于阼阶：朝服，穿着朝服。阼阶，东面台阶，主人所立之地。《孔注》："恐惊先祖，故朝服而立于庙之阼阶。"阼，音 zuò。

10.15　问①人于他邦,再拜②而送之。

注释

① 问:问候。《邢疏》:"问,犹遗也。"遗,赠送,古之问候他人,皆有礼物。

② 再拜:拜两次。《孔注》:"拜送使者,敬也。"则"问人"指由使者通问。

10.16　康子①馈药,拜而受之。曰:"丘未达,不敢尝②。"

注释

① 康子:季康子。已见前文注。

② 丘未达,不敢尝:《孔注》:"未知其故,故不敢尝。"意为不识药性,故不敢服。《集注》:"杨氏曰:'大夫有赐,拜而受之,礼也。未达不敢尝,谨疾也。必告之,直也。'"

10.17　厩①焚。子退朝,曰:"伤人乎?"不问马②。

注释

① 厩:马厩。多以为指孔子之家厩,亦有以为指鲁国厩者。

② 不问马:马厩遭火灾而不问是否伤马,《郑注》:"重人贱畜也。"一般皆作如此解,"不问马"三字为记录者之说明语。或以为不问马有伤圣人爱物之心,故以为"不"当属上句,读作"曰:'伤人乎不?'问马"。

10.18　君赐食,必正席先尝之;君赐腥①,必熟而荐②之;君赐生③,必畜之④。

侍食于君,君祭,先饭⑤。

注释

① 腥:生肉。

② 荐：进献给祖先。

③ 生：同"牲"，活的牲口。

④ 畜：音 xù，喂养。

⑤ 先饭：先吃饭。《郑注》："若为君尝食然。"

10.19　疾，君视①之，东首②，加朝服，拖绅③。

注释

① 视：探问。

② 东首：头朝东。谓有疾卧床时朝东而卧。

③ 拖绅：拖，垂着。绅，大带。朝服上有大带。

10.20　君命召，不俟驾行①矣。

注释

① 不俟驾行：不待备好车驾即赴君命。驾，马车。

10.21　入太庙，每事问。

注释

已见前《八佾第三》第十五章。

10.22　朋友死，无所归①。曰："于我殡②。"

注释

① 无所归：《孔注》："无所亲昵。"谓无亲人以葬之。

② 殡：《说文》："殡，死在棺，将迁葬柩，宾遇之。"此处指所有一切安葬事宜。

10.23　朋友之馈,虽①车马,非祭肉,不拜②。

注释

① 虽:即使。

② 拜:行拜礼示谢。不拜,《孔注》:"不拜者,有通财之义也。"《集注》:"朋友有通财之义,故虽车马之重不拜。祭肉则拜者,敬其祖考,同于己亲也。"

10.24　寝不尸①,居不容②。

注释

① 尸:《说文》:"尸,陈也。象卧之形。"《包注》:"偃卧四体,布展手足似死人。"寝不尸者,《郑注》:"恶其死也。"

② 居不容:容,《集解》本、《释文》本、唐石经作"客"。以"客"义为优。居不客,谓在家坐不像作客或见宾客时那样恭谨。《孔注》:"不客,为室家之敬难久也。"

10.25　见齐衰者,虽狎①,必变②。见冕者与瞽者,虽亵③,必以貌④。

　　凶服⑤者式⑥之。式负版⑦者。

　　有盛馔⑧,必变色而作⑨。

　　迅雷风烈,必变⑩。

注释

① 狎:《孔注》:"狎者,素亲狎。"谓素日亲密之人。

② 变:改变仪容。

③ 亵:谓数相见。

④ 貌:有礼之貌。

⑤ 凶服:《孔注》:"送死之衣物。"

⑥ 式:车前横木,后写作"轼"。此处指在车中身体前倾伏于横木上,以示行礼。

⑦ 负版者:负,背负。版,《郑注》:"谓邦国图籍也。"或以为"版"非指图籍,丧服中有负版,此处与"凶服者式之"同指一事。或以为"版"为"贩"之误,"负贩者"指微贱之人。

⑧ 盛馔:丰盛的饮食。

⑨ 作:起立。

⑩ 变:变色,以示庄重。

10.26　升车①,必正立执绥②。车中不内顾③,不疾言,不亲指④。

注释

① 升车:登车。

② 绥:系于车中援以登车的带子。

③ 内顾:回视车内。据考证,《鲁论》此句无"不"字。

④ 不亲指:《皇疏》:"车上既高,亦不得手有所亲指点,为惑下人也。"《正义》:"案:'亲'字义不可解。《曲礼》云:'车上不妄指。''亲'疑即'妄'字之误。郑彼注云:'为惑众。'盖人在车上,若无事,虚以手指麾于四方,是惑众也。"

10.27　色斯举①矣,翔而后集②。曰:"山梁雌雉,时③哉! 时哉!"子路共④之,三嗅而作⑤。

注释

① 色斯举:《马注》:"见颜色不善则去之。"举,举翅而去。

② 集:《说文》:"群鸟在木上。"

③ 时:得其时。

④ 共:同"拱",拱手。

⑤ 三嗅而作:嗅,或以为当作"叹",叹息之意。或以为"臭",音 jù,亦音 xù,张翅而飞。作,起。此章之意注疏家意见不一,难有定说。

先 进 第 十 一

11.1　子曰："先进于礼乐,野人也;后进于礼乐,君子也。如用之,则吾从先进。"

集说

此章解说纷纭,莫衷一是。录数家代表性说法如下:

《包注》:"先进、后进,谓仕先后辈也。礼乐因世损益,后进与礼乐俱得时之中,斯君子矣。先进有古风,斯野人也。将移风易俗,归之淳素,先进犹近古风,故从之。"

《皇疏》:"此孔子将欲还淳反素,重古贱今,故称礼乐有君子、野人之异也。先进、后进者,谓先后辈人也。先辈,谓五帝以上也,后辈,谓三王以还也。"

《邢疏》:"此章孔子评其弟子之中仕进先后之辈也。'先进于礼乐,野人也'者,先进谓先辈仕进之人,准于礼乐,不能因世损益,而有古风,故曰朴野之人也。'后进于礼乐,君子也'者,后进谓后辈仕进之人也,准于礼乐,能因时损益,与礼乐俱得时之中,故曰君子之人也。'如用之,则吾从先进'者,言如其用之以为治,则吾从先进朴野之人。夫子之意,将移风易俗,归之淳素。先进犹近古风,故从之也。"

《集注》:"先进、后进,犹言前辈、后辈。野人,谓郊外之民。君子,谓贤士大夫也。程子曰:'先进于礼乐,文质得宜,今反谓之质朴而以为野人。后进之于礼乐,文过其质,今反谓之彬彬而以为君子。盖周末文胜,故时人之言如此,不自知其过于文也。用之,谓用礼乐。孔子既述时人之言,又自言其如此,盖欲损益以就中也。'"

《正义》折衷诸家,以为,此篇皆说弟子言行,先进、后进即指弟子而言,皆谓弟子所受夫子所施之教,进学于此。古人选士任官,皆令先习礼乐而后出仕。孔子以先进于礼乐为野人,"野人"是未有爵禄之称。"君子"则指当时的卿大夫。春秋之时,上古选举之法废弛,卿大夫皆世袭爵禄,未尝学习礼乐。及为官之后,其贤者则思为礼乐之事,故称其时后进于礼乐为君子。刘氏认为,孔子弟子,多是未学,故亟亟以礼乐教之,而夫子以礼乐为重,故欲从先进,变当时世袭爵禄之法。这是遵从古代选举之正制。"用之"谓用其人为官治民。后进于礼乐,虽亦贤者,但朝廷用人,当依正制,且当虑有不肖滥入仕途。

11.2 子曰:"从我于陈、蔡①者,皆不及门②也。"

注释

① 从我于陈蔡:孔子出游列国,曾厄于陈、蔡之间,绝粮,从者病。子贡至楚,楚昭王兴师迎孔子,始脱陈、蔡之困。

② 不及门:《郑注》:"不及仕进之门,而失其所。"《正义》据以为即指弟子中无仕于陈、蔡者,故致有此厄。《皇疏》引张凭云:"道之不行,命也,喻圣人安时而处顺,故不期于通塞。然从我于陈蔡者,何能不以穷达为心耶? 故感天地将闭,君子道消,而恨二三子不及开泰之门也。"《集注》以为指相从厄于陈、蔡的弟子,"此时皆不在门,故孔子思之,盖不忘其相从于患难之中也。"

文学链接

　　"不及门"的具体意思,上引诸注疏家解说各有不同,而从情理上说,以朱熹的解释为近人情。孔门师徒本来就在问学切磋中培养了深厚的情谊,在周流世界、备尽艰难的生活中,更是同舟共济、濡沫相须。这种情谊往往成为文学创作的深厚动力。晚唐诗人韩偓的《感旧》诗,虽然写的只是科举时代主考官与举子之间的人事关系,却能很好地印证孔门师徒间的情谊。

感旧 韩偓

　　省趋弘阁待貂珰,指座深恩刻寸肠。秦苑已荒空逝水,楚天无限更斜阳。时昏却笑朱弦直,事过方闻锁骨香。入室故寮流落尽,路人惆怅见灵光。

11.3 德行:颜渊、闵子骞、冉伯牛、仲弓;言语:宰我、子贡;政事:冉有、季路;文学①:子游、子夏。

注释

① 文学：非今日所谓"文学"。《皇疏》引范宁云："文学，谓善先王典文。"大体可以指《诗》、《书》、《易》等典籍文献。《集注》将第二、三章并为一章。

文学链接

同卢明府早秋宴张郎中海亭 孟浩然

侧听弦歌宰，文书游夏徒。故园欣赏竹，为邑幸来苏。华省曾联事，仙舟复与俱。欲知临泛久，荷露渐成珠。

又示宗武 杜甫

觅句新知律，摊书解满床。试吟青玉案，莫羡紫罗囊。假日从时饮，明年共我长。应须饱经术，已似爱文章。十五男儿志，三千弟子行。曾参与游夏，达者得升堂。

鲁郡途中遇徐十八录事 高适

谁谓嵩颍客，遂经邹鲁乡。前临少昊墟，始觉东蒙长。独行岂吾心，怀古激中肠。圣人久已矣，游夏遥相望。裴回野泽间，左右多悲伤。日出见阙里，川平知汶阳。弱冠负高节，十年思自强。终然不得意，去去任行藏。

文化史扩展

孔门四科　十哲　游夏之学　文学　此章所列"德行"、"言语"、"政事"、"文学"四者，后世称为"孔门四科"。有人以为孔子当时即以此四科设教，似不必然，大抵系孔门弟子举各人之突出者而称之而已，盖皆从夫子问学而各有优异之处者也。刘宋时刘义庆组织宾客编辑《世说新语》，记录魏晋以来人物的嘉言懿行，共分为三十六门，其中前四门即是这四科。唐开元时将这一章中提到的十位弟子称为"孔门十哲"。

四科中最后一科"文学：子游、子夏"中的"文学"，主要是从掌握当时的《诗》、

《书》、《礼》、乐等典籍和制度而言。据记载,孔子没后,子夏发明《诗》《书》章句,又教授于魏国的西河之上;子游熟知各种礼制,当时公卿大夫,于礼有所未决,多就教于子游。后世又称此"文学"为"游夏之学"。在古代中国的典籍中,提到"文学"时,基本上都是从这个意义上来说的。"文学"还是一个官职的名称,主要是由那些长于文章写作的士人担任,这与今日的"文学"含义比较接近,但还不完全等同,今天的"文学"含义已经要小得多。

11.4　子曰:"回也非助^①我者也! 于吾言,无所不说。"

注释

① 助:益,增益。

11.5　子曰:"孝哉闵子骞! 人不间^①于其父母昆弟^②之言。"

注释

① 间:音 jiàn,非间,非难,非议之意。
② 昆弟:兄弟。

集说

"人不间于其父母昆弟之言",有多解。

《集解》:"陈曰:'上事父母,下顺兄弟,动静尽善,故人不得有非间之言。'"

《皇疏》:"子骞至孝,事父母兄弟尽于美善,故凡人物论,无有非间之言于子骞者也。"

《集注》:"胡氏:'父母兄弟称其孝友,人皆信之无异词者,盖其孝友之实,有以积于中而著于外,故夫子叹而美之。'"

11.6　南容^①三复^②白圭^③,孔子以其兄之子妻之。

注释

① 南容:即《公冶长第五》中之南宫适。此章当与《公冶长第五》"子谓南容"章一事而异出。

② 三复:三,多次;复,反复,此处为反复诵读之意。

③ 白圭:指《诗·大雅·抑》中的诗句,见下。

文学链接

抑 诗·大雅

……慎尔出话,敬尔威仪,无不柔嘉。白圭之玷,尚可磨也;斯言之玷,不可为也。无易由言,无曰苟矣;莫扪朕舌,言不可逝矣。无言不雠,无德不报……

11.7 季康子问:"弟子孰为好学?"孔子对曰:"有颜回者好学,不幸短命死矣! 今也则亡。"

注释

此章已见《雍也第六》"哀公问弟子孰为好学"章,而稍略。

11.8 颜渊死,颜路①请子之车以为之椁②。子曰:"才不才③,亦各言其子也。鲤④也死,有棺而无椁。吾不徒行⑤以为之椁。以吾从大夫之后⑥,不可徒行也。"

注释

① 颜路:颜渊之父,名无繇,字路,亦孔子学生。

② 请子之车以为椁:请求卖孔子之车以作椁。椁,音 guǒ,古人棺有两重,其外大棺为椁。《白虎通·崩薨》:"所以有棺椁者何? 所以掩藏形恶也。椁之为言廓,所以开廓辟土,无令迫棺也。"

③ 才不才:无论有才或者无才之意。

④ 鲤:孔子之子伯鱼,年五十先于孔子而死。

⑤ 徒行:无车而步行。

⑥ 从大夫之后:随从于大夫之后。孔子曾为鲁国司寇,为大夫之位。此时久已去位,不言"曾为大夫",而云"从大夫之后",是谦词。

11.9 颜渊死。子曰:"噫!天丧予!天丧予!"

11.10 颜渊死,子哭之恸①。从者②曰:"子恸矣。"曰:"有恸乎?非夫③人之为恸而谁为!"

注释

① 恸:音,tòng,《郑注》:"恸,变动容貌。"《马注》:"恸,哀过也。"

② 从者:指孔子弟子。

③ 夫:音 fú,指示词,那。

11.11 颜渊死,门人欲厚葬之,子曰:"不可①。"门人厚葬之。子曰:"回也视予犹父也,予不得视犹子②也。非我③也,夫二三子也。"

注释

① 不可:《集解》:"礼,贫富有宜。颜渊贫而门人欲厚葬之,故不听。"

② 不得视犹子:意为颜回尚有父在,其父欲厚葬,孔子无法阻止。

③ 非我:非我之缘故。

思考与讨论

从第八章至此,都记颜回死葬之事。请仔细注意其中人物对话的口吻、语气等细节,着重体会孔子的性情及孔门师徒间的情感。

11.12　季路问事^①鬼神。子曰："未能事人,焉能事鬼?"曰:"敢^②问死。"曰:"未知生,焉知死?"

注释

① 事:事奉。

② 敢:下对上、卑对尊所用之敬词。《仪礼·士虞礼》郑玄注云:"敢,冒昧之词。"贾公彦疏云:"凡言'敢'者,皆是以卑触尊不自明之意。"

问题分析

问:孔子的鬼神观念有什么特点?

答:如前所述,鬼神观念在西周时已经较殷商时期有所减弱,但依然有着重要影响。孔子对这个问题基本上是存而不论,尽量少去直接讨论,而是把注意力转向对社会人生问题的思考。这一章季路问鬼神之事和人的死亡问题,他都没有正面回答,就是这个原因。但他并没有完全否认鬼神的存在,《为政第二》"非其鬼而祭之"章,就间接地肯定了在世之人祭其所当祭之鬼的做法,说明孔子事实上是默认鬼神的存在,而且鬼神能够对现实施予某种影响。弟子还记载他祭祀之时,"祭如在,祭神如神在",并且说"吾不与祭,如不祭",强调祭祀时要有恭敬虔诚的态度,要投入全身心的情感于其中。这都说明孔子一定程度上是肯定鬼神的存在的,并且特别重视死去的祖先对活着的后人所具有的重要影响。

11.13　闵子侍侧^①,訚訚如也;子路,行行如^②也;冉有、子贡,侃侃如也。子乐。"若^③由也,不得其死^④然。"

注释

① 侍侧:侍奉于孔子之侧。

② 行行:行,音 hàng,刚强貌。《释名·释姿容》:"两脚进曰行行,抗足而前也。"

③ 若:如、像。推测之词。

④ 不得其死:不以寿终。

思考与讨论

孔子为何乐？反映了孔子怎样的思想情感？

11.14 鲁人为长府①。闵子骞曰："仍旧贯②，如之何？何必改作？"子曰："夫人不言，言必有中③。"

注释

① 为长府：《说文》："府，文书藏也。"《广雅·释宫》："府，舍也。"凡财贿兵器文书皆藏之府。长府，旧注多以为即鲁国君藏财货之所。为，改作，改建之意。

② 仍旧贯：仍，因。贯，事。仍旧贯，谓一依其旧有之规模。

③ 言必有中：言必能切于事理。中，音 zhòng。

11.15 子曰："由之瑟①，奚②为于丘之门？"门人不敬子路。子曰："由也升堂③矣，未入于室也。"

注释

① 瑟：乐器，郭璞注《尔雅》云长八尺一寸，广一尺八寸，二十七弦。《白虎通·礼乐》云："瑟者，啬也，闲也，所以惩忿窒欲，正人之德也。"

② 奚：为何。

③ 升堂：升，登。"升堂"与下文"入于室"比喻学问之进阶。宫室之制，前为堂，堂后为室，入室必经由堂乃可入。

文学链接

登堂、入室，比喻从师问学的深浅，在后世常用作师生关系的典语。

哭故主人陈太师 李中

十年孤迹寄侯门，入室升堂忝厚恩。游遍春郊随茜旆，饮残秋月待金尊。车鱼郑重知难报，吐握周旋不可论。长恸裴回逝川上，白杨萧飒又黄昏。

送崔侍御书记赴山北座主尚书招辟 李频

书记向丘门,旌幢夹谷尊。从来游幕意,此去并酬恩。雁叫嫌冰合,骢嘶喜雪繁。同为入室士,不觉别销魂。

和主司王起 丁棱

公心独立副天心,三辖春闱冠古今。兰署门生皆入室,莲峰太守别知音。同升翰苑时名重,遍历朝端主意深。新有受恩江海客,坐听朝夕继为霖。

和主司王起 黄颇

二十二年文教主,三千上士满皇州。独陪宣父蓬瀛奏,方接颜生鲁卫游。多羡龙门齐变化,屡看鸡树第名流。升堂何处最荣美,朱紫环尊几处酬。

11.16　子贡问:"师与商也孰贤?"子曰:"师也过,商也不及。"曰:"然则师愈①与?"子曰:"过犹不及。"

注释

① 愈:胜。

11.17　季氏富于周公①,而求②也为之聚敛而附益③之。子曰:"非吾徒④也,小子鸣鼓⑤而攻⑥之可也!"

注释

① 周公:《皇疏》:"周公,天子臣,食采邑于周,爵为公,故谓为周公也,盖周公旦之后也。"《集注》以为即周公旦。当以《皇疏》为是。

② 求：冉求。

③ 附益：增益。

④ 吾徒：犹言我之同道，非谓门徒。

⑤ 鸣鼓：击鼓。古者攻伐必击鼓以助声威、节进退。

⑥ 攻：攻击，引申为责让。

11.18　柴①也愚，参也鲁②，师也辟③，由也喭④。

注释

① 柴：高柴，字子羔，孔子弟子，少孔子三十岁。

② 鲁：《说文》："鲁，钝词也。"鲁钝，迟钝。

③ 辟：《马注》："邪僻文过。"是"辟"同"僻"。《集注》："便辟，谓习于容止，少诚实也。"《译注》据黄式三《论语后案》释作"偏激"。

④ 喭：同"谚"，《郑注》："失于畔喭"，《正义》引诸书，云"畔喭"即"叛谚"、"畔援"、"畔换"，作"武强、跋扈"解。王弼："喭，刚猛也。"

11.19　子曰："回也其庶①乎！屡空②。赐不受命③，而货殖④焉，亿⑤则屡中。"

注释

① 庶：庶几，差不多。夫子称赞颜回"其庶乎"，未言"庶乎"何者，因有不同解释，详下"集说"。《注疏本》将第十八、十九两章并为一章。

② 屡空：屡，每，经常。空，一般释作"空乏，穷困"，但有异解，详下。

③ 受命："命"所指何义，有异解，详下。

④ 货殖：居货财以生利。货，财货。殖，积也，长也。

⑤ 亿：同"意"，意度，猜度之意。

集说

《集解》："言回庶几圣道，虽数空匮而乐在其中。赐不受教命，惟财货是殖，亿度是非。盖美回所以励赐也。一曰:屡,犹每也。空,犹虚中也。以圣人之善道教数子之庶几,犹不至于知'道'者,各内有此害。其于庶几每能虚中者,惟回怀道深远。不虚心不能知'道',子贡虽无数子之病,然亦不知'道'者。虽不穷理而幸中,虽非天命而偶富,亦所以不虚心也。"

《皇疏》:"解此义者凡有二通:一云:庶,庶几也;屡,每也;空,穷匮也。颜子庶慕于几,故遗忽财利,所以家每空贫箪瓢陋巷也。又一通云:空,犹虚也。言圣人体寂而心恒虚无累,故几动即见。而贤人不能体无,故不见几,但庶几慕圣而心或时而虚,故曰屡空。其虚非一,故'屡'名生焉。云'赐不受命而货殖焉'者,此孔子又评子贡累也。亦有二通。一云:'不受命'者,谓子贡性动,不能信天任命,是不受命也。'而货殖'者,财物曰货,种艺曰殖。子贡家富,不能清素,所以为恶也。又一通云:殷仲堪云:'不受矫君命。'江熙云:'赐不荣浊世之禄,亦庶几道者也。虽然,有货殖之业,恬愉不足,所以不敢望回耳。'"

《集注》:"庶,近也。言近道也。屡空,数至空匮也。不以贫窭动心而求富,故屡至于空匮也。言其近道,又能安贫也。命,谓天命。货殖,货财生殖也。亿,意度也。言子贡不如颜子之安贫乐道,然其才识之明亦能料事而多中也。"

俞樾《群经平议》:"'不受命而货殖'自是一事。古者商贾皆官主之……下至春秋之世,……盖犹皆受命于官也。若夫不受命于官,而自以其财市贱鬻贵,逐什一之利,是谓不受命而货殖……子贡以圣门高第,亦复为之,陶朱、白圭之徒由此起也。"

11.20　子张问善人之道①。子曰:"不践迹②,亦不入于室③。"

注释

① 善人之道:成为善人之道。

② 践迹:践,循也。践迹谓循他人之旧迹。

③ 不入于室:入室,升堂入室之意,学问达于深邃。

集说

此章亦有歧解,集列如下:

《孔注》:"言善人不但循追旧迹而已,亦少能创业,然亦不入于圣人之奥室。"

《皇疏》："问其道云何而可谓为善人也。践，循也。迹，旧迹也。言善人之道亦当别宜创建善事，不得唯依循前人旧迹而已。又虽有创立，而未必使能入圣人奥室也。"

《集注》："善人，质美而未学者也。程子曰：'践迹，如言循途守辙。善人虽不必践旧迹，而自不为恶。然亦不能入圣人之室也。'"

孔广森《经学卮言》："言问善人之道，则非问何如而可以为善人，乃问善人当何道以自处也。故子告以善人所行之道，当效前言往行，以成其德。譬诸入室，必践陈除堂户之迹，而后循循然至也。盖有不践迹而自入于室者，唯圣人能之。尧舜禅而禹继，唐虞让而殷周诛是也。亦有践迹而终不入于室者，七十子之学孔子是也。若善人上不及圣，而又非中贤以下所及，故苟践迹，斯必入于室；若其不践迹，则亦不能入室耳。"

11.21　子曰："论笃是与[①]，君子者乎？色庄者[②]乎？"

注释

① 与：依对本章旨意的不同理解，有不同读法与解释。一读 yú，同"欤"，与下两句"乎"同表疑问，三句并列；一读成 yǔ，赞成，则三句非并列关系。

② 色庄者：容色庄重者。

集说

此章《集解》本与上一章合为一章，认为是孔子回答"善人之道"。《集注》独立为一章，故解释有异。

《集解》："论笃，谓口无择言。君子者，谓身无鄙行。色庄者，不恶而严，以远小人。言此三者皆可以为善人。"

《皇疏》引殷仲堪："夫善者淳穆之性，体之自然，虽不拟步往迹，不能入窥奥室，论笃质正，君子之一致焉。"

《集注》："言但以其言论笃实而与之，则未知其为君子者乎，为色庄者乎，言不可以言貌取人也。"《译注》、《新解》诸家亦持此解。

11.22　子路问:"闻斯行诸?"

子曰:"有父兄在,如之何其闻斯行之?"

冉有问:"闻斯行诸?"

子曰:"闻斯行之!"

公西华曰:"由也问'闻斯行诸',子曰:'有父兄在。'求也问'闻斯行诸',子曰:'闻斯行之。'赤也惑,敢问。"

子曰:"求也退①,故进②之;由也兼人③,故退④之。"

注释

① 退:谦退,退让。

② 进:鼓励。

③ 兼人:《郑注》及《集注》皆解作"务在胜尚人","胜人"。《译注》以为张敬夫释"勇为"更妥,此说可从。

④ 退:抑制。

11.23　子畏于匡,颜渊后①。子曰:"吾以女为死矣。"曰:"子在,回何敢死?"

注释

① 后:落在后面。

11.24　季子然①问:"仲由、冉求可谓大臣与?"

子曰:"吾以子为异之问②,曾③由与求之问。所谓大臣者,以道事君,不可则止。今由与求也,可谓具臣④矣。"

曰:"然则从之者与⑤?"

子曰:"弑父与君,亦不从也。"

注释

① 季子然：季氏子弟。

② 异之问：异人之问，即问他人之意。

③ 曾：竟然，原来之意。

④ 具臣：《说文》："具，共真也。"《广雅·释诂》："具，皆也。"《孔注》："言备臣数而已。" 言仅备臣属之位，而不能以道事君。

⑤ 从之：谓从君，从君之所为。

11.25　子路使子羔为费宰。子曰："贼①夫人之子。"子路曰："有民人②焉，有社稷焉。何必读书，然后为学③?"子曰："是故恶④夫佞者。"

注释

① 贼：贼害。

② 民人：百姓。《正义》："民谓庶人在官，人谓群有司，皆所以佐宰治事也。"

③ 为学：称得上是学。

④ 恶：音 wù，憎也。

11.26　子路、曾皙①、冉有、公西华侍坐。

子曰："以吾一日长乎尔②，毋吾以③也！居④则曰：'不吾知也！'如或知尔，则何以哉?"

子路率尔⑤而对曰："千乘之国，摄⑥乎大国之间，加之以师旅⑦，因之以饥馑⑧，由也为之，比及⑨三年，可使有勇，且知方⑩也。"

夫子哂⑪之。

"求，尔何如?"

对曰："方六七十⑫，如五六十，求也为之，比及三年，可使足民⑬；如其礼乐⑭，以俟⑮君子。"

"赤，尔何如?"

对曰："非曰能之，愿学焉！宗庙之事⑯，如会同⑰，端章甫⑱，愿为小相^⑲焉。"

"点,尔何如?"

鼓瑟希^⑳,铿尔^㉑,舍瑟而作^㉒。对曰:"异乎三子者之撰^㉓。"

子曰:"何伤^㉔乎? 亦各言其志也。"

曰:"莫春^㉕者,春服^㉖既成;冠者^㉗五六人,童子六七人,浴乎沂^㉘,风乎舞雩^㉙,咏^㉚而归。"

夫子喟然叹曰;"吾与^㉛点也。"

三子者出,曾皙后。

曾皙曰:"夫三子者之言何如?"

子曰:"亦各言其志也已矣。"

曰:"夫子何哂由也?"

曰:"为国以礼,其言不让,是故哂之。"

"唯^㉜求则非邦也与?"

"安见方六七十,如五六十,而非邦也者?"

"唯赤则非邦也与?"

"宗庙会同,非诸侯而何? 赤也为之小,孰能为之大?"

注释

① 曾皙:名点,曾参之父,亦孔子弟子。

② 一日长:年长一日,夫子对弟子谦称自己年长之意。

③ 毋吾以:毋,同"无";以,《郑注》作"已",停止之意,释此句为"毋以吾一日长乎尔,而止口不言",《孔注》、《集注》释作"难言"。《丹铅录》引王符语,释"以"为"用",《正义》从之。

④ 居:常居之时,平居之时。

⑤ 率尔:或本作卒尔。《集注》:"轻遽之貌。"《集释》以为指"不顾望而对"。《礼记·曲礼》云:"侍于君子,不顾望而对,非礼也。"注曰:"礼尚让。不顾望,若子路率尔而对。"疏曰:"若问多人,则侍者当先顾望,坐中有胜己者宜先,而己不得率尔先对。"此义正与夫子哂子路"其言不让"相应。

⑥ 摄:迫,促迫。

⑦ 师旅:军队。加之以师旅,谓大国以兵戎相胁迫。

⑧ 因之以饥馑：因，仍。因之以饥馑，谓饥馑与兵戎相仍而来。饥，谷不丰；馑，菜蔬不熟。

⑨ 比：近。比及三年，古者三年为大比之期，又为考核政绩之期。子路之意，谓自己三年可初有成绩。

⑩ 方：义，义方。

⑪ 哂：《马注》："笑也。"《集注》："微笑也。"《正义》："《曲礼》：'笑不至矧'，《郑注》：'齿本曰矧，大笑则见。'《释文》：'矧，本又作哂。'是'哂'与'矧'同。宋氏翔凤《过庭录》：'《说文》："弞，笑不坏颜曰弞。从欠，引省声。"《说文》无"哂"字，作"弞"为正，"矧"是假借。凡笑以至矧为度，过此则坏颜，且失容，故曰"笑不坏颜"，非微笑之谓。曾晳亦以夫子有异常笑，故问之尔。'"

⑫ 方六七十：四境各长六七十里之国。下"如五六十"意同，如，与。

⑬ 足民：使民足于衣食财用。

⑭ 如其礼乐：如，至于之意。礼乐，谓以礼乐教民之事。

⑮ 俟：等待，有待于。

⑯ 宗庙之事：祭祀宗庙之事。

⑰ 如会同：如，与；会同，谓诸侯会合盟誓。

⑱ 端章甫：端，衣正幅曰端，指礼服。章甫，冕也。

⑲ 相：音 xiàng，朝会、祭祀时赞礼之臣。

⑳ 希：同"稀"，声渐稀。《孔注》："思所以对，故音希。"

㉑ 铿尔：形容止弹瑟之声。

㉒ 作：起。

㉓ 撰：郑本作"僎"，云读若"诠"，善也。《孔注》："撰，具也，为政之具也。"《正义》云："郑以点为谦言，故夫子云'何伤'以解之，若伪孔训为'为政之具'，是正点自负，有异三子，视子路之率尔更有甚矣。"

㉔ 何伤：不妨，无妨之意。

㉕ 莫春：莫，音 mù，日落草中曰"莫"，今作"暮"。莫春，季春三月。

㉖ 春服：春衣。

㉗ 冠者：古人年二十而行冠礼，是为成人。

㉘ 沂：沂水，源出山东邹县，西流经曲阜与洙水合，入于泗水。

㉙ 风乎舞雩：雩，音 yú。舞雩，求雨之仪式曰雩，有乐舞，故曰舞雩。风乎舞雩，《包注》："风凉乎舞雩之下"。王充："风，歌也。"

㉚ 咏：歌咏。

㉛ 与:许与。

㉜ 唯:《集注》以此下二"唯"句为曾点问孔子之语,《皇疏》《邢疏》皆以为均孔子之语。

文学链接

曾点"春风舞雩"之语,描绘出一种活泼生动的人生境界,深为后世所欣赏,屡见于诗文吟咏中。

乐志论 仲长统

统常以为,凡游帝王者,欲以立身扬名耳。而名不常存,人生易灭,优游偃仰,可以自娱,欲卜居清旷以乐其志。论之曰:

使居有良田广宅,背山临流;沟池环匝,竹木周匝;场圃筑前,果园树后;舟车足以代步涉之难,使令足以息四体之役;养亲有兼珍之膳,妻孥无苦身之劳。良朋萃止,则陈旨酒以娱之;嘉时吉日,则烹羔豚以奉之。踌躇畦苑,游戏平林。濯清水,追凉风,钓游鲤,弋高鸿。讽于舞雩之下,咏归高堂之上。安神闰房,思老氏之玄虚;呼吸精和,求至人之仿佛。与达者数子,论道讲书,俯仰二仪,错综人物;弹南风之操,发清商之妙曲。逍遥一世之上,睥睨天地之间;不受当时之责,永保性命之期。如是,则可以陵霄汉,出宇宙之外矣,岂羡夫入帝王之门哉。

三月三日应诏诗二首 其一 闾丘冲

暮春之月,春服既成。阳升土润,冰涣川盈。余萌达壤,嘉木敷荣。后皇宣游,既宴且宁。光光华辇,诜诜从臣。微风扇秒,朝露晞尘。上荫丹幄,下藉文茵。临川把盥,濯故洁新。俯镜清流,仰睎天津。蔼蔼华林,岩岩景阳。业业峻宇,奕奕飞梁。垂荫倒景,若沈若翔。

三月三日洛水作诗 潘尼

暑运无穷已,时逝焉可追。斗酒足为欢,临川胡独悲。暮春春服成,百草敷英蕤。聊为三日游,方驾结龙旗。廊庙多豪俊,都邑有艳姿。朱轩荫兰皋,翠幕映洛湄。临岸濯素手,涉水搴轻衣。沈钩出比目,举弋落双飞。羽觞乘波进,素卵随流归。

上巳篇 张华

仁风导和气,勾芒御芳春。姑冼应时月,元巳启良辰。密云阴朝日,黍雨洒微尘。飞轩游九野,置酒会众宾。临川悬广幕,夹水布长茵。徘徊存往古,慷慨慕先真。朋从自远至,童冠八九人。追好舞雩庭,拟迹洙泗滨。伶人理新乐,膳夫烹时珍。八音硼磕奏,肴俎从横陈。妙舞起齐赵,悲歌出三秦。春醴踰九酝,冬清过十旬。盛时不努力,岁暮将何因。勉哉众君子,茂德景日新。高飞抚凤翼,轻举攀龙鳞。

兰亭诗二首 其一 王羲之

代谢鳞次,忽焉以周。欣此暮春,和气载柔。咏彼舞雩,异世同流。乃携齐契,散怀一丘。

赠广川马先生 卢象

经书满腹中,吾识广川翁。年老甘无位,家贫懒发蒙。人归洙泗学,歌盛舞雩风。愿接诸生礼,三年事马融。

颜 渊 第 十 二

12.1　颜渊问仁。子曰:"克己复礼为仁①。一日克己复礼,天下归②仁焉。为仁由己,而由人乎哉?"颜渊曰:"请问其目③。"子曰:"非礼勿视,非礼勿听,非礼勿言,非礼勿动。"颜渊曰:"回虽不敏④,请事⑤斯语矣!"

注释

① 克己复礼为仁:《左传·昭公十二年》中云:"仲尼曰:'古也有志:克己复礼,仁也。'信善哉!"可知本章云"克己复礼为仁",本是前人成语,孔子借以回答颜渊的问题。对这一句话的解释,具体见下"集说"。

② 归:称为。《正义》:"《汉书·王莽传赞》:'宗族称孝,天下归仁。'《后汉书·郎𫖮传》:'昔闻颜子十八,天下归仁。'并以'归仁'为称仁。"

③ 目:条目,事之要,凡行事撮举总要谓之目。

④ 不敏:不聪敏,自谦之词。

⑤ 事:践行,实行。

集说

《马注》:"克己,约身也。"《孔注》:"复,反也。身能反礼,则为仁矣。"

《皇疏》:"克,犹约也。复,犹反也。言若能自约俭己身,返反于礼中,则为仁也。于时为奢泰过礼,故云礼也。一云:身能使礼反返身中,则为仁也。"

《集注》:"仁者,本心之全德。克,胜也。己,谓身之私欲也。复,反也。礼者,天理之节文也。为仁者所以全其心之德也。盖心之全德莫非天理,而亦不能不坏于人欲。故为人者必有以胜私而复于礼,则事皆天理,而本心之德复全于我矣。归,犹与也。又言一日克己复礼,则天下之人皆与其仁。极言其效之甚速而至大也。又言为仁由己,而非他人所能预,又见其机之在我而无难也。日日克之,不以为难,则私欲净尽,天理流行,而仁不可胜用矣。"

阮元《仁说》:"颜子克己,'己'字即是自己之'己',与下文'为仁由己'相同,若以克己'己'字解为私欲,则下文'为仁由己'之'己'断不能再解为私,与上文辞气不相属矣。且克己不是胜己私也,克己复礼本是成语,夫子既引此语以论楚子,今又引以告颜子,虽其间无解,而在《左传》明明有'不能自克',作'克己'对解。克者,约也,己者,自也,何尝有己身私欲重烦战胜之说?"

思考与讨论

"仁"与"礼"的关系是儒家思想里一个非常重要的内容。在前面的篇章里也记载了孔门师徒对这一问题的讨论,但在后世却以这一章的影响最为深远。尤其是"克己复礼"这样一个高度概括的说法。仔细对比各家解释,看看其间对"克己复礼"的解释有什么不同? 如何准确认识这种不同? 对这句话本身又当如何认识?

12.2　仲弓问仁。子曰:"出门如见大宾[①],使[②]民如承大祭[③]。己所不欲,勿施于人。在邦[④]无怨,在家无怨。"仲弓曰:"雍虽不敏,请事斯语矣!"

注释

① 出门如见大宾:古时迎宾之礼,宾客尊于自己或与自己相当者,迎于门外,示敬意。

② 使:役使。

③ 承大祭:承,承担。大祭,重要祭祀。此两句皆谓仁当有敬慎之态度。

④ 在邦:《包注》:"在邦为诸侯。"下句"在家"谓"在家为大夫"。《正义》:"在邦谓仕于诸侯之邦,在家谓仕于卿大夫之家也。"以《正义》为当。

12.3　司马牛[①]问仁。子曰:"仁者,其言也讱[②]。"曰:"其言也讱,斯谓之仁已[③]乎?"子曰:"为[④]之难,言之得[⑤]无讱乎?"

注释

① 司马牛:孔子弟子,宋国人。据《史记·仲尼弟子列传》,"司马耕,字子牛"。《孔注》

谓名司马犁。

② 讱：《孔注》："讱，难也。"《正义》引《说文》："讱，顿也。"谓"顿"与"钝"同，引申为难。

③ 已：停止，足够之意。

④ 为：实行，实践。

⑤ 得：能，岂能。

12.4　司马牛问君子。子曰："君子不忧不惧。"曰："不忧不惧，斯谓之君子已乎?"子曰："内省不疚①，夫何忧何惧?"

注释

① 内省不疚：《孔注》："疚，病也。自省无罪恶，无可忧惧。"注家皆谓司马牛是因其兄桓魋作乱，常忧惧，故有此问。

12.5　司马牛忧曰："人皆有兄弟，我独亡①!"子夏曰："商闻之矣：死生有命，富贵在天。君子敬而无失②，与人恭而有礼；四海之内，皆兄弟也③。君子何患乎无兄弟也?"

注释

① 人皆有兄弟我独亡：亡，无。司马牛是宋国桓魋之弟。据《左传·哀公十四年》，桓魋谋反失败，其诸兄弟因此而失禄，唯司马牛不与其谋，但亦因此逃亡，最后且死于道路。司马牛"我独亡"之语，旧注云即指此事。《译注》以为此一说法可能将孔子弟子名司马牛者与宋国桓魋之弟司马牛混为一谈。

② 失：俞樾《群经平议》："失，当读为佚。……言君子敬而无敢佚乐也。'敬而无失'与'恭而有礼'对文，无佚申言敬，有礼申言恭也。"

③ 四海之内皆兄弟也：自"死生有命"至此句，皆为子夏所闻之语。或以为即孔子所云。

思考与讨论

"死生有命，富贵在天"，在当代曾备遭批评，结合前面孔门师徒对"天"、"命"、

"富贵"的讨论,谈谈如何认识这句话。

12.6　子张问明①。子曰:"浸润之谮②,肤受之愬③,不行④焉,可谓明也已矣。浸润之谮,肤受之愬,不行焉,可谓远⑤也已矣。"

注释

① 明:《正义》引《荀子·解蔽篇》"传曰:知贤之谓明"及《春秋繁露》、《汉书·五行志》等云"明者,言任用贤人,能不疑也"。

② 浸润之谮:《郑注》:"谮人之言,如水之浸润,渐以成之。"

③ 肤受之愬:愬,同"诉"。肤受之愬有不同解。一指诉者所诉无其情实,《马注》:"皮肤外语,非其内实也。"一解从听者而言,听人告诉之语而肤受之,谓不能深察其实。《后汉书·戴凭传》注引郑玄注云:"肤受之愬,谓受人之诉辞皮肤之,不深知其情核也。"《集注》对"肤受"解释有异,而总体与郑注接近:"肤受,谓肌肤所受,利害切身……愬冤者急迫而切身,则听者不及致详而发之暴矣。"

④ 不行:不能实现其目的。

⑤ 远:《马注》:"无此二者,非但为明,其德行高远,人莫能及。"颜延之云:"谮愬不行,虽由于明,明见之深,乃出于体远。体远不对于情伪,故功归于明见;斥言其功故曰明,极言其本故曰远。"《集注》:"二者难察,而能察之,则可见其心之明而不蔽于近矣。"

12.7　子贡问政。

子曰:"足食,足兵①,民信之②矣。"

子贡曰:"必不得已而去,于斯三者何先?"

曰:"去兵。"

子贡曰:"必不得已而去,于斯二者何先?"

曰:"去食。自古皆有死,民无信不立③。"

注释

① 兵:《说文》:"兵,械也。从廾持斤,并力之貌。"指兵器。顾炎武以为,五经及《论语》、《孟子》诸书中"兵"皆指兵器,非指兵士。《正义》:"兵本战器,因而执兵之人亦曰兵。"

② 民信之:高丽本等此句上有"使"字,皇侃本上有"令"字。按子贡问曰"于斯三者"及末句"民无信不立",可知"民信之"与"足食"、"足兵"三者为并列之事,作"使民信之"意更明白。《译注》以"足食"、"足兵"为"民信之"之条件,似不确。

③ 民无信不立:此章为问政,则民无信,谓为政者不能使民信之,则无以立。

12.8　棘子成①曰:"君子质而已矣,何以文为?"子贡曰:"惜乎! 夫子②之说君子也③。驷不及舌④。文犹质也,质犹文也。虎豹之鞟犹犬羊之鞟⑤。"

注释

① 棘子成:卫国大夫。

② 夫子:此处是子贡尊称棘子成,不是指孔子。

③ 夫子之说君子也:《集注》读作"夫子之说,君子也",则是子贡称赞棘子成之说。此读与上下文意不合。

④ 驷不及舌:驷,《说文》:"驷,一乘也。"谓四马所驾之车。言出于舌,过误一成,虽驷马追之,亦不及也,是谓"驷不及舌"。

⑤ 鞟:音 kuò,皮去毛曰鞟。虎豹之鞟犹犬羊之鞟,谓若无毛,则虎豹之皮与犬羊之皮亦无以别之,以此明君子不可徒质无文。

思考与讨论

"文"与"质"有着怎样的关系？ 联系《雍也第六》"文胜质则史"章,谈谈对"君子"与"文质"的理解?

12.9　哀公问于有若曰:"年饥,用①不足,如之何?"有若对曰:"盍②彻③乎?"曰:"二④,吾犹不足,如之何其彻也?"对曰:"百姓足,君孰与不足？百姓不足，君孰与足？"

注释

① 用：用度，开支。

② 盍：何不。

③ 彻：按十分之一收取田税，谓之彻，即什一税。

④ 二：什二而税，即按十分之二收取田税。

12.10 子张问崇德、辨惑。子曰："主忠信，徙义①，崇德也。爱之欲其生，恶之欲其死；既欲其生，又欲其死，是惑也。'诚不以富，亦祇以异。②'"

注释

① 徙义：见义则徙而从之。

② 诚不以富，亦祇以异：《诗·小雅·我行其野》之句。此二句在此颇为难解，程颐以为错简，无确证。《郑注》："祇，适也。言此行诚不可以致富，适足以为异耳。取此诗之异义以非之。"

12.11 齐景公①问政于孔子，孔子对曰："君君②、臣臣、父父、子子。"公曰："善哉！信如君不君、臣不臣、父不父、子不子，虽有粟，吾得而食诸？"

注释

① 齐景公：名杵臼，齐庄公异母弟。

② 君君：后一"君"作动词，成为君主。臣臣、父父、子子与此同。

12.12 子曰："片言可以折狱①者，其由也与！"子路无宿诺②。

注释

① 片言可以折狱:片言,又称"单辞",《郑注》:"片,读为半,半言为单辞。"指争讼时一方之辞。折,断也。《孔注》:"听讼必须两辞以定是非,偏信一言以折狱者,唯子路可。"

② 宿诺:《集解》:"宿,犹豫也。子路笃信,恐临时多故,故不豫诺。"《集注》:"宿,宿犹宿怨之宿。急于践言,不留其诺也。"《正义》:"《说文》:'宿,止也。'引申之,有久义。《汉书·韩安国传》:'孝文寤于兵之不可宿。'注:'宿,久留也。'诺者,应也,子路有闻即行,故无留诺。"

12.13　子曰:"听讼,吾犹人①也。必也使无讼乎!"

注释

① 犹人:犹,如。犹人,与他人一样。

12.14　子张问政。子曰:"居①之无倦,行之以忠。"

注释

① 居之无倦:《集解》:"王曰:言为政之道,居之于身,无得解倦。"是"居"谓"居之于身"。《集注》:"居,谓存诸心,无倦则始终如一。"与王说近。《北堂书钞》卷三六引郑玄注,谓"身居正位,不可懈倦",是"居"谓居于位。

思考与讨论

　　居之无倦,《郑注》与《王注》有异,差别在什么地方?"居"与"行"的关系如何?

12.15　子曰:"博学于文,约之以礼,亦可以弗畔矣夫!"

注释

已见《雍也第六》第二十七章。

12.16　子曰:"君子成①人之美,不成人之恶;小人反是。"

注释

① 成:《集注》:"成者,诱掖奖劝以成其事也。"

12.17　季康子问政于孔子。孔子对曰:"政者,正也。子帅①以正,孰敢不正?"

注释

① 帅:同"率",先导也。

12.18　季康子患盗,问于孔子。孔子对曰:"苟子之不欲①,虽赏之不窃。"

注释

① 欲:多欲望,多贪欲。

12.19　季康子问政于孔子曰:"如杀无道,以就①有道,何如?"孔子对曰:"子为政,焉②用杀?子欲善而民善矣!君子之德风③,小人之德草,草上之风④,必偃。"

注释

① 就:成,成就,使之达到。

② 焉:何,何必。

③ 风:如风,像风。

④ 草上之风:上,或本作"尚",加。草上之风,谓草上加之以风。

12.20　子张问:"士何如斯可谓之达①矣?"

子曰:"何哉,尔所谓达者?"

子张对曰:"在邦必闻②,在家必闻。"

子曰:"是闻也,非达也。夫达也者,质直③而好义,察言而观色,虑以下人④。在邦必达,在家必达。夫闻也者,色取仁而行违⑤,居之不疑⑥。在邦必闻,在家必闻。"

注释

① 达:通达。《集注》:"德孚于人而行无不得之谓。"《正义》:"'达'者,通也。通于处人、处己之道,故行之无所违阻,所谓'忠信笃敬,蛮貊可行',即达义也。"

② 在邦必闻:在邦,谓仕于邦,即仕于诸侯之邦国。下句"在家"谓仕于家,即仕于大夫之家。闻,有名于时。

③ 质直:《皇疏》:"质性正直。"《正义》:"朴质正直。"

④ 下人:下人,下于人,谦退之意。

⑤ 色取仁而行违:色,容色。《马注》:"此言佞人假仁者之色,行之则违。"

⑥ 居之不疑:谓佞人安居其伪而不自疑。

12.21　樊迟从①游于舞雩之下,曰:"敢问崇德、修慝②、辨惑。"

子曰:"善哉问! 先事后得③,非崇德与? 攻其恶④,无攻人之恶,非修慝与? 一朝之忿,忘其身以及其亲⑤,非惑与?"

注释

① 从:随从,侍奉。

② 修慝:修,治也;慝,音 tè,恶。修慝,治恶为善。

③ 先事后得:《孔注》:"先劳于事,然后得报。"《集注》:"犹先难后获也。"

④ 攻其恶:"攻其恶"与"攻人之恶"对举,知"其"指自身而言。下文"忘其身"一句之"其"亦指自身而言。攻,责,治。

⑤ 亲:父母。

12.22　樊迟问仁。子曰:"爱人。"问知。子曰:"知人。"

樊迟未达①。子曰:"举直错诸枉,能使枉者直。"

樊迟退,见子夏,曰:"乡②也吾见于夫子而问知,子曰:'举直错诸枉,能使枉者直',何谓也?"

子夏曰:"富③哉言乎! 舜有天下,选于众,举皋陶④,不仁者远⑤矣。汤有天下,选于众,举伊尹⑥,不仁者远矣。"

注释

① 达:明白,理解。"樊迟未达",《皇疏》云:"已晓'爱人'之言,而未晓'知人'之旨也。"《集注》引曾氏云"迟之意,盖以爱欲其周,而知有所择,故疑二者之相悖尔"。似更能照顾全文之意。

② 乡:"向"之假借字。《说文》:"向,不久也。"

③ 富:丰富,全备。

④ 皋陶:音 gāo yáo,舜之贤臣。

⑤ 远:远离,逃离。《译注》作"难以存在",谓人可以转变,不仁转变为仁者之意。

⑥ 伊尹:商汤之辅相。

12.23　子贡问友①。子曰:"忠告而善道②之,不可③则止,毋自辱焉。"

注释

① 友:与友人相处之道。

② 道:同"导",引导。

③ 不可:不见从,不被接受。

12.24　曾子曰:"君子以文会友,以友辅仁。"

集说

《孔注》:"友以文德合也。友有相切磋之道,所以辅成己之任。"

《集注》:"讲学以会友,则道益明。取善以辅仁,则德日进。"

刘源渌《冷语》:"文者,礼乐法度刑政纲纪之文。当时文武之道未坠于地,识大识小,莫不有文武之道。夫子宪章文武,教门弟子,以此讲学,以此修德。如所谓两君相会,揖让而入门,入门而悬兴,揖让而升堂,升堂而乐阕,君子于是知仁焉。故曰:'人而不仁如礼何? 人而不仁如乐何?'张子曰:'礼仪三百,威仪三千,无一事之非仁也。'若如近世之文,浮靡放漫,可为辅仁之具哉?"

子路第十三

13.1　子路问政。子曰:"先之劳之①。"请益,曰:"无倦②。"

注释

① 先之劳之:此句或读作"先之,劳之",有歧解,详下"集说"。

② 无倦:谓无倦于"先之劳之"。

集说

《孔注》:"先导之以德,使民信之,然后劳之。《易》曰:'说以使民,民忘其劳。'"

《集注》:"苏氏云:凡民之行,以身先之,则不令而行;凡民之事,以身劳之,则虽勤不怨。"

俞樾《群经平议》:"'先之劳之'四字作一句读,犹《阳货篇》曰'使之闻之',不得因有两'之'字而分为二事也。《诗·绵蛮篇》'为之载之'、《孟子·滕文公篇》'与之食之',句法皆与此同。'先之劳之',谓先民而任其劳也。天子亲耕,后亲蚕,皆其事矣。孔谓先事之以德,然后劳之,似于文义未合。下文'子路请益',而告以'无倦',盖先任其劳则易倦,故戒之也。"

13.2　仲弓为季氏宰,问政。子曰:"先有司①,赦小过,举贤才。"曰:"焉知贤才而举之?"曰:"举尔所知。尔所不知,人其舍诸②?"

注释

① 先有司:《集解》:"王曰:言为政者当先任有司,而后责其事。"《译注》以上章"先之劳之"之"先之"解此句,与旧注皆异。

② 人其舍诸:意为他人将知贤才而举之。

文学链接

求贤令 曹操

自古受命及中兴之君,曷尝不得贤人君子与之共治天下者乎。及其得贤也,曾不出闾巷,岂幸相遇哉。上之人不求之耳。今天下尚未定,此特求贤之急时也。"孟公绰为赵魏老则优,不可以为滕薛大夫。"若必举廉士而后可用,则齐桓其何以霸世。今天下得无有被褐怀玉而钓于渭滨者乎?又得无有盗嫂受金而未遇无知者乎。二三子其佐我明扬仄陋,唯才是举,吾得而用之。

13.3 子路曰:"卫君①待子而为政,子将奚先②?"

子曰:"必也正名③乎!"

子路曰:"有是哉,子之迂④也! 奚其正?"

子曰:"野哉,由也! 君子于其所不知,盖阙如也。名不正,则言不顺;言不顺,则事不成;事不成,则礼乐不兴;礼乐不兴,则刑罚不中⑤;刑罚不中,则民无所措手足。故君子名之必可言也,言之必可行也。君子于其言,无所苟⑥而已矣!"

注释

① 卫君:卫国国君。旧注皆以为即卫出公辄。

② 奚先:以何为先。

③ 正名:《马注》:"正百事之名。"《皇疏》:"所以先须正名者,为时昏礼乱,言语翻杂,名物失其本号,故为政必以正名为先也。"

④ 迂:迂远不切于事。

⑤ 中:得当。

⑥ 苟:苟且。

13.4 樊迟请学稼①。子曰:"吾不如老农。"

请学为圃②。曰："吾不如老圃。"

樊迟出。子曰："小人哉，樊须也！上好礼，则民莫敢不敬；上好义，则民莫敢不服；上好信，则民莫敢不用情③。夫如是，则四方之民襁负其子④而至矣，焉用稼？"

注释

① 稼：种植五谷曰稼。

② 圃：种植菜蔬曰圃。下句"老圃"指治圃之人。问"学稼"、"学圃"，《集释》以为指欲学农家之书，可备一说。

③ 用情：情，情实，好恶之诚，无所欺隐。用情即诚实意，《皇疏》引李充："用情，犹尽忠也。"

④ 襁负其子：以襁背负其子。襁，音 qiǎng，即襁褓，背负婴儿之布织物。

文化史扩展

学稼　学圃　农家　樊迟问学稼与学圃，孔子以自己不如老农和老圃为由加以拒绝。近代以来曾据此批评孔子鄙视劳动人民，斯语今可不论矣。樊迟问学稼圃，旧注家多云其有情由，盖如宰我问丧之类，李充云："耕也，馁在其中矣，学也，禄在其中矣，而迟亲禀明德，乃咨圃稼，何顽固之甚哉。纵使欲舍学营生，犹足知非圣师之谋矣。将恐三千之徒，虽同学圣门，而未能皆忘荣禄，道教之益，奢情之患切，箪食不改其乐者唯颜回堪之耳。迟之斯问，将必有由，亦如宰我问丧之谓也。"金仁山《论语集注考证》阐发李氏之义，云："所贵学于圣人者，以大学明德新民之道，修己治人之方也。而樊迟以学稼圃为问，故夫子以不如老农老圃拒之，责之至矣。而又以小人名之，继以大人之事言之，可谓明尽。然观四方之民至焉用稼之语，则樊迟所欲学，盖欲如许行为神农之言者，孟子辟许行章又此章之注疏也。农圃同一事，秦所谓种树之书，汉所谓农家者流也。"

13.5　子曰："诵①《诗》三百，授之以政，不达②；使于四方，不能专对③；虽多，亦奚以为？"

注释

① 诵:《周官・大司乐》:"以乐语教国子兴、道、讽、诵、言、语。"注云:"以声节之曰诵。"

② 达:以《诗》通于政事。

③ 专对:专,《集解》:"独也",指使者使于诸侯,根据实际情形独立、灵活地应对宾客。阎若璩《释地又续》云:"专,擅也。即《公羊传》'聘礼:大夫受命不受辞,出竟有可以安社稷、利国家者,则专之可也。'"《正义》引《汉书・王莽传》注"专对,谓应对无方,能专其事"及《聘礼》注疏以证之。

13.6 子曰:"其身正,不令而行①;其身不正,虽令不从。"

注释

① 不令而行:令,教令,政令。不待政令而能施行政事。

13.7 子曰:"鲁卫之政,兄弟①也。"

注释

① 兄弟:鲁为周公之后,卫为康叔之后,周公、康叔二人为兄弟。两国之政如兄弟,借两国之先祖为兄弟而言其相近似。

13.8 子谓卫公子荆①"善居室②。始有③,曰:'苟合④矣!'少⑤有,曰:'苟完矣。'富有,曰:'苟美矣。'"

注释

① 卫公子荆:卫国的公子,吴季札曾将他列为卫国的君子,见《左传・襄公二十九年》。

② 善居室:《皇疏》:"居其家能治,不为奢侈,故曰善也。"

③ 有:有财。

④ 苟合:苟,《正义》:"诚也,信也。"《集注》:"聊且粗略之意。"合,《集注》:"聚也。"俞樾以为与"给"通,足义。

⑤ 少:稍稍。下文"富"言愈多。

13.9　子适卫,冉有仆①。子曰:"庶②矣哉!"

冉有曰:"既庶矣,又何加焉?"曰:"富之③。"

曰:"既富矣,又何加焉?"曰:"教之④。"

注释

① 仆:驾车。指为孔子御车。

② 庶:众,多,人口繁衍。

③ 富之:使之富。

④ 教之:《皇疏》引范宁:"衣食足,当训义方也。"《集注》:"富而不教,则近于禽兽,故必立学校、明礼义以教之。"

思考与讨论

"富民"与"教民"的关系如何? 它对今天有怎样的启示?

13.10　子曰:"苟有用我者,期月①而已可也。三年有成。"

注释

① 期月:周年。期,音jī,《说文》:"期,会也。"《正义》:"会者,合也。复其时,仍合于此月也。积月成年,故周年谓之期年,又谓期月,言十二月至此一会合也。"

文化史扩展

三年有成　三载考绩　三考黜陟　"三"屡见于《论语》中,一般而言都解释成"多次",非确指"三"。但此章"三年有成"之"三年",古人却多理解为是真正指"三年"。这与古人一个非常重要的观念有密切的关系。在传统社会里,以农业生产为主,古人认为农业耕作,经三年而始有一年的余储,如此社会方可保持安定富足,因此官吏政绩的考察及升迁,也以三年为期限。这就是所谓"三载考绩"。《汉书·食货志》:"民三年耕则余一年之畜,衣食足而知荣辱,廉让生而争讼息,故三载考绩。孔子曰：'苟有用我者，期月而已可也，三年有成。'成此功也。"将孔子说的"三年有成"解释为经过三年的为政，可以使百姓生活富足安乐，风俗淳朴。三年耕而余一年之畜，大概本是农耕社会的自然经验，后来在儒家学说里被理想化，成为官吏政绩考察的期限，经过三考之后，始定官职之升降。

13.11　子曰："'善人为邦①百年，亦可以胜残②去杀③矣。'诚哉是言也！"

注释

① 为邦：为，治理。《皇疏》："为邦，谓为诸侯也。"

② 胜残：《说文》："残，贼也。"《孟子·梁惠王》："贼义者谓之残。"胜残，《王注》："胜残暴之人，不使为恶。"

③ 杀：刑杀。《王注》："去杀，不用刑杀也。"

13.12　子曰："如有王者①，必世而后仁②。"

注释

① 王者：受命之王。古人谓须受天命才能王天下。

② 必世而后仁：世，三十年为一世。《孔注》："如有受命王者，必三十年仁政乃成。"

13.13　子曰："苟正其身矣，于从政乎何有？不能正其身，如正人何！"

13.14　冉子退朝①。子曰："何晏②也？"对曰："有政③。"子曰："其事也。如有政，虽不吾以④，吾其⑤与闻⑥之。"

注释

① 朝:《郑注》:"季氏之私朝。"《皇疏》:"冉子时仕季氏,且上朝于鲁君当是季氏,冉有从之朝鲁君也。"

② 晏:晚。

③ 政:"政"与下文"事"相对举,在孔子看来,显然有重要区别。《马注》:"政者,有所改更匡正。事者,凡所行常事也。"《郑注》:"君之教令为政,臣之教令为事也。"《集注》:"政,国政;事,家事。"

④ 以:用。吾以,用我为政。

⑤ 其:表语气,一定。

⑥ 与闻:参与、知悉。与,音 yù。孔子曾为鲁大夫,又《左传·哀公十一年》记载季氏曾以田赋之事咨问孔子,并云"子为国老,待子而行",故孔子云"与闻之"。

13.15　定公问:"一言而可以兴邦,有诸?"

孔子对曰:"言不可以若是其几也[①]。人之言曰:'为君难,为臣不易。'如知为君之难也,不几乎一言而兴邦乎!"

曰:"一言而丧邦,有诸?"

孔子对曰:"言不可以若是其几也,人之言曰:'予无乐乎为君。唯其言而莫予违也。'如其善而莫之违也,不亦善乎! 如不善而莫之违也,不几乎一言而丧邦乎!"

注释

① 言不可以若是其几也:此句汉唐旧读在"是"处断,意为"以其大要一言,不能正兴国也"。"其几也"独立成句,"几"释作"近",意为"有可近于兴邦者"。朱熹合为一句,"几"释作"近",意为"一言之间,未可以如此而必期其效"。下句亦然。

13.16　叶公问政。子曰:"近者说[①],远者来[②]。"

注释

① 说:说,同"悦",使之悦。

② 来:使之来。

13.17 子夏为莒父^①宰,问政。子曰:"无^②欲速,无见小利。欲速则不达,见小利则大事不成。"

注释

① 莒父:地名,《郑注》:"旧说云莒父,鲁下邑。"莒,音 jǔ。

② 无:通"毋",禁止之词。

13.18 叶公语孔子曰:"吾党有直躬^①者,其父攘^②羊,而子证^③之。"孔子曰:"吾党之直者异于是。父为子隐,子为父隐,直在其中矣。"

注释

① 直躬:《孔注》:"直身而行。"《郑注》"躬"作"弓",云:"直人名弓。"高诱注《淮南子·汜论训》"直躬,其父攘羊而子证之"云:"躬盖名,其人必素以直称者,故称直躬。"

② 攘:《周注》:"有因而盗曰攘。"高诱注《淮南子》云:"凡六畜自来而取之,曰攘也。"《尔雅·释诂》:"儴,仍,因也。"儴与攘同。

③ 证:《说文》:"证,告也。"告发。

思考与讨论

结合《里仁第四》"事父母几谏"章谈谈对此章"父为子隐,子为父隐"的理解。

13.19 樊迟问仁。子曰:"居处恭,执事敬,与人忠;虽^①之^②夷狄,不可弃也。"

注释

① 虽:即使,纵使。

② 之:到。

13.20　子贡问曰:"何如斯可谓之士矣?"子曰:"行己有耻①,使于四方,不辱君命,可谓士矣。"

曰:"敢问其次。"曰:"宗族称孝焉,乡党称弟焉。"

曰:"敢问其次。"曰:"言必信,行必果②,硁硁然③小人哉!抑④亦可以为次矣。"

曰:"今之从政者何如?"子曰:"噫!斗筲之人⑤,何足算⑥也!"

注释

① 行己有耻:《孔注》:"有耻者,有所不为。"

② 行必果:《郑注》:"所欲行必果敢为之。"

③ 硁硁然:硁,音 kēng,《正义》据《史记·乐书》"石声硁"之文《乐记》作"石声磬",又引《说文》"磬,古文从巠",云"硁"即"磬"字。《释名·释乐器》:"磬,罄也,其声罄罄然坚致也。"故以"硁硁然"形容小人,是取其"坚确"之义。

④ 抑:或也。

⑤ 斗筲之人:斗,音 dǒu,量器,《说文》:"斗,十升也,象形,有柄。"筲,音 shāo,竹制食器。斗筲之人,《正义》:"言今之从政,但事聚敛也。"似拘执于"斗筲"之本义,夫子盖言器量狭小耳。故《集注》云:"斗筲之人,言鄙细也。"

⑥ 算:《说文》:"算,数也。从竹从具。读若筭。"又云:"筭,长六寸许,计历数者。"《鲁论》及《盐铁论》等引作"选"。

思考与讨论

子贡与孔子的问答反映了孔子怎样的"士"观念?联系前面《颜渊第十二》中的相关章节,思考这一对"士"的界定具有的重要意义。

孔子认为"言必信,行必果"的人,是硁硁然的小人,对此应如何理解?

13. 21　子曰："不得中行①而与之,必也狂狷②乎! 狂者进取③,狷者有所不为④也。"

注释

① 中行:中道而行。

② 狷:音 juàn,通"獧",与"狷"为古今字。《说文》:"獧,疾跳也,一曰急也。"

③ 狂者进取:《包注》:"狂者进取于善道。"《郑注》:"狂者仰法古制,不顾时俗。"《集注》:"狂者志极高而行不掩。"

④ 狷者有所不为:《包注》:"狷者守节不为。"《集注》:"狷者知未及而守有余。"

13. 22　子曰:"南人①有言曰:'人而无恒,不可以作巫医②。'善夫!""不恒其德,或承之羞③。"子曰:"不占④而已矣。"

注释

① 南人:南方之人。

② 巫医:《说文》:"巫,祝也。女能事无形,以舞降神者也。"何休《公羊传·隐公四年》注:"巫者事鬼神祷解,以治病请福者也。男曰觋,女曰巫。"

③ 不恒其德,或承之羞:《易·恒》卦辞。或,常也。《孔注》:"言德无常则羞辱承之。"

④ 不占:《郑注》:"《易》所以占吉凶,无恒之人,《易》所不占也。"《皇疏》:"卜筮亦不能占无恒之人,故云不占而已。"

13. 23　子曰:"君子和而不同①,小人同而不和。"

注释

① 和而不同:和、同是春秋时两个重要而广泛应用的概念,彼此有重要区别。和,如五味的调和、八音的谐和。五味要由盐、梅、酱、醋等各种滋味调和在一起才能有味,八音要由各种高下疾徐、清浊长短的声音彼此相济,才能构成动听的音乐。同则是同样性质的事物掺在一起,仅有同一而无彼此相济的差异。

集说

《集解》:"君子心和,然其所见各异,故曰不同。小人所嗜好者则同,然各争利,故曰不和。"

《集注》:"和者无乖戾之心,同者有阿比之意。尹氏曰:君子尚义,故有不同。小人尚利,安得而和。"

《正义》:"和因义起,同由利生。义者宜也,各适其宜,未有方体,故不同。然不同因乎义,而非执己之见,无伤于和。利者,人之所同欲也。民务于是,则有争心,故同而不和。此君子、小人之异也。"

13.24　子贡问曰:"乡人皆好之^①,何如?"子曰:"未可也。"

"乡人皆恶之,何如?"子曰:"未可也。不如乡人之善者好之,其不善者恶之。"

注释

① 乡人皆好之:一乡之人皆好某人。《皇疏》引一说,释作"与一乡人皆亲好"。相应下文"乡人皆恶之"意谓与一乡人疏恶。《集释》按云:"此解甚新异,然何为想到与一乡人皆疏恶? 于情理未协。"

13.25　子曰:"君子易事^①而难说^②也:说之不以道,不说也;及其使人也,器之^③。小人难事而易说也:说之虽不以道,说也;及其使人也,求备焉。"

注释

① 事:事奉。《孔注》:"不责备于一人,故易事也。"

② 说:取悦。一解,谓即"游说"之"说(音 shuì)",劝说。

③ 器之:《孔注》:"度材而任官也。"《集注》:"谓随其材器而使之也。"

集说

《皇疏》:"君子既照识理深,若人以非道理之事来求使之悦,己则识之,故不悦也。"

《集注》:"君子之心公而恕,小人之心私而刻,天理人欲之间,每相反而已矣。"

13.26　子曰:"君子泰①而不骄,小人骄而不泰。"

注释

① 泰:通也,通达于世。焦循《论语补疏》:"君子所知所能,放而达之于世。"

集说

《集解》:"君子自纵泰,似骄而不骄。小人拘忌,而实自骄矜。"

《皇疏》:"君子坦荡荡,心貌怡平,是泰而不为骄慢也。小人性好轻凌,而心恒戚戚,是骄而不泰也。"

《集注》:"君子循理,故安舒而不矜肆。小人逞欲,故反是。"

李塨《论语传注》:"君子无众寡,无小大,无敢慢,而安得骄? 小人矜己傲物,惟恐失尊,何其骄侈,而安得泰?"

13.27　子曰:"刚毅木讷,近仁。"

集说

《王注》:"刚,无欲;毅,果敢;木,质朴;讷,迟钝。有斯四者近于仁。"

《皇疏》:"言此四事与仁相似,故云近仁。刚者性无求欲,仁者静,故刚者近仁也。毅者性果敢,仁者必有勇,周穷济急,杀身成仁,故毅者近仁也。木者质朴,仁者不尚华饰,故木者近仁也。讷者言语迟钝,仁者慎言,故讷者近仁也。"

《集注》:"杨氏曰:'刚毅则不屈于物欲,木讷则不至于外驰,故近仁。'"

13.28　子路问曰:"何如斯可谓之士矣?"子曰:"切切偲偲①、怡怡②如也,可谓士矣。朋友③切切偲偲,兄弟怡怡。"

注释

① 切切偲偲:切责之貌。偲,音 sī。

② 怡怡:和顺之貌。

③ 朋友:《正义》以为孔子之语止于"可谓士矣","朋友"以下两句,是记录者的解释。

13.29 子曰:"善人教民七年,亦可以即戎^①矣。"

注释

① 即戎:从军作战。即,就;戎,兵。

13.30 子曰:"以不教民^①战,是谓弃之。"

注释

① 不教民:未教之民。教,或谓教民习战事,或谓教民以礼义。

宪 问 第 十 四

14.1　宪问耻。子曰:"邦有道,谷^①;邦无道,谷,耻^②也。"

"克、伐、怨、欲^③不行焉,可以为仁矣?"子曰:"可以为难矣,仁则吾不知也。"

注释

① 谷:《孔注》:"谷,禄也。邦有道,当食禄。"吴嘉宾《论语说》:"宪之狷介,虽邦有道,且不愿禄,观其辞子之与粟可见也,故曰:'邦有道,谷。'广之也。"

② 耻:《孔注》:"君无道,而在其朝食其禄,是耻辱也。"《集注》:"邦有道不能有为,邦无道不能独善,而但知食禄,皆可耻也。宪之狷介,其于邦无道谷之可耻固知之矣,至于邦有道谷之可耻则未必知也,故夫子因其问而并言之,以广其志,使知所以自勉而进于有为也。"

③ 克伐怨欲:《马注》:"克,好胜人;伐,自伐其功;怨,忌,小怨;欲,贪欲也。"《集注》分"克伐怨欲"以下别为一章。

14.2　子曰:"士而怀居^①,不足以为士矣!"

注释

① 怀居:怀,怀恋,引申为贪图之意;居,居处,引申为安逸。

14.3　子曰:"邦有道,危^①言危行;邦无道,危行言孙^②。"

注释

① 危:《包注》:"厉也。邦有道,可以厉言行也。"《说文》:"危,在高而惧也。"《正义》引

《广雅·释诂》:"厉,高也,上也。"又引钱坫《论语后录》云:"孙星衍曰'《广雅》:危,正也。'释此为长。"

② 孙:通"逊",《集解》:"顺也,厉行不随俗,顺言以远害。"

14.4　子曰:"有德者必有言,有言者不必有德;仁者必有勇,勇者不必有仁。"

集说

《集解》:"德不可以亿中,故必有言。"

殷仲堪:"修理蹈道,德之义也。由德有言,言则末矣,末可矫而本无假,故有德者必有言,有言者不必有德也。诚爱无私,仁之理也。见危授命,若身手之相救焉,存道忘生,斯为仁矣。若夫强以肆武,勇以胜物,陵超在于要利,轻死元非以为仁,故云仁者必有勇,勇者不必有仁。"

李充:"甘辞利口,似是而非者,佞巧之言也。敷陈成败,合连纵横者,说客之言也。凌夸之谈,多方论者,辨士之言也。德音高合,发为明训,声满天下,若出金石,有德之言也。故有德必有言,有言不必有德也。陆行而不避虎兕者,猎夫之勇也。水行不避蛟龙者,渔父之勇也。锋刃交于前,视死若生者,烈士之勇也。知穷之有命,知通之有时,顺大难而不惧者,仁者之勇也。故仁者必有勇,勇者不必有仁。"

《集注》:"有德者和顺积中,英华发外,能言者或便佞口给而已。仁者心无私累,见义必为,勇者或血气之强而已。"

14.5　南宫适①问于孔子曰:"羿②善射,奡荡舟③,俱不得其死然④;禹稷⑤躬稼⑥,而有天下。"夫子不答⑦。

南宫适出。子曰:"君子哉若人! 尚德哉若人!"

注释

① 南宫适:孔子弟子南容,见《公冶长第五》"子谓南容"章。适,音 kuò,本又作括。

② 羿：《孔注》："有穷国之君，篡夏后相之位，其臣寒浞杀之，因其室而生奡。"许慎以为羿是帝喾之射官，南宫适所言之"羿"为其后世之袭其职者。《皇疏》以为古之名羿而善射者。

③ 奡荡舟：奡，音 ào，《孔注》以为即寒浞之子。《皇疏》以为古时多力人也，不言寒浞之子。荡舟，《孔注》："奡多力，能陆地行舟，为夏后少康所杀。"《正义》引周柄中《典故辨正》云，古人以左右冲杀为荡阵之义，荡舟，即以舟师冲杀之意。

④ 然：有人认为"然"宜属下句读。

⑤ 稷：后稷，周之始祖，名弃，始播百谷。

⑥ 躬稼：躬亲稼穑之事。《马注》："禹尽力于沟洫，稷播百谷，故曰躬稼。禹及其身，稷及后世，皆王。"

⑦ 夫子不答：《马注》："适意欲以禹稷比孔子，孔子谦故不答也。"

14.6　子曰："君子而不仁者有矣夫，未有小人而仁者也。"

14.7　子曰："爱之，能勿劳乎？忠焉，能勿诲乎？"

集说

《孔注》："言人有所爱，必欲劳来之；有所忠，必欲教诲之。"

李充："爱之不能不劳心，尽忠不能不教诲。"

《集注》："苏氏曰：爱而勿劳，禽犊之爱也；忠而勿诲，妇寺之忠也；爱而知劳之，则其为爱也深矣，忠而知诲之，则其为忠也大矣。"

王引之《经义述闻》："《吕氏春秋》高注：'劳，勉也。''勉'与'诲'义近，故劳、诲并称。"《正义》以为王氏说足以发明《孔注》之义，但以为"劳"当释作"忧"，"忧者，勤思之也"。

14.8　子曰："为命①：裨谌②草创③之，世叔④讨论之，行人子羽⑤修饰之，东里子产⑥润色之。"

注释

① 为命：为辞命，指聘问会盟所受于主国之命。

② 裨谌：郑国大夫，善于创制盟会之辞。裨，音 pí，谌，音 chén。

③ 草创：创，剏之假借字。《说文》："剏，造法剏业也，从井，刅声，读若创。"草，始创制时若草之芜杂。

④ 世叔：即子大叔，郑大夫游吉。

⑤ 行人子羽：行人，天子、诸侯之掌出使之官；子羽，郑大夫公孙挥。

⑥ 东里子产：东里为子产所居之处。称其居处以美之。《尚书·吕刑》："表厥宅里"。

14.9　或问子产。子曰："惠人^①也。"

问子西^②。曰："彼哉^③！彼哉！"

问管仲。曰："人^④也。夺伯氏骈邑^⑤三百^⑥，饭疏食，没齿无怨言。"

注释

① 惠人：惠爱之人。

② 子西：《马注》："郑大夫，或曰楚令尹子西。"是汉时有异说。《集注》以为指楚公子申，《正义》从之。《论语稽求篇》以为当指郑大夫子西，与子产为兄弟，而往往以同事而并见优劣，且相继听政，其两人行事，齐、鲁间人熟闻之，故连问如此。后说较长。

③ 彼哉：无足称之意。"彼哉彼哉"，为古之成语。

④ 人：《集解》："犹《诗》言'所谓伊人'。"意为称赞其人。清人或以为"人"即"仁"，二字典籍中常通用。

⑤ 伯氏骈邑：《孔注》："伯氏，齐大夫。骈邑，地名。"《集注考证》及陈士元《论语类考》以为，骈为伯氏之名，非有骈邑之地名。

⑥ 三百：食邑三百户。

14.10　子曰："贫而无怨难，富而无骄易。"

14. 11　子曰:"孟公绰①为赵魏②老③则优④,不可以为滕薛⑤大夫。"

注释

① 孟公绰:鲁国大夫。《史记·仲尼弟子列传》称为孔子所尊敬者。

② 赵魏:晋国卿大夫赵氏、魏氏。

③ 老:大夫家臣曰老。

④ 优:饶也,有余裕。

⑤ 滕薛:滕国,薛国,皆当时之小国。

14. 12　子路问成人①。

子曰:"若臧武仲②之知,公绰③之不欲,卞庄子④之勇,冉求之艺,文之以礼乐,亦可以为成人矣。"

曰⑤:"今之成人者何必然?见利思义,见危授命⑥,久要⑦不忘平生之言,亦可以为成人矣。"

注释

① 成人:成为人,意指成有德之人。

② 臧武仲:鲁大夫臧孙纥,臧文仲之子。

③ 公绰:即上章之孟公绰。

④ 卞庄子:《集解》周生烈注云"卞邑大夫"。据《正义》引诸说,卞为鲁邑,卞庄子盖以邑为氏。《荀子·大略》及《韩诗外传》等记其有勇力。

⑤ 曰:《皇疏》、《邢疏》以为仍为孔子曰。《文选》注曹植《责躬诗》、沈约《别范安成诗》引作"子曰"。《集注》引胡氏曰:"'今之成人'以下乃子路之言。"

⑥ 授命:致命,献出生命。

⑦ 久要:《孔注》:"旧约也。"《疏证》以为,"要"读为"约",贫困之意。

14. 13　子问公叔文子①于公明贾②曰:"信乎夫子不言、不笑、不取乎？"

公明贾对曰："以告者③过也。夫子时④然后言，人不厌其言；乐然后笑，人不厌其笑；义然后取，人不厌其取。"

子曰："其然，岂其然乎⑤？"

注释

① 公叔文子：卫大夫公孙拔，谥"文"。

② 公明贾：《正义》："疑亦卫人，公明氏，贾名也。"

③ 以告者：以之告之者。《疏证》云："以，此也。"

④ 时：当其时，时机得当。

⑤ 其然岂其然乎：《马注》："美其得道，嫌其不能悉然也。"《皇疏》："然，如此也，言今汝所说者当如此也。谓人所传三事不言、不笑、不取，岂容如此乎。"皇氏之意，盖谓孔子云"其然"为肯定公明贾所言，而"岂其然"为否定人所言之三事。又引袁氏云"其然，然之也。此则善之者，恐其不能，故设疑辞。"疑公叔文子不必能如此也。

14.14　子曰："臧武仲以防①求为后②于鲁，虽曰不要③君，吾不信也。"

注释

① 防：鲁地名，臧氏食邑。

② 为后：立为后。鲁襄公二十三年，武仲为孟氏所潛，出奔邾，又自邾如防，以守先人之祀为由，请襄公立臧为为后，食邑于防，然后奔齐。

③ 要：要挟。

14.15　子曰："晋文公①谲②而不正，齐桓公正而不谲。"

注释

① 晋文公：晋，周成王弟叔虞所封之国。文公，名重耳。

② 谲:《说文》:"谲,权诈也。"

14. 16　子路曰:"桓公杀公子纠①,召忽死之,管仲不死。"曰:"未仁乎②?"

　　子曰:"桓公九合诸侯③,不以兵车④,管仲之力也。如其仁⑤!如其仁!"

注释

① 桓公杀公子纠:齐桓公与公子纠均为襄公之弟。襄公无道,鲍叔牙奉公子小白奔莒,襄公为其从弟公孙无知所杀,管仲、召忽奉公子纠出奔鲁。齐人杀公孙无知,鲁伐齐,纳子纠,小白自莒先入,是为桓公。桓公拒子纠,杀之,召忽杀身以殉子纠。鲍叔牙荐管仲于桓公,桓公以之为相。

② 未仁乎:管仲与召忽共奉公子纠奔齐,桓公拒公子纠,召忽死于难,管仲以箭射桓公不中。管仲未能死难,而终为桓公相,子路或以为不仁,故有此问。

③ 九合诸侯:桓公纠合诸侯盟会,计有十一次,言九,概言其多。

④ 不以兵车:以,因,凭。谓不以战争武力相胁迫。

⑤ 如其仁:《孔注》:"谁如其仁也。"后世以为誉之太过,遂有别解。黄式三《论语后案》云:"如,犹乃也。"举《诗》"如震如怒"及《法言》"如其富、如其富"诸语为证。刘宝楠引王引之《经传释词》云:"如犹乃也。"与黄氏同。

14. 17　子贡曰:"管仲非仁者与?桓公杀公子纠,不能死,又相之。"子曰:"管仲相桓公,霸①诸侯,一匡天下②,民到于今受其赐。微③管仲,吾其被发左衽④矣!岂若匹夫匹妇之为谅⑤也,自经⑥于沟渎而莫之知也。"

注释

① 霸:《郑注》:"天子衰,诸侯兴,故曰霸。霸者,把也,言把持王者之政教,故其字作伯,或作霸也。"《正义》:"《说文》:'伯,长也。'诸侯受命为一州诸侯之长,谓之州伯,

又谓之方伯。伯转读为霸,故其字亦作'霸'。"《白虎通·号篇》:"霸者,伯也,行方伯之职,会诸侯,朝天子,不失人臣之义,故圣人与之,非明王之法不张。霸犹迫也,把也,迫胁诸侯,把持其政。"

② 一匡天下:一,使之一。匡,正。

③ 微:无也。

④ 被发左衽:《皇疏》:"被发,不结也。"按礼,男女成年则结发于首,行冠笄礼。被发被视为夷俗。左衽,《说文》:"衽,衣裣也。裣,交衽也。"即衣襟。左衽,衣襟交于左。左衽盖亦夷俗。

⑤ 谅:《说文》:"谅,信也。"

⑥ 经:缢也。

14.18 公叔文子之臣大夫僎①,与文子同升诸公②。子闻之,曰:"可以为'文'③矣。"

注释

① 臣大夫僎:《孔注》:"大夫僎,本文子家臣,荐之使与己并为大夫。"臣为家臣,大夫则指荐于朝为大夫后之称。毛奇龄、阎若璩等谓"臣大夫"指家臣中为大夫者而言,即"臣大夫"为一词。僎,音 zhuàn,或本作"撰"。

② 同升诸公:同进为公朝之臣。诸,之乎。

③ 可以为文矣:谓公叔文子荐家臣为公朝大夫,足当其谥为文。

14.19 子言卫灵公之无道也,康子曰:"夫如是,奚而不丧①?"孔子曰:"仲叔圉②治宾客③,祝鮀治宗庙④,王孙贾治军旅。夫如是,奚其丧?"

注释

① 丧:失位亡国。

② 仲叔圉:即孔文子,见《公冶长第五》。

③ 治宾客:掌宾客往来之事。

④ 治宗庙：掌治宗庙祭祀之事。

14.20　子曰："其言之不怍①，则为②之也难！"

注释

① 怍：音 zuò。《说文》："怍，惭也。"

② 为：践行。

集说

《马注》："内有其实，则言之不惭，积其实者为之难也。"

王弼："情动于中而外形于言，情正实而后言之不怍。"

《集注》："大言不惭，则无必为之志，而不自度其能否矣，欲践其言岂不难哉。"

思考与讨论

"集说"中汉魏旧注与朱熹之注有何不同？

14.21　陈成子①弑简公②。孔子沐浴而朝③，告于哀公曰："陈恒弑其君，请讨④之。"

公曰："告夫三子⑤！"

孔子曰："以吾从大夫之后，不敢不告也。君曰'告夫三子'者。"

之三子告，不可⑥。

孔子曰："以吾从大夫之后，不敢不告也。"

注释

① 陈成子：齐大夫陈恒。

② 简公：齐简公。陈恒弑简公在鲁哀公十四年。

③ 沐浴而朝：沐浴，斋戒沐浴。朝，朝见国君，此处指朝见鲁哀公。

④ 讨：讨伐。

⑤ 三子:指鲁三家大夫。

⑥ 不可:不允,指三家大夫不应允孔子讨陈恒之请。

14.22　子路问事君。子曰:"勿欺也,而犯[1]之。"

注释

① 犯:犯颜谏诤。

14.23　子曰:"君子上达,小人下达。"

集说

《皇疏》:"上达者,进于仁义也;下达,谓达于财利,所以与君子反也。"

《集注》:"君子循天理,故日进乎高明。小人循人欲,故日究乎污下。"

黄式三《论语后案》:"达,通晓之谓。下达,如《汉书》'九流'之类。扬子《法言·君子篇》曰:'通天地人曰儒,通天地而不通人曰伎。'凡伎曰下达,此小人即可小知之人。"

14.24　子曰:"古之学者为己,今之学者为人。"

集说

《孔注》:"为己,履而行之。为人,徒能言之。"

《皇疏》:"明古今有异也。古人所学,己未善,故学先王之道,欲以自己行之,成己而已。今之世学,非复为补己之行阙,正是图能胜人,欲为人言己之美,非为己行不足也。"

《集注》:"程子曰:'为己,欲得之于己也。为人,欲见知于人也。'"

范晔《后汉书·桓荣传论》:"孔子曰:'古之学者为己,今之学者为人。'为人者凭誉以显扬,为己者因心以会道。"

思考与讨论

何为"为己"之学,何为"为人"之学? 今天当如何理解这一区分?

14.25 蘧伯玉①使人于孔子。孔子与之坐而问焉,曰:"夫子②何为?"对曰:"夫子欲寡其过③而未能也。"

使者出。子曰:"使乎④! 使乎!"

注释

① 蘧伯玉:卫大夫,名瑗。孔子适卫,主于其家。蘧,音 qú。

② 夫子:孔子称蘧伯玉。

③ 寡其过:使其过寡。

④ 使乎:使,使者。重言之,表赞叹,以其善辞令也。《皇疏》:"孔子美使者之为美,故再言'使乎'者,言伯玉所使为得其人也。颜子尚未能无过,况伯玉乎? 而使者曰'未能',是得伯玉之心而不见欺也。"

文学链接

蘧伯玉行年五十而知四十九年非 蘧伯玉是当时著名的深知自己不足的人,先秦典籍中称他"行年五十而知四十九年非",后世多用此语为诗文典故,表示人生是非难测。

和友人喜相遇十首 其八　李咸用

还淳反朴已难期,依德依仁敢暂违。寡欲自应刚正立,无私翻觉友朋稀。旄头影莫侵黄道,傅说星终近紫微。年纪少他蘧伯玉,幸因多难早知非。

寓言　黄滔

流年五十前,朝朝倚少年。流年五十后,日日侵皓首。非通非介人,谁论四十九。贤哉蘧伯玉,清风独不朽。

和友人寄怀 薛能

从来行乐近来希,蘦瑗知言与我违。自是衰心不如旧,非关四十九年非。

14.26　子曰:"不在其位,不谋其政①。"
曾子曰:"君子思不出其位②。"

注释

① 不在其位不谋其政:已见《泰伯第八》第十四章。
② 思不出其位:《皇疏》:"君子思虑当己分内,不得出己之外而思他人事。思于分外,徒劳不可得。"《集注》分"曾子曰"以下别为一章。

集说

康有为《论语注》:"位者,职守之名,各有权限,不能出权限之外。……如兵官专司兵事,农官专司农事,不得及它,乃能致精也。若士人无位,则天地之大,万物之伙,皆宜穷极其理。……盖学人与有位正相反也,学者慎勿误会。"

《今读》:"孔子的话,可以有多种原因和解释,曾参的话就太保守。……康《注》有意思,颇符合现代民主精神,难怪他要改孔子'天下有道则庶民不议'为'天下有道则庶民议',即人均有议政之权利,这当然完全不同于曾子。因此'不谋其政',不过是不应干预专家的专业知识领域而已。"

14.27　子曰:"君子耻其言而过其行①。"

注释

① 耻其言而过其行:而,皇侃本作"之",《潜夫论·交际篇》引亦作"之",则所耻者即言过其行。《集注》:"耻者,不敢尽之意。过者,欲有余之辞。"则视"耻其言"与"过其行"为并列二事,意甚迂曲,似不确。

14.28　子曰:"君子道^①者三,我无能^②焉:仁者不忧^③,知者不惑,勇者不惧。"子贡曰:"夫子自道也!"

注释

① 道:《四书训义》:"'道者三',非君子之道三也,仁、智、勇是德不是道。此'道'字解作'由'也,由之以成德也。"

② 无能:未能做到,未能兼备。

③ 仁者不忧:此下三句,已见《子罕第九》第二十九章,唯语序略有别。

14.29　子贡方人^①。子曰:"赐也贤乎哉! 夫我则不暇^②。"

注释

① 方人:《孔注》:"比方人也。"议论之意。《郑注》作"谤人",谓言人之过恶。

② 暇:闲也。不暇,谓无暇于方人。

14.30　子曰:"不患人之不己知,患其不能也^①。"

注释

① 患其不能也:《皇疏》、足利本等作"患己无能也。"

14.31　子曰:"不逆诈^①,不亿不信^②,抑^③亦先觉者,是贤乎!"

注释

① 逆诈:逆,迎也。颜师古注《汉书·翟方进传》"不得用逆诈废正法"云:"逆诈者,谓以诈意逆猜人也。"

② 不亿不信:亿,臆度。不臆度人之不诚信。

③ 抑:表转折。

14.32　微生亩①谓孔子曰："丘何为是栖栖②者与？无乃为佞乎？"孔子曰："非敢为佞也，疾固③也。"

注释

① 微生亩：微生姓，亩名。

② 栖栖：同"棲"。《说文》："西，鸟在巢上。象形。日在西方而鸟栖，故因以为东西之西。棲，西或从木妻。"栖栖，《邢疏》："犹皇皇也。"忙碌不遑休息貌。汉唐以来多作此解。俞樾《群经平议》谓当与《诗》"六月栖栖"同，"简阅貌"，并与"萋萋"、"济济"同，有整饬、多威仪之貌，微生亩盖疑孔子盛张礼乐车徒以求悦于人。

③ 疾固：固，固陋。《包注》："疾世之固陋，欲行道以化之。"

文学链接

微生亩之语，由不能明白孔子之抱负所致，但是形容夫子"栖栖者"，却成为孔子在后世的经典形象，且引发文人不断的形容、感叹。其中最有情韵、且最能深探夫子一生行事者，则属唐玄宗李隆基之诗。

经邹鲁祭孔子而叹之　唐玄宗

夫子何为者，栖栖一代中。地犹邹氏邑，宅即鲁王宫。叹凤嗟身否，伤麟怨道穷。今看两楹奠，当与梦时同。

与弟游家园　张九龄

定省荣君赐，来归是昼游。林鸟飞旧里，园果让新秋。枝长南庭树，池临北涧流。星霜屡尔别，兰麝为谁幽。善积家方庆，恩深国未酬。栖栖将义动，安得久情留。

故园置酒　刘希夷

酒熟人须饮，春还鬓已秋。愿逢千日醉，得缓百年忧。旧里多青草，新知尽白头。风前灯易灭，川上月难留。卒卒周姬旦，栖栖鲁孔丘。平生能几日，不及且遨游。

广陵别薛八 孟浩然

士有不得志,栖栖吴楚间。广陵相遇罢,彭蠡泛舟还。樯出江中树,波连海上山。风帆明日远,何处更追攀。

偶然作二首 其一 吕温

栖栖复汲汲,忽觉年四十。今朝满衣泪,不是伤春泣。

14.33 子曰:"骥^①不称其力^②,称其德^③也。"

注释

① 骥:《说文》:"骥,千里马也。"《郑注》:"骥,古之善马。"

② 称其力:以力见称,以力得名。力,谓有足力能远行。

③ 德:《郑注》:"德者,调良之谓。谓有五御之威仪。"《周官·保氏职》"五驭",郑众注:"五驭:鸣和鸾,逐水曲,过君表,舞交衢,逐禽左。"言良马有五种威仪。

14.34 或曰:"以德报^①怨,何如?"子曰:"何以报德? 以直报怨,以德报德。"

注释

① 报:《广雅·释言》:"报,复也。"《玉篇》:"报,酬也,答也。"

思考与讨论

《老子》云:"大小多少,以德报怨。"孔子为何不同意"以德报怨"?

14.35 子曰:"莫我知也夫!"

子贡曰:"何为其莫知子也?"

子曰:"不怨天,不尤^①人;下学而上达^②。知我者其天乎^③!"

注释

① 尤:即"訧",省作尤。《郑注》:"尤,非也。"《马注》:"孔子不用于世而不怨天,人不知己,亦不尤人。"

② 下学而上达:《孔注》:"下学人事,上知天命。"《皇疏》:"下学,学人事,上达,达天命。"

③ 知我者其天乎:《集解》:"圣人与天地合其德,故曰唯天知己。"《皇疏》:"我既学人事,人事有否有泰,故不尤人;上达天命,天命有穷有通,故我不怨天也。"

14.36 公伯寮^①愬^②子路于季孙。子服景伯^③以告,曰:"夫子^④固有惑志于公伯寮,吾力犹能肆诸市朝^⑤。"子曰:"道之将行也与? 命也。道之将废也与? 命也。公伯寮其如命何!"

注释

① 公伯寮:孔子弟子,公伯姓,寮名,《史记·弟子列传》云字子周。或以为非孔子弟子。

② 愬:音 sù,潛毁。

③ 子服景伯:鲁大夫子,名何,景为谥。

④ 夫子:指季孙。

⑤ 肆诸市朝:《说文》:"肆,极陈也。"杀而陈其尸曰肆。市朝,据礼,杀大夫于朝,杀士于市。公伯寮为士,当肆于市,此处"市朝"连言,而偏在"市"。

14.37 子曰:"贤者辟世^①,其次辟地^②,其次辟色^③,其次辟言^④。"

子曰:"作者七人^⑤矣。"

注释

① 辟世：辟，通"避"，皇本作"避"，去也。辟世，《孔注》："世主莫得而臣。"意为不肯为君王所用。

② 辟地：《马注》："去乱国，适治邦。"

③ 辟色：避容色。《孟子·告子下》云"礼貌衰则去"，或即"避色"之义。

④ 辟言：《孔注》："有恶言乃去。"

⑤ 作者七人：作者，为之者。指上言避四者之贤人。七人，《包注》谓指长沮、桀溺等七人，《郑注》云当为十人，说法不同，难定于一是。《集注》分"子曰作者"以下别为一章。

14.38　子路宿于石门①。晨门②曰："奚自③？"子路曰："自孔氏④。"曰："是知其不可而为之者与？"

注释

① 石门：鲁城外门。

② 晨门：司门吏，主晨开昏闭，故曰晨门。

③ 自：从。

④ 孔氏：《正义》："犹言孔家，以居相近，人所习知，故不举名字也。"

14.39　子击磬于卫。有荷蒉①而过孔氏之门者，曰："有心哉！击磬乎！"既而曰："鄙哉！硁硁乎②！莫己知也，斯己而已矣。深则厉，浅则揭③。"子曰："果哉！末之难矣④。"

注释

① 荷蒉：荷，音 hè，负。蒉 kuì，草器。

② 硁硁乎：形容磬之音声。

③ 深则厉，浅则揭：《诗·邶风·匏有苦叶》句。水深则厉，厉，以衣涉水；揭，音 qì 褰衣，水浅在膝以下则提起衣摆而过。

④ 果哉末之难矣：末六字有歧解，见下解说。

集说

《集解》:"未知己便讥己,所以为果。末,无也。无难者,以其不能解己之道。"

《皇疏》:"言彼未解我意而便讥我,此则为果敢之甚也,故曰果哉。但我道之深远,彼是中人,岂能知我。若就彼中人求无讥者,则为难矣。玄风之攸在,圣贤相与必有以也。夫相与于无相与,乃相与之全;相为于无相为,乃相为之远,则其修本,奚其泥也。同自然之异也。虽然,未有如荷蒉之谈讥甚也。"

《集注》:"果哉,难其果于忘世也。末,无也。圣人心同天地,视天下犹一家,中国犹一人,不能一日忘也,故闻荷蒉之言而叹其果于忘世,且言人之出处若但如此,则亦无所难矣。"

俞樾《群经平议》:"《淮南子·道应篇》'令不果往',高诱注:'果,诚也。''果哉,末之难矣',犹曰'诚哉无难矣'。盖如荷蒉者之言,随世以行己,视孔子所为,难易相去何啻天壤。故孔子闻其言而叹之,一若深喜其易者,而甘为其难之意自在言外。圣人辞意微婉,初非与之反唇也,《何解》失之。"

戴望《论语注》:"果,信也。之,往也。信如其言,无所复往,行道难矣。"

14.40 子张曰:"《书》云:'高宗①谅阴②,三年不言',何谓也?"子曰:"何必高宗? 古之人皆然。君薨③,百官总己④以听⑤于冢宰⑥三年。"

注释

① 高宗:殷王武丁,中兴殷室。

② 谅阴:据郑玄,本作"梁闇",假作"谅阴"、或"亮阴"、"谅闇"等。孝子居丧时之凶庐。
《孔注》:"谅,信也;阴,犹默也。"则是据下文"三年不言"作解。

③ 薨:音 hōng。《礼记·曲礼》:"天子死曰崩,诸侯曰薨。"

④ 总己:《说文》:"总,聚束也。"己,指百官自己。

⑤ 听:听政。

⑥ 冢宰:又称太宰,辅佐天子统领百官治理国家,即后世所谓宰相。

14.41 子曰:"上好礼,则民易使也①。"

注释

① 上好礼则民易使:《子路第十三》第四章"樊迟问稼"中云"上好礼,民莫不敬",可资以理解此章。

14.42　子路问君子。子曰:"修己以敬①。"

曰:"如斯而已乎?"曰:"修己以安人②。"

曰:"如斯而已乎?"曰:"修己以安百姓。修己以安百姓,尧、舜其犹病诸③!"

注释

① 修己以敬:《孔注》:"修己以敬,敬其身也。"

② 人:《孔注》:"人谓朋友九族。"《正义》:"《易·家人象传》云:'家人,女正位乎内,男正位乎外。'此安人之义也。"

③ 病诸:病,难也。诸,即"之乎"。

14.43　原壤①夷俟②。子曰:"幼而不孙弟③,长而无述④焉,老而不死,是为贼⑤!"以杖叩其胫。

注释

① 原壤:鲁人,孔子故旧。

② 夷俟:夷,同"跠",《广雅·释诂》:"跠,踞也。"踞即蹲踞。俟,待。夷俟,谓不出迎宾客,而蹲踞以待,无礼。或以"夷俟"为叠韵词,仅蹲踞之意。

③ 孙弟:恭顺。孙,通"逊",弟通"悌"。

④ 述:称述,称道。

⑤ 贼:贼害之人。指有害于德行。

14.44　阙党①童子将命②。或问之曰:"益者③与?"子曰:"吾见其居于位④也,见其与先生并行⑤也。非求益者也,欲速成者也。"

注释

① 阙党:孔子所居之里,《荀子·儒效》:"仲尼居于阙党。"又名阙里。《水经注》:"孔庙东南五百步有双石阙,故名阙里。"

② 将命:《马注》:"传宾主之语出入。"将,传也。

③ 益者:即下文"求益者",求益,求进益之意。

④ 居于位:按礼,童子隅坐,无位,阙党童子居于位,是失礼。

⑤ 与先生并行:先生,谓先于己所生,指成人;并行,并肩而行,不差在后。与"居于位"同属不合礼之举止。

卫灵公第十五

15.1　卫灵公问陈①于孔子。孔子对曰:"俎豆之事②,则尝闻之矣;军旅之事,未之学也。"明日③遂行。

注释

① 陈:军阵行列之法。陈,即"阵",《颜氏家训·书证》谓"阵"始于王羲之《小学章》,则"陈"为本字,"阵"为晋时俗体。

② 俎豆之事:礼乐之事。俎、豆,皆为礼器。俎,音 zǔ。

③ 明日:次日。

15.2　在陈绝粮①,从者病,莫能兴②。子路愠见曰:"君子亦有穷乎?"子曰:"君子固穷③,小人穷斯滥④矣。"

注释

① 粮:《周官·廪人》注:"行道曰粮,谓糒也。止居曰食,谓米也。"

② 兴:起,起立。

③ 固穷:《集解》:"君子固亦有穷时。"《集注》:"程子曰:'固穷者,固守其穷。'"《朱子语类》:"固守其穷,古人多如此说,但以上文观之,则恐圣人一时问答之辞,未遽及此。盖子路方问'君子亦有穷乎',圣人答之曰:'君子固是有穷时,但不如小人穷则滥矣。'"注疏本与上一章合为一章。

④ 滥:《集解》:"溢也。君子固亦有穷时,但不如小人穷则滥溢为非。"《郑注》:"滥,窃也。"《正义》:"《坊记》:'小人贫斯约,约斯盗。'小人贫必至为盗,故此注以'窃'言之。《礼器》注'滥亦窃盗也'是也。"

文学链接

<h3 style="text-align:center">饮酒诗二十首 其二　陶渊明</h3>

积善云有报，夷叔在西山。善恶苟不应，何事空立言。九十行带索，饥寒况当年。不赖固穷节，百世当谁传。

<h3 style="text-align:center">深居　郑谷</h3>

吾道有谁同，深居自固穷。殷勤谢绿树，朝夕惠清风。书满闲窗下，琴横野艇中。年来头更白，雅称钓鱼翁。

15.3　子曰："赐也，女以予为多学而识①之者与？"对曰："然，非与？"曰："非也。予一以贯之。"

注释

① 识：音 zhì，记住。

集说

多学博识与一以贯之，在后世有诸种解说，举其大者如下：

《集解》："善有元，事有会，天下殊途而同归，一致而百虑。知其元，则众善举矣，故不待多学以一知之。"

《皇疏》："贯，穿也。言我所以多识者，我以一善之言贯穿万事，而万事自然可识，故得知之，故云予一以贯之也。"

《集注》："子贡之学，多而能识矣。夫子欲其知所本也，故问以发之。方信而忽疑，盖其积学功至而亦将有得也。说见第四篇，然彼以行言，而此以知言也。"

《朱子语类》："孔子告子贡，盖恐子贡只以己为多学，而不知一以贯之之理，后人不会其意，遂以为孔子只是一贯，不用多学。若非多学，则又无物可贯，孔子实是多学，无一事不理会过，只是于学中有一以贯之耳。"

《论语或问》："夫子以一贯告子贡，使知夫学者虽不可以不多学，然亦有所谓一以贯之，然后为至耳。善子贡之学固博矣，然意其特于一事一物之中，各有以知其理之当然，而未能知夫万理之为一，而廓然无所不通也。若是者虽有以知夫众理之所在，而泛然莫为之统，其处事接物之间，有以处其所尝学者，而于其所未尝学者，则不能有以通也。其闻一则止能知二，非以亿而言则亦不能屡中，而其不中者亦多矣。圣人以此告之，使之知所谓众理者，本一理也，以是而贯通之，则天下事物之多皆不外乎是而无不通矣。"

《焦氏笔乘》："李嘉谋曰：'多学之为病者，由不知一也。苟知其一，则仁义不相反，忠孝不相违，刚柔不相悖，曲直不相害，动静不相乱，语默不相反，如是则多即一也，一即多也，物不异道，道不异物，精亦粗，粗亦精，故曰通于一。'"

《反身录》："天下之动，贞夫一者也。贞夫一，斯贯矣。问一，曰即人心固有之理，良知之不昧者是也。常知则常一，常一则事有万变。理本一致，故曰殊途而同归，百虑而一致。聪明博识，足以穷理，而不足以融理；足以明道，而非所以体道。若欲心与理融，打成片段，事与道凝，左右逢源，须黜聪堕明，将平日种种闻见记忆尽情舍却，尽情瞥脱，令中心空空洞洞了无一翳，斯干干净净方有入机，否则憧憧往来，障道不浅。"

顾炎武《日知录》："'好古敏求'，'多见而识'，夫子之所自道也。然有进乎是者。六爻之义至赜也，而曰'知者观其象辞，则思过半矣'；三百之《诗》至泛也，而曰'一言以蔽之曰思无邪'；三千三百之仪至多也，而曰'礼，与其奢也，宁俭'；十世之事至远也，而曰'殷因于夏礼，周因于殷礼，虽百世可知'；百王之治至殊也，而曰'道二，仁与不仁而已矣'：此所谓'予一以贯之'者也。其教门人也，必先叩其两端而使之以三隅反，故颜子则闻一以知十，而子贡'切磋'之言，子夏'礼后'之问，则皆善其可与言诗，岂非天下之理殊途同归，大人之学举本以该末乎？彼章句之士，既不足以观其会通，而高明之君子，又或语德性而遗问学，均失吾人之指矣。"

阮元《一贯说》："贯，行也，此夫子恐子贡但以多学而识学圣人，而不以行事学吾人也。夫子于曾子则直告之，于子贡则略加问难而出之，卒之告子贡曰'予一以贯之'，亦谓壹是皆以行事为教也，亦即忠恕之道也。"

15.4　子曰："由！知德者鲜矣^①。"

注释

① 知德者鲜矣：此章《集解》引王肃注云："君子固穷，而子路愠见，故谓之少于知德。"
是以为与"在陈绝粮"一章相连，乃孔子为子路愠见而发。《皇疏》与王解有异，云：
"呼子路语之云：夫知德之人难得，故为少也。"《正义》云："中庸之德，民所鲜能，故
知德者鲜。"

15.5　子曰："无为而治①者，其舜也与！夫何为哉？恭己正南面②
而已矣。"

注释

① 无为而治：《集解》："言任官得其人，故无为而治。"《集注》："圣人德盛而民化，不待
其有所作为也。"
② 恭己正南面：己身恭敬而端居其位，以治国临民。

文化史扩展

无为而治　无为而治，是传统政治思想中非常重要的观念，但它在实践中却
表现得颇为复杂。《集解》解此章云"言任官得其人，故无为而治"，略有发挥，孔子
原意，应更侧重于强调"恭敬"所带来的道德示范作用。这一涵义上的"无为而治"
实际上很少能真正的实践。在政治实践中最常见到的，是黄老道家的"无为而
治"，它要求减省刑罚、避免苛政，成为士大夫阶层与皇权抗衡的理论资源，也成为
地方官吏在一定程度上便宜行事、与民休息的借口。在正史记载中，大体可以发
现，在臣—民这一层面上的"无为而治"，常表现出积极效果，即一方之长无为而
治，措施简省，常能使一方百姓乂安，社会安定，但是在君—臣层面则常常显得力
不从心。

15.6　子张问行。

子曰："言忠信，行笃敬，虽蛮貊①之邦行矣；言不忠信，行不笃敬，虽
州里②行乎哉？立，则见其参于前③也；在舆④，则见其倚于衡⑤也。夫然

后行!"

　　子张书诸绅^⑥。

注释

① 蛮貊:犹言蛮夷。貊,音 mò,《说文》:"貉,北方豸种。孔子曰'貉之言恶也'。"《正义》云此"貉"作"貊",系别体。

② 州里:《释名·释州国》:"州,注也,郡国所注仰也。"二千五百家为州。

③ 见其参于前:《包注》:"言思念忠信,立则常想见参然在目前。"《皇疏》:"参犹森也,言若敬德之道行,己立在世间,则自想见忠信笃敬之事森森然满亘于己前也。"则"参"读 sēn。《正义》以为,"参"不训"森",举《集注》"'参'读如'毋往参焉'之'参',言与我相参也。"又引王引之《经义述闻》谓"参"训"直",则"参"读 cān。"直"义同"值",意为立则见"忠信笃敬"与自己相遇于前。

④ 舆:车舆。

⑤ 衡:车前横木。

⑥ 绅:衣上之大带。

文学链接

初入峡有感 白居易

　　上有万仞山,下有千丈水。苍苍两崖间,阔狭容一苇。瞿唐呀直泻,滟滪屹中峙。未夜黑岩昏,无风白浪起。大石如刀剑,小石如牙齿。一步不可行,况千三百里。莃荷竹篾笓,敧危楫师趾。一跌无完舟,吾生系于此。常闻伏忠信,蛮貊可行矣。自古漂沈人,岂尽非君子。况吾时与命,蹇舛不足恃。常恐不才身,复作无名死。

江汉答孟郊 韩愈

　　江汉虽云广,乘舟渡无艰。流沙信难行,马足常往还。凄风结冲波,狐裘能御寒。终宵处幽室,华烛光烂烂。苟能行忠信,可以居夷蛮。嗟余与夫子,此义每所敦。何为复见赠,缱绻在不谖。

15.7　子曰："直哉史鱼①！邦有道，如矢②；邦无道，如矢。君子哉蘧伯玉！邦有道，则仕；邦无道，则可卷而怀之③。"

汗稏

① 史鱼：卫大夫史鳅，字子鱼。

② 如矢：行直如矢。《诗经·大东》："周道如砥，其直如矢"，为夫子此语所本。

③ 卷而怀之：《包注》："谓不与时政，柔顺不忤于人。"《集注》："卷，收也；怀，藏也。"俞樾《群经平议》："'之'字汉石经作'也'，《后汉书·周黄徐姜申屠传序》亦曰：'孔子称蘧伯玉邦无道则可卷而怀也'。是古本如此，当从之。"又云，"怀之义为归……无道则卷收而归也。"

文学链接

阳羡杂咏十九首·伏龟堂　陆希声

盘崖蹙缩似灵龟，鬼谷先生隐遁时。不独卷怀经世志，白云流水是心期。

朱坡绝句三首 其三　杜牧

乳肥春洞生鹅管，沼避回岩势犬牙。自笑卷怀头角缩，归盘烟磴恰如蜗。

15.8　子曰："可与言，而不与之言①，失人②；不可与言，而与之言，失言③。知者不失人，亦不失言。"

注释

① 不与之言：皇疏本、唐石经本及高丽本等无"之"字。

② 失人：失于知人。

③ 失言：孔子重视"言"，不可与言而与之言，是言语不当，未能正确实现"言"之作用，是谓"失言"。

15.9 子曰："志士①仁人，无求生以害仁，有杀身以成仁② 。"

注释

① 志士：俞樾《群经平议》云"志士"即"知士"，此章云"志士仁人"，"犹云知士仁人也，仁者安仁，知者利仁，故有杀身以成仁，无求生以害仁"。可备一说。

② 有杀身以成仁：《汉书·苏武传赞》、《中论·夭寿》、《后汉书·杜林传注》及郭象注《庄子》皆以此句在"无求生以害仁"前。

文学链接

登首阳山谒夷齐庙　李顾

古人已不见，乔木竟谁过。寂寞首阳山，白云空复多。苍苔归地骨，皓首采薇歌。毕命无怨色，成仁其若何。我来入遗庙，时候微清和。落日吊山鬼，回风吹女萝。石崖向西豁，引领望黄河。千里一飞鸟，孤光东逝波。驱车层城路，惆怅此岩阿。

15.10 子贡问为仁。子曰："工①欲善其事，必先利②其器。居是邦也，事其大夫之贤者，友③其士之仁者。"

注释

① 工：《皇疏》："工，巧师也。"

② 利：同"厉"，古本或作"厉"。《汉书·梅福传》引正作"厉其器"。使之利。

③ 友：与之为友。

15.11 颜渊问为邦。子曰："行夏之时①，乘殷之辂②，服周之冕③，乐则《韶》舞。放郑声④，远佞人。郑声淫⑤，佞人殆⑥。"

注释

① 行夏之时:行用夏代之历法。夏以孟春建寅月为岁首,即今之夏历。《集解》:"据见万物之生,以为四时之始,取其易知。"

② 辂:音 lù,《说文》:"辂,车辀前横木也。"本亦作"路",《释名·释车》:"天子所乘曰路。路亦车也,谓之路者,言行于道路也。"《马注》:"殷车曰辂。《左传》:'大辂越席,昭其俭也。'"殷辂犹质,故乘之。

③ 冕:《包注》:"冕,礼冠。周之礼,文而备,取其垂旒蔽明,黈纩塞耳,不任视听。"意为周之冕,前有垂旒阻挡视线,又有黈纩(音 tǒu kuàng,黄色绵)用以塞耳。

④ 放郑声:放,放废;郑声,郑地之音乐。《左传》谓"烦手淫声之谓郑声"。

⑤ 郑声淫:《礼记·乐记》:"郑音好滥淫志,宋音燕女溺志,卫音趋数烦志,齐音敖辟放乔志,此四者,皆淫于色而害于德,是以祭祀勿用也。"《五经异义》:"《鲁论》说,郑国之俗,有溱洧之水,男女聚会,讴歌相感,故云郑声淫。"

⑥ 殆:使人危殆。

文化史扩展

行夏之时　三正　三统　"行夏之时"意为用夏代之历法。夏商周三代历法对一年起点的规定各不相同。按传统的观念,自阴历十一月开始的三个月,称为"三阳之月",皆可为一年之始,即一年之"正"。周以天气一阳初复之月为春正,即建子的十一月为正月,殷以地气初萌芽之月为春正,即建丑的十二月为正月,夏以人得阳煦之气农功初起之月为春正,即建寅之月,也就是现在的正月,是为"三正"。上古时三正迭用,而孔子则以夏时为得宜也。因为历法与农事活动,并因此而与国家、天下秩序相关联,因此"三正"分别代表着夏商周三代的统治秩序,称为"三统"。

康有为《论语注》云:"欧美以冬至后十日改岁,则建子矣。俄及回历则建丑矣。今大地文明之国仍无不从孔子之三正者,若印度则与中国行夏时矣。其余秦以十月则久不行,波斯以八月则亦微弱,马达加斯加以九月,缅甸以四月,皆亡矣,益见大圣之大智无外也。今诸经所称,自《春秋》外,皆夏时也。"观此语可略知世界各民族历法不同之大概。

15.12　子曰:"人无远虑,必有近忧。"

15.13 子曰:"已矣乎! 吾未见好德如好色者也。"

注释

已见于《子罕第九》第十八章。

15.14 子曰:"臧文仲其窃位^①者与? 知柳下惠^②之贤而不与立^③也。"

注释

① 窃位:窃居其位,不能让贤进能,即所谓尸位素餐。

② 柳下惠:鲁国贤士,或曰大夫,名展获,字禽,又名展季,柳下或为其食邑,谥惠。

③ 不与立:《邢疏》:"不称举与立于朝廷也。"俞樾《群经平议》:"立当读为位。不与立,即不与位,言知柳下惠之贤而不与禄位也。"

15.15 子曰:"躬自厚^①而薄责于人,则远怨矣!"

注释

① 躬自厚:躬自厚责,承后省"责"。唯《皇疏》引蔡谟之说,释"自厚"为自厚于德,不承下"责"字为解。

15.16 子曰:"不曰'如之何、如之何^①'者,吾末如之何也已矣。"

注释

① 如之何、如之何:《集解》于第一"如之何"下断句作注,后一"如之何"属下句读。《集注》两"如之何"为一句,云"熟思而审处之辞也",意思胜于《集解》。

15.17 子曰:"群居①终日,言不及义,好行小慧②,难矣哉③!"

注释

① 群居:《皇疏》:"三人以上为群居。"《正义》:"此章是夫子家塾之戒。《说文》云'群,辈也'。群居,谓同来学共居者也。"

② 小慧:《集解》:"小小之才知也。"《皇疏》:"小惠,若安陵调谑属也。"《集注》:"私智也。"

③ 难矣哉:《集解》:"终无成功也。"《皇疏》:"难为成人也。"《集注》:"言其无以入德而将有患害也。"

15.18 子曰:"君子义以为质①,礼以行之,孙以出之②,信以成之。君子哉!"

注释

① 质:《礼记·礼器》:"质犹性也。"《荀子·臣道》注:"质,体也。"《郑注》:"义以为质,谓操行。"

② 孙以出之:《郑注》:"孙以出之,谓言语。"

集说

三"之"字作何解,与理解此章颇有关系。

《论语笔解》:"韩曰:'操行不独义也,礼与信皆操行也。吾谓君子体质先须存义,义然后礼,礼然后逊,逊然后信,有次序焉。'李曰:'上云君子者,举古之君子也;下云君子哉者,言今之学者能依此次序乃能成君子耳。'"

《集注》:"义者制事之本,故以为质干,而行之必有节文,出之必以退逊,成之必在诚实,乃君子之道也。程子曰:'义以为质,如质干然,礼行此,孙出此,信成此,此四句只是一事,以义为本。'"

《松阳讲义》:"三之字只依程注指义说为是,《蒙引》谓皆指其事言,非也。据《存疑》,则又似'行之''之'字指义,'出之''之'字指礼,'成之''之'字指义礼孙,亦不必如此。"

15.19　子曰：“君子病无能焉，不病人之不己知也。”

注释

与《学而第一》第十六章、《里仁第四》第十四章及《宪问第十四》第三十章等意近。

15.20　子曰：“君子疾没世^①而名不称^②焉。”

注释

① 没世：犹没身也。

② 称：称述，称扬。俞樾云此章指谥法，指谥不得溢美，则“称”读为 chèn，作“相称”解。可为一说。

15.21　子曰：“君子求诸己，小人求诸人。”

集说

《集解》：“君子责己，小人责人。”

《集注》：“谢氏曰：‘君子无不反求诸己，小人反是。此君子小人所以分也。’杨氏曰：‘君子虽不病人之不己知，然亦疾没世而名不称也。虽病没世而名不称，然所以求者亦反诸己而已，小人求诸人，故违道干誉无所不至。三者文不相蒙而义实相足，亦记言者之意。’”按杨氏合此前三章为一义，虽非必夫子原意，但亦可谓有所发明。

15.22　子曰：“君子矜而不争^①，群而不党^②。”

注释

① 矜而不争：《包注》：“矜，矜庄也。”《皇疏》引江熙云：“君子不使其身俍焉若非，终日自敬而已，不与人争胜之也。”《集注》：“庄以持己曰矜，然无乖戾之心，故不争。”

② 群而不党:《孔注》:"党,助也。君子虽众,不相私助,义之与比。"《皇疏》引江熙云:
　"君子以道相聚,聚则为群,群则似党,群居所以切磋成德,非于私也。"《集注》:"和
　以处众曰群,然无阿比之意,故不党。"

15.23　子曰:"君子不以言举人①,不以人废言②。"

注释

① 不以言举人:《包注》:"有言者不必有德,故不可以言举人。"

② 不以人废言:《王注》:"不可以无德而废善言。"

15.24　子贡问曰:"有一言①而可以终身行之者乎?"子曰:"其恕
乎! 己所不欲,勿施于人②。"

注释

① 一言:《正义》:"一言,谓一字。……又古人称所著书若数万言、数十万言,及诗体四
　言、五言、七言,并以一字为一言也。"

② 己所不欲,勿施于人:《集注》:"推己及物,其施无穷,故可以终身行之。"

15.25　子曰:"吾之于人也,谁毁谁誉? 如有所誉者,其有所试①
矣。斯民也,三代之所以直道而行②也。"

注释

① 其有所试:《包注》:"所誉者辄试以事,不虚誉而已。"

② 直道而行:《马注》:"用民如此,无所阿私,所以云直道而行。"

15.26　子曰:"吾犹及史之阙文①也。有马者借人乘之②,今

亡^③矣夫！"

注释

① 史之阙文：《包注》："古之良史于书字有疑则阙之以待知者也。"《皇疏》："史者，掌书之官也。古史为书，若于字有不识者，则悬而阙之以俟知者，不敢擅造为者也。"

② 有马者借人乘之：《包注》："有马不能调良，则借人乘习之。"

③ 今亡：亡，同"无"。《包注》："孔子自谓及见其人如此，至今无有矣。言此者，以俗多穿凿。"《皇疏》："当孔子末年时，史不识字，辄擅而不阙，有马不调，则耻云其不能，必自乘之，以致倾覆，故云'今亡也矣夫'。"按此章意颇难解，尤其"史之阙文"与"有马者借人乘之"之间有何关系，更难索解，仅录旧注而已。

15.27 子曰："巧言乱德，小不忍则乱大谋。"

15.28 子曰："众恶^①之，必察焉；众好^②之，必察焉。"

注释

① 恶：音 wù，厌恶。
② 好：音 hào，喜好。

思考与讨论

为什么对众人之好恶必须加以考察？

15.29 子曰："人能弘道，非道弘人。"

集说

《集解》："才大者道大，才小者道随小，故不能弘人。"

《皇疏》引蔡谟云："道者寂然不动，行之由人。人可适道，故曰人能弘道，道不适人，故曰非道弘人。"

《集注》："弘，廓而大之也。人外无道，道外无人，然人心有觉，而道体无为，故人能大其道，道不能大其人也。"

《论语述要》："此章最不烦解而最可疑。……夫子之时，老氏之流曰'人法天，天法道，道法自然'，曰'道无为而无不为'，是'道能弘人'之说也。彼以礼乐为出于人为而不足赏，而欲不藉人力，一任道之自然，究必人事日就退化，是大了'非道弘人'之说也。"

15.30 子曰："过而不改，是谓过矣！"

15.31 子曰："吾尝终日不食，终夜不寝，以思，无益①，不如学②也。"

注释

① 无益：无所增益。

② 学：不仅指知识的学习，且兼指实践。

15.32 子曰："君子谋道不谋食。耕也，馁①在其中矣；学也，禄在其中矣。君子忧道不忧贫。"

注释

① 馁：音 něi，饥饿。

文学链接

酬李处士见赠 朱庆余

干上非无援，才多却累身。云霄未得路，江海作闲人。久别唯谋道，相逢不话贫。行藏一如此,可便老风尘。

早发陕州途中赠严秘书 清江

此身虽不系,忧道亦劳生。万里江湖梦,千山雨雪行。人家依旧垒,关路闭层城。未尽交河虏,犹屯细柳兵。艰难嗟远客,栖托赖深情。贫病吾将有,精修许少卿。

哭杨攀处士 许浑

先生忧道乐清贫,白发终为不仕身。嵇阮没来无酒客,应刘亡后少诗人。山前月照荒坟晓,溪上花开旧宅春。昨夜回舟更惆怅,至今钟磬满南邻。

酬别致用 元稹

风行自委顺,云合非有期。神哉心相见,无朕安得离。我有恳愤志,三十无人知。修身不言命,谋道不择时。达则济亿兆,穷亦济毫牦。济人无大小,誓不空济私。研几未淳熟,与世忽参差。意气一为累,猜仍良已随。昨来审荆蛮,分与平生隳。那言返为遇,获见心所奇。一见肺肝尽,坦然无滞疑。感念交契定,泪流如断縻。此交定生死,非为论盛衰。此契宗会极,非为同路歧。君今虎在柙,我亦鹰就羁。驯养保性命,安能奋殊姿。玉色深不变,井水挠不移。相看各年少,未敢深自悲。

袁十五远访山门 刘商

僻居谋道不谋身,避病桃源不避秦。远入青山何所见,寒花满径白头人。

15.33 子曰:"知及之,仁不能守之,虽得之,必失之。知及之,仁能守之,不庄以莅之①,则民不敬。知及之,仁能守之,庄以莅之,动之②不以礼,未善也。"

注释

① 庄以莅之：庄，严。莅，临。《为政第二》云："临之以庄则敬。"庄以莅之，即临事敬慎之意。

② 之：此章十一"之"字，《包注》云指治官，曰："知能及治其官，而仁不能守，虽得之，必失之，不严以临之，则民不敬从其上。"后之注者或以为指临民而言。《集注》以"之"指"理"言，云"知足以知此理，而私欲间之，则无以有之于身矣。知此理而无私欲以间之，则所知在我而不失矣。"

15.34 子曰："君子不可小知^①，而可大受^②也；小人不可大受，而可小知也。"

注释

① 小知：藉小事小节而知其人。

② 大受：担负大任之意。

集说

《集解》："君子之道深远，不可以小了知而可大受。"了知，尽知之意。

《皇疏》引张凭曰："谓之君子必有大成之量，不必能为小善也，故宜推诚阖信，虚以将受之，不可求备，责以细行也。"

《集注》："此言观人之法，知，我知之也；受，彼所受也。盖君子于细事未必可观，而材德足以任重；小人虽器量浅狭，而未必无一长可取。"

15.35 子曰："民之于仁也，甚于水火。水火，吾见蹈而死者矣，未见蹈仁而死者也。"

集说

此章之意亦颇难得确解，录几种重要解释如下：

《马注》："水火与仁皆民所仰而生者，仁最为甚。蹈水火或时杀人，仁未尝杀人。"

王弼:"民之于远于仁,甚于远水火也。见有蹈水火死者,未尝蹈仁死者也。"

《集注》:"民之于水火,所赖以生,不可一日无,其于仁也亦然。但水火外物,而仁在己,无水火不过害人之身,而不仁则失其心,是仁有甚于水火,而尤不可以一日无者也。况水火有时而杀人,仁则未尝杀人,亦何惮而不为哉。李氏曰:此夫子勉人为仁之语。"

15.36　子曰:"当仁,不让于师。"

集说

《孔注》:"当行之事,不复让于师,行仁急也。"

《集注》:"当仁,以仁为己任也。虽师亦无所逊,言当勇往而必为也。盖仁者人所自有而自为之,非有争也,何逊之有?"

康有为《论语注》:"礼尚辞让,独至于为仁之事,则宜以为己任,勇往当之,无所辞让。即至于师,亦不必让。师不为,则己为之,不必避长者也……虽过于师,可也。"

15.37　子曰:"君子贞①而不谅②。"

注释

① 贞:《孔注》:"正也。"

② 不谅:《孔注》:"谅,信也。"不谅,谓不必拘泥于小信。

15.38　子曰:"事君,敬其事而后其食①。"

注释

① 后其食:食,谓禄食。《孔注》:"后食其禄。"

15.39　子曰："有教无类①。"

注释

① 类。《说文》:"类,种类相似,唯犬为甚,故其字从犬。"有教无类,《马注》:"言人所在见教,无有种类。"

思考与讨论

　　如何认识孔子"有教无类"的思想在历史上的意义?

15.40　子曰："道不同,不相为谋。"

15.41　子曰："辞达①而已矣。"

注释

① 辞达:辞,或以为指春秋行人辞令而言,固有据。然不妨泛指言辞。达,达意。《孔注》:"凡事莫过于实,辞达则足矣,不烦文艳之辞。"《集注》:"辞取达意而止,不以富丽为工。"

思考与讨论

　　怎样才称得上"辞达"? 它与孔子关于"言"、"行"的认识有什么关系? "辞达"与文词之美的关系如何?

15.42　师冕①见,及阶,子曰："阶也。"及席,子曰："席也。"皆坐,子告之曰："某在斯②,某在斯。"

　　师冕出。子张问曰："与师言之道与?"子曰："然。固相③师之道也。"

注释

① 师冕:《孔注》:"师,乐人,盲者,名冕。"

② 某在斯:《孔注》:"历告以坐中人姓字所在处。"

③ 相:音 xiàng,《马注》:"导也。"《郑注》:"相,扶也。"

季氏第十六

16.1　季氏将伐颛臾①。

冉有、季路见于孔子曰:"季氏将有事②于颛臾。"

孔子曰:"求!无乃尔是过与?夫颛臾,昔者先王以为东蒙主③,且在邦域之中矣,是社稷之臣也。何以伐为?"

冉有曰:"夫子④欲之,吾二臣者皆不欲也。"

孔子曰:"求!周任⑤有言曰:'陈力就列,不能者止⑥。'危而不持,颠而不扶,则将焉用彼相矣?且尔言过矣。虎兕⑦出于柙,龟玉毁于椟中,是谁之过与?"

冉有曰:"今夫颛臾,固而近于费⑧。今不取,后世必为子孙忧⑨。"

子曰:"求!君子疾夫舍曰⑩'欲之'而必为之辞⑪。丘也闻有国有家者,不患寡而患不均⑫,不患贫而患不安。盖均无贫,和无寡⑬,安无倾。夫如是,故远人不服,则修文德以来之⑭。既来之,则安之⑮。今由与求也,相夫子,远人不服而不能来也,邦分崩离析⑯而不能守也,而谋动干戈于邦内。吾恐季孙之忧,不在颛臾,而在萧墙之内⑰也。"

注释

① 颛臾:风姓,鲁之附庸国。据《左传》记载,颛臾是伏羲之后,负责祭祀伏羲与济水。颛,音 zhuān。

② 有事:有攻伐之事。

③ 以为东蒙主:使主祭蒙山。东蒙即蒙山,在今山东蒙阴县,南接费县。

④ 夫子:指季氏。

⑤ 周任:《马注》:"古之良史。"《正义》:"《左》隐六年、昭五年皆引周任说,不言为史官。马此注当别有所本。杜预云:周大夫,路史注'商太史'。"

⑥ 陈力就列,不能者止:《马注》:"陈其才力,度己所任,以就其位,不能则当止。"

⑦ 兕:音 sì,犀牛。

⑧ 固而近于费:《马注》:"固,谓城池完坚,兵甲利也。费,季氏邑。"《正义》引《周官·掌固》云:"掌修城、郭、沟、池、树、渠之固,《序官》注云:'固,国所依阻者也,国曰固,野曰险。'此注兼兵甲言者,引申之义。"

⑨ 为子孙忧:为子孙所忧,成为子孙之祸患。

⑩ 舍曰:犹讳言。

⑪ 必为之辞:辞,托辞。《孔注》:"更作他辞以讳饰己意。"

⑫ 不患寡而患不均:此句"寡"与下句"不患贫"之"贫"当系传写互易而误。下文云"均无贫"可证。董仲舒《春秋繁露·度制》引"孔子曰"正作"不患贫而患不均"。贫指财利不足,寡指民人之多寡。

⑬ 和无寡:《正义》:"言既均平,则上下和协,民皆思归也。民思归来,则不寡。"

⑭ 修文德以来之:修,治也;文德,文治之德,与征伐武事相别;来之,使之来。

⑮ 安之:使之安。

⑯ 分崩离析:《孔注》:"民有异心曰分,欲去曰崩,不可会聚曰离析。"

⑰ 萧墙之内:《释名·释宫室》:"萧墙在门内。萧,肃也,臣将入于此,自肃敬之处也。"《郑注》:"萧之言肃也,墙谓屏也。君臣相见之礼,至屏而加肃敬焉,是以谓之萧墙。后季氏家臣阳虎果囚季桓子。"按《郑注》,是夫子"萧墙之内"谓季氏家内。方观旭以为按礼,天子外屏,诸侯内屏,大夫以帘,士以帷,则萧墙惟人君可有,当指季氏恐哀公将疑自己不臣而伐颛臾。

文化史扩展

附庸　附庸亦为传统中国政治之重要制度。郑玄注《王制》曰:"小城曰庸,附庸者,以国事附于大国,未能以其名通也。"《诗·閟宫》笺云:"附庸,则不得专臣也。附庸得自立国,虽继世称臣,不得专之矣。"附庸可以在一国的疆域之内。孟子云:"公侯百里,伯七十里,子男五十里。不能五十里,不达于天子,附于诸侯,曰附庸。"《周官·大司徒》郑众注云:"凡诸侯为牧正帅长及有德者,乃有附庸,为有禄者当取焉,进则取焉,退则归焉。"此实为春秋时期中国的一种重要构成模式。

16.2　孔子曰:"天下有道,则礼乐征伐①自天子出;天下无道,则礼乐征伐自诸侯出。自诸侯出,盖十世希②不失③矣;自大夫出,五世希不失矣;陪臣④执国命,三世希不失矣。天下有道,则政不在大夫。天下有道,则庶人不议⑤。"

注释

① 征伐:《孟子·尽心下》:"征者,上伐下也,敌国不相征。"

② 希:少也。

③ 失:谓失国亡家以至殒身。

④ 陪臣:《马注》:"陪,重也。谓家臣。"《正义》引《礼记·曲礼》"列国之大夫,入天子之国,自称曰陪臣某"云,诸侯大夫于天子为陪臣,则诸侯大夫之家臣亦于诸侯为陪臣矣。

⑤ 天下有道则庶人不议:《皇疏》:"君有道,则颂之声兴在路,有时雍之义,则庶人民下无所衔群巷聚以评议天下四方之得失也。若无道,则庶人共有所非议也。"《集注》:"上无失政,则下无私议,非箝其口使不敢言也。"

16.3　孔子曰:"禄之去公室五世①矣。政逮于大夫四世②矣。故夫三桓③之子孙微矣。"

注释

① 禄之去公室五世:禄,谓选材任官之权。公室,指鲁国君。《郑注》:"言此之时,鲁定公之初。鲁自东门襄仲杀文公之子赤而立宣公,于是政在大夫,爵禄不从君出,至定公为五世矣。"

② 政逮于大夫四世:谓鲁国之政操持于季氏之手,历文子、武子、悼子、平子,凡四世。逮,及。

③ 三桓:谓仲孙、叔孙、季孙,三卿皆出桓公,故曰三桓,至哀公时皆衰。

16.4　孔子曰:"益者三友①,损②者三友:友直,友谅③,友多闻,益矣;友便辟④,友善柔⑤,友便佞⑥,损矣。"

注释

① 益者三友:旧注或谓此章指人君而言,谓人君友此三者为有益,友彼三者则有损。

② 损:有害。

③ 谅:信。

④ 便辟:《马注》:"巧避人之所忌以求容媚者。"刘宝楠以为《马注》训"辟"为"避",义涉迂曲。《集注》:"便,习熟也。便辟谓习于威仪而不直。"按《公冶长第五》第二十五章《孔注》"足恭"云"便辟貌",似可解此语。

⑤ 善柔:善为柔色,殆与"令色"同。《马注》:"面柔也。"《皇疏》:"谓面从而背毁者也。"《集注》:"谓工于媚悦而不谅。"

⑥ 便佞:便佞,殆与"巧言"同。《郑注》:"便,辩也,谓佞而辩。"《皇疏》:"便佞,谓辩而巧也。"《集注》:"谓习于口语而无闻见之实。"便,或作谝。《正义》引《说文》:"谝,便巧言也。从言,扁声。《周书》曰:'戳戳善谝言。'《论语》曰:'友谝佞。'"云"便"作"谝",当出《古论》。

文学链接

答杜育诗 挚虞

　　越有杜生,既文且哲。龙跃颖豫,有声彰澈。赖兹三益,如琢如切。好以义结,友以文会。岂伊在高,分定倾盖。其人如玉,美彼生刍。钟鼓匪乐,安用百壶。老夫灌灌,离群索居。怀恋结好,心焉怅如。

赠逸民诗 其八 萧衍

　　思怀友朋,远至欢适。躬开二敬,径延三益。缱绻故旧,绸缪宿昔。善言无违,相视莫逆。情如断金,义若投石。

杂体诗三十首·陶征君 江淹

　　种苗在东皋,苗生满阡陌。虽有荷锄倦,浊酒聊自适。日暮巾柴车,路暗光已夕。归人望烟火,稚子候檐隙。但愿桑麻成,蚕月得纺绩。素心正如此,开径望三益。

16.5　孔子曰:"益者三乐,损者三乐:乐节礼乐①,乐道人之善,乐多贤友,益矣;乐骄乐②,乐佚游③,乐宴乐④,损矣。"

注释

① 节礼乐:《集解》:"动静得于礼乐之节也。"

② 骄乐:《孔注》:"恃尊贵以自恣。"

③ 佚游:《王注》:"出入不节。佚,放也,本亦作逸。"

④ 宴乐:《孔注》:"沈荒淫渎也。"宴,《正义》:"《说文》云:'宴,安也。'饮食以安体,故亦曰宴。"

16.6　孔子曰:"侍于君子有三愆①:言未及之而言,谓之躁②;言及之而不言,谓之隐③;未见颜色而言,谓之瞽④。"

注释

① 愆:音 qiān,《说文》:"愆,过也。"

② 躁:《郑注》:"不安静。"《正义》引《说文》"躁,疾也"。云人性疾则不安静。《经典释文》引《郑注》云:"《鲁》读躁为傲,今从《古》。"卢弨云:"未及言而先自言之,是以己所知者傲人之不知也。"《荀子》、《盐铁论》皆用《古论》义。

③ 隐:《孔注》:"隐匿不尽情实。"

④ 未见颜色而言谓之瞽:《集解》:"未见君子颜色所趋向,而便逆先意谓者,犹瞽也。"

16.7　孔子曰:"君子有三戒①:少之时,血气未定,戒之在色,及其壮也,血气方刚,戒之在斗;及其老也,血气既衰,戒之在得②。"

注释

① 戒:《说文》:"戒,警也。从廾持戈,以戒不虞。"

② 得:《孔注》:"贪得。"

16.8 孔子曰:"君子有三畏①:畏天命,畏大人②,畏圣人之言③。小人不知天命而不畏也,狎④大人,侮⑤圣人之言。"

注释

① 畏:敬畏。

② 大人:有二义。一以位言,在位者为大人,《士相见礼》引《郑注》:"大人,为天子诸侯为政教者。"一以德言,有贤德者为大人,亦即圣人。《集解》:"大人即圣人,与天地合其德者也。"

③ 圣人之言:《集解》:"深远不可易知测,圣人之言也。"

④ 狎:《尚书·大禹谟》正义引《郑注》:"惯忽之言,惯见而忽也。"

⑤ 侮:《广雅·释诂》:"侮,轻也,伤也。"《集注》:"侮,戏玩也。"轻慢之意。

集说

《集解》:"吉凶顺逆,天之命也。"

《皇疏》:"天命,谓作善降百祥,作不善降百殃,从吉逆凶,是天之命,故君子畏之,不敢逆之也。"

《集注》:"天命者,天所赋之正理也。知其可畏,则其戒谨恐惧自有不能已者,而付畀之重可以不失矣。"

《正义》:"天命,兼德命、禄命言。知己之命原于天,则修其德命,而仁义之道无或失。安于禄命,而吉凶顺逆必修身以侮之,妄为希冀者非,委心任运者亦非也。且得位,则行义以达其道,不得位,亦必隐居以求其志。此方是天地生人,降厥德于我躬之意。故惟君子能知天命而畏之也。其畏者,恐己之德有未至,无以成己成物,有负于天耳。"

16.9 孔子曰:"生而知之者,上也;学而知之者,次也;困①而学之,又其次也。困而不学,民斯为下矣!"

注释

① 困:《孔注》:"困,谓有所不通。"

16.10 孔子曰:"君子有九思:视思明,听思聪,色①思温,貌②思恭,言思忠,事思敬,疑思问,忿思难③,见得思义。"

注释

① 色:颜色,脸色。《皇疏》引李充云:"静谷谓之也。"《集注》:"色,见于面者。"
② 貌:此处"貌"与"色"对举,意思宜有别。李充云:"动容谓之貌。"《集注》:"貌,举身而言。"《正义》:"貌谓礼容。"
③ 难:《皇疏》引《颜渊第十四》"一朝之忿,忘其身以及其亲"云:"是谓难也。"意为忿怒时当思其后患,故《大戴礼记·曾子立事》亦云:"忿怒思患。"

16.11 孔子曰:"见善如不及①,见不善如探汤②。吾见其人矣,吾闻其语矣。隐居以求其志,行义以达其道。吾闻其语矣,未见其人也。"

注释

① 如不及:《正义》:"如己所不及也。"急切之意。
② 如探汤:汤,热水。

16.12 齐景公有马千驷①,死之日,民无德而称焉。伯夷、叔齐饿于首阳②之下,民到于今称之。其斯之谓与?

注释

① 千驷:驷,四马。千驷谓四千匹。
② 首阳:山名,历来传说为夷、齐隐不食周粟之处,其址解说互异,不可考究。

16.13 陈亢①问于伯鱼曰:"子亦有异闻②乎?"
对曰:"未也。尝独立③,鲤趋而过庭。曰:'学《诗》乎?'对曰:'未也。''不学《诗》,无以言。'鲤退而学《诗》。他日,又独立,鲤趋而过庭。

曰:'学礼乎?'对曰:'未也。''不学礼,无以立!'鲤退而学礼。闻斯二者。"

　　陈亢退而喜曰:"问一得三:闻《诗》,闻礼,又闻君子之远其子④也。"

注释

① 陈亢:陈子禽。见《学而第一》第十章。

② 异闻:异于其他门人之所闻于夫子者也。

③ 独立:谓孔子独自立于庭中。

④ 远其子:司马光《家范》云:"远者,非疏远之谓也,谓其进见有时,接遇有礼,不朝夕嘻嘻相亵狎也。"《正义》据古代"命士以上,父子别宫,所以别嫌疑、厚尊敬"之说以证之,又引《白虎通·五行篇》"君子远子近孙"证之。《集注》引尹氏云:"孔子之教其子,无异于门人,故陈亢以为远其子。"

　　16.14　邦君之妻,君称之曰夫人,夫人自称曰小童;邦人称之曰君夫人,称诸异邦曰寡小君①;异邦人称之,亦曰君夫人。

注释

① 寡小君:《孔注》:"小君,君夫人之称。对异邦谦,故曰寡小君。"按,此章或以为后人见简末余白而添,非孔子之语。又有人以为,古时简末断不可能有如此多的空白能记下此章,故应仍为孔子语。

阳货第十七

17.1　阳货①欲见孔子,孔子不见,归②孔子豚。

孔子时其亡③也,而往拜之④,遇诸涂⑤。

谓孔子曰:"来! 予与尔言。"

曰⑥:"怀其宝而迷其邦⑦,可谓仁乎?"

曰:"不可。"

"好从事而亟⑧失时,可谓知乎?"

曰:"不可。"

"日月逝矣,岁不我与。"

孔子曰:"诺。吾将仕⑨矣。"

注释

① 阳货:即阳虎,季氏家臣,而专鲁国之政。

② 归:同"馈",馈赠。归孔子豚,《孔注》:"欲使往谢,故馈孔子豚。"

③ 时其亡:亡,同"无"。时其亡,伺其不在之时。

④ 往拜之:阳货馈孔子豚,按礼,孔子应前去拜谢,但孔子又不想面见阳货,故趁他不在时前去拜谢。

⑤ 涂:同"途",路上。

⑥ 曰:毛奇龄等人认为,此下直至"孔子曰"前,皆为阳货自问自答语。

⑦ 怀其宝而迷其邦:《马注》:"言孔子不仕,是怀其宝也;知国不治而不为政,是迷邦也。"

⑧ 亟:屡次。

⑨ 将仕:孔子在此是虚应阳货,阳货专政时他并未出仕。

17.2　子曰:"性相近也,习相远也。"

集说

《孔注》："君子慎所习。"

《皇疏》："性者，人所禀以生也。习者，谓生后有百仪常所行习之事也。人俱禀天地之气以生，虽复厚薄有殊，而同是禀气，故曰'相近'也。及至识，若值善友则相效为善，若逢恶友则相效为恶，恶善既殊，故云'相远'也。然情性之义，说者不同，且依一家。旧释云：性者，生也。情者，成也。性是生而有之，故曰生也。情是起欲动彰事，故曰成也。然性无善恶，而有浓薄；情是有欲之心，而有邪正。性既是全生而有，未涉乎用，非唯不可名为恶，亦不可目为善，故性无善恶也。所以知然者，夫善恶之名恒就事而显，故老子曰：'天下以知美之为美，斯恶已。以知善之为善，斯不善已。'此皆据事而谈。情有邪正者，情既是事，若逐欲流迁，其事则邪；若欲当于理，其事则正，故情不得不有邪有正也。故《易》曰：'利贞者，性情也。'"

范宁："人生而静，天之性也；感于物而动，性之欲也，斯相近也。习洙泗之教为君子，习申商之术为小人，其相远也。"

王弼："不性其性，焉能久行其正，此是性之正也。若心好流荡失真，此是性之邪也。若以情近性，故云性其情。情近性者，何妨是有欲。若逐欲迁，故云'远'也。若欲而不迁，故曰'近'。但近性者正，而即性非正；虽即性非正，而能之正，譬如近火者热，而即火非热；虽即火非热，而能使之热。能使之热者，气也，热也。能使之正者，仪也，静也。又知其有浓薄者，孔子曰'性相近也'。若全同也，'相近'之辞不生；若全异也，'相近'之辞亦不得立。今云'近'者，有同有异。取其共是无善无恶则同也，有浓有薄则异也，虽异而未相远，故'近'也。"

《集注》："此所谓性，兼气质而言。气质之性固有美恶之不同矣。然以其初而言，则皆不甚相远也。但习于善则善，习于恶则恶，于是始相远耳。程子曰：'此言气质之性，非言性之本也。若言其本，则性即是理。理无不善，孟子之言性善是也，何相近之有哉？'"

魏象枢："先儒谓此性为指气质之性而言，愚谓天命之性本一也，安得又有气质之性？但气质所以承受此性者也，性所以主宰气质者也。性离气质，安顿何处？此性一落气质之内，岂无稍偏？然究其最初之理，原自相近，犹孟子所云平旦之气，其好恶与人相近也者几希。今人乍见孺子将入于井，皆有怵惕恻隐之心；嘑尔而与之，行道之弗受；蹴尔而与之，乞人不屑也。夫以今人、行道之人、乞人无不皆然，相近了了矣，只要慎所习耳，故下节紧说唯上智与下愚不移。上智下愚有几人哉？其余皆可移也。"

《反身录》："性因习远，诚反其所习而习善，相远者可使之复近也。习之不已，相远者可知之如初。是习能移性，亦能复性。《书》曰：'习与性成，惟圣罔念作狂，惟狂克念作圣。'岂其然乎？问习之之实。曰：'亲善人，读善书，讲善端，熏陶渐染，惟善是贤，存善念，言善言，行善行，动静食息，惟善是依，始也勉强，久则自然。'"

17.3　子曰："唯上知与下愚不移①。"

注释

① 移：《集解》将此章与上章合而为一作解。《集注》分为两章，但是《朱子语类》云："'性近习远'与'上知下愚'本是一章，'子曰'二字衍文也。"

集说

《孔注》："上知不可使为恶，下愚不可使强贤。"

《皇疏》："前既曰'性近习远'，而又有异，此则明之也。夫降圣以远，贤愚万品，若大而言之，且分为三，上分是圣，下分是愚，愚人以上，圣人以下，其中阶品不同，而共为一。此之共一，则有推移。今云上智谓圣人，下愚愚人也。夫人不生则已，若有生之始，便是天地阴阳氤氲之气。气有清浊，若禀得淳清者，则为圣人；若得淳浊者，则为愚人。愚人淳浊，虽澄亦不清。圣人淳清，搅之亦不浊。故上圣寓于昏乱之世，不能拒其真。下愚值重尧叠舜，不能变其恶。故云唯上智与下愚不移也。而上智以下，下愚以上，二者中间，颜闵以下，一善以上，其中亦多清少浊，或多浊少清，或半清半浊，澄之则清，搅之则浊，如此之徒，以随世改变，若遇善则清升，逢恶则滓沦，所以别云'性相近习相远'。"

《集注》："此承上章而言。人之气质，相近之中，又有美恶一定，而非习之所能移者。程子曰：'人性本善，有不可移者何也？语其性则皆善也，语其才则有下愚之不移。所谓下愚有二焉，自暴自弃也。人苟以善自治，则无不可移，虽昏愚之至，皆可渐磨而进也，惟自暴者拒之以不信，自弃者绝之以不为，虽圣人与居，不能化而入也，仲尼之所谓下愚也。然其质非必昏且暴也，往往强戾而才力有过人者，商辛是也。圣人以其自绝于善，谓之下愚。然志其归，则诚愚也。'"

阮元《论性篇》:"性中虽有秉彝,而才性必有智愚之别。然愚者非恶也,智者善,愚者亦善也。古人每言才性,即孟子所谓'非才之罪'也。韩文公《原性》,因此孔子之言,为'三品'之说,虽不似李习之之悖于诸经,然以下愚为恶,误矣。……有吉必有凶,有智必有愚。召公曰'既命哲者',言所命非愚,然则愚亦命之所有,下愚亦命之所有。但今若生子,在厥初生自贻哲命耳。孔子之言与召公之言无少差谬。又案韩文公《原性篇》谓孔子性善之说得上而遗下,盖文公以子鱼、杨食我等为性恶也。然此正是孔子所谓不移之下愚也,非恶也。"

《问字堂集》:"上知,谓生而知之,下愚,谓困而不学。"

17.4　子之武城①,闻弦歌②之声。

夫子莞尔③而笑曰:"割鸡焉用牛刀?"

子游对曰:"昔者偃也闻诸夫子曰:'君子学道则爱人;小人学道则易使也。'"

子曰:"二三子!偃之言是也。前言戏之耳!"

注释

① 武城:鲁国城邑,子游时为武城宰,见《雍也第六》第十四章注①。
② 弦歌:弦,谓琴瑟,弦歌,以琴瑟伴咏《诗》章,即以礼乐教民。
③ 莞尔:《集解》:"小笑貌。"

文学链接

武城弦　弦歌宰　子游宰武城而有弦歌之声,后世成为语典,多用以称赞为官者治民有佳绩。

于时春也慨然有江湖之思寄赠柳九陇　卢照邻

提琴一万里,负书三十年。晨攀偃蹇树,暮宿清泠泉。翔禽鸣我侧,旅兽过我前。无人且无事,独酌还独眠。遥闻彭泽宰,高弄武城弦。形骸寄文墨,意气托神仙。我有壶中要,题为物外篇。将以贻好道,道远莫致游。相思劳日夜,相望阻风烟。坐惜春华晚,徒令客思悬……

送王晙自羽林赴永昌令 张说

将星移北洛,神雨避东京。为负刚肠蹇,还追独坂名。白公尚伊阙,其川既见明。多谢弦歌宰,稀闻桴鼓声。

早秋宴张郎中海亭即事 孟浩然

邑有弦歌宰,翔鸾狎野鸥。眷言华省旧,暂滞海池游。郁岛藏深竹,前溪对舞楼。更闻书即事,云物是新秋。

望汉阳柳色寄王宰 李白

汉阳江上柳,望客引东枝。树树花如雪,纷纷乱若丝。春风传我意,草木别前知,寄谢弦歌宰,西来定未迟。

17.5 公山弗扰①以费畔②,召③,子欲往。

子路不说,曰:"末之也已④,何必公山氏之之⑤也?"

子曰:"夫召我者而岂徒⑥哉?如有用我者,吾其为东周⑦乎?"

注释

① 公山弗扰:或以为即《左传》定公五年、八年、十二年及哀公八年之公山不狃,然其事与此章不合。

② 以费畔:畔,同"叛"。费为季氏采邑,公山弗扰为季氏家臣,以费畔,即据费地而畔季氏。

③ 召:公山弗扰召孔子,欲使孔子仕于己。

④ 末之也已:《孔注》:"之,适也,无可之则止。"

⑤ 公山氏之之:前一"之"无义,后一"之"字训为"适"。

⑥ 徒:徒然。岂徒,意谓将欲使我有所为。

⑦ 为东周：《孔注》："为东周，言兴周道于东方。"周道，文武之道。或以为，"东周"即指周平王东迁洛邑后的"东周"，是衰世，此句"乎"是反问词，孔子意为如能用他，他必不会振兴东周，而是要行西周之道。据《史记·孔子世家》，孔子最后并未成行。

17.6　子张问仁于孔子。孔子曰："能行五者于天下，为仁矣。"

"请问之。"曰："恭、宽、信、敏、惠。恭则不侮^①，宽则得众，信则人任^②焉，敏则有功，惠则足以使人。"

注释

① 恭则不侮：《郑注》："不致人侮慢之言。"《孔注》："不侮，不见侮慢也。"《皇疏》引江熙云："自敬者，人亦敬己也。"皆指不见侮于人。

② 任：任之以事。

17.7　佛肸^①召，子欲往。

子路曰："昔者由也闻诸夫子曰：'亲于其身为不善者，君子不入^②也。'佛肸以中牟^③畔，子之往也，如之何？"

子曰："然。有是言也。不曰坚乎，磨而不磷^④；不曰白乎，涅而不缁^⑤。吾岂匏瓜^⑥也哉？焉能系而不食^⑦？"

注释

① 佛肸：晋大夫赵氏之邑宰。肸，音 xī。

② 入：入其境。

③ 中牟：晋邑名，非今日河南之中牟县。

④ 磨而不磷：磷，音 lìn。《孔注》："磷，薄也。至坚者磨之而不薄。"

⑤ 涅而不缁：涅，音 niè，《说文》："黑土在水中也。"高诱注《淮南子》云"涅，矾石也"。可以染物成黑。缁，黑色。《孔注》："至白者染之于涅而不黑。"

⑥ 匏瓜：音 páo，即瓠瓜。

⑦ 焉能系而不食：《集解》："言瓠瓜得系一处者，不食故也。吾自食物，当东西南北，不

得如不食之物系滞一处。"《郑注》:"冀往仕而得禄也。"《皇疏》:"孔子亦为说我所以一应召之意也。言人非匏瓜,匏瓜系滞一处,不须饮食而自然生长,乃得不用。而我是须食之人,自应东西求觅,岂得如匏瓜系而不食耶? 一通云:匏瓜,星名也。言人有才智,宜佐时理务,为人所用,岂得如匏瓜系天而不可食耶?"饶鲁《双峰讲义》:"匏瓜之苦者人不食,但当蓄之为壶。……系而不食,譬如人之空老而不为世用者也。圣人道济天下,其心岂欲如是哉?"

17.8 子曰:"由也,女闻六言六蔽①矣乎?"

对曰:"未也。"

"居②! 吾语女。好仁不好学,其蔽也愚③;好知不好学,其蔽也荡④;好信不好学,其蔽也贼⑤;好直不好学,其蔽也绞⑥;好勇不好学,其蔽也乱;好刚不好学,其蔽也狂。"

注释

① 六言六蔽:当为古时成语。《集解》:"六言六蔽者,谓下六事:仁、智、信、直、勇、刚也。"《集注》:"六言皆美德,然徒好之而不学以明其理,则各有所蔽。"

② 居:坐,《孔注》:"子路起对,故使还坐。"

③ 愚:《孔注》:"仁者爱物,不知所以裁之,则愚也。"

④ 荡:《孔注》:"无所适守也。"《集注》:"穷高极广而无所止。"

⑤ 贼:贼害。《孔注》:"父子不知相隐之辈也。"《集注》:"谓伤害于物。"

⑥ 绞:绞急。《泰伯第八》第二章"直而无礼则绞"。

17.9 子曰:"小子何莫学夫《诗》?《诗》可以兴①,可以观②,可以群③,可以怨④。迩之事父,远之事君。多识于鸟兽草木之名。"

注释

① 兴:《孔注》:"引譬连类。"《集注》:"感发志意。"

② 观:《郑注》:"观风俗之盛衰。"《集注》:"考见得失。"

③ 群:《孔注》:"群居相切磋。"《集注》:"和而不流。"

④ 怨:《孔注》:"怨刺上政。"《集注》:"怨而不怒。"

文化史扩展

兴观群怨 这是《论语》中论《诗》之又一著名而重要的一章。兴观群怨四者,实成为后世诗教之核心,又在诗歌创作及批评的发展过程中渐渐演变成诗艺之评价与创作原则。诗有六义,其中有"赋、比、兴"三者,此章单言"兴",旧注多云以"兴"概其余。"兴"之一义尤为引申至广。《郑注》云:"兴,见今之美,嫌于媚谀,取善事以喻劝之。"郑众云:"比者,比方于物;兴者,托事于物。"《集注》此章云:"感发志意。"《诗集传》则云"兴者,先言他物而引起所咏之词也"。论文家言"兴",则有钟嵘云:"文已尽而意有余,兴也。"刘勰云:"兴者,起也,起情者依微以拟议。"又云"观夫兴之托谕,婉而成章,称名也小,取类也大"。"观"、"群"、"怨"之义,虽不如"兴"义复杂纷纭,但分别强调《诗》在某一方面的作用,在后世的诗歌创作中都可能找到相应的表现。清代王夫之认为,兴观群怨四者是彼此交织在一起的。他说:

> "诗可以兴,可以观,可以群,可以怨",尽矣。辨汉、魏、唐、宋之雅俗得失以此,读《三百篇》者必此也。"可以"云者,随所"以"而皆"可"也。于所兴而可观,其兴也深;于所观而可兴,其观也审;以其群者而怨,怨愈不忘;以其怨者而群,群乃益挚。出于四情之外,以生起四情;游于四情之中,情无所窒。作者用一致之思,读者各以其情而自得。故《关雎》,兴也,康王晏朝,而即为冰鉴。"吁谟定命,远猷辰告",观也,谢安欣赏,而增其遐心。人情之游也无涯,而各以其情遇,斯所贵于有诗。

17.10　子谓伯鱼曰:"女为①《周南》、《召南》②矣乎?人而不为《周南》、《召南》,其犹正墙面而立③也与!"

注释

① 为:学。

②《周南》、《召南》:周,周公旦;召,召公奭。南,南风,谓南国之诗。指周、召二公之国风,列《诗·风》之始。或云,南指乐而言,不独诗。

③ 正墙面而立:面向墙而立,无法举步而行,或无所瞻见。《马注》:"《周南》、《召南》,

《国风》之始也,乐得淑女以配君子,三纲之首,王教之端,故人而不为,如向墙而立。"注疏本与上一章合为一章。

17.11　子曰:"礼云礼云! 玉帛云乎哉①? 乐云乐云! 钟鼓云乎哉?"

注释

① 玉帛云乎哉:《郑注》:"玉,珪璋之属;帛,束帛之属。言礼非但崇此玉帛而已,所贵者,乃贵其安上治民。"

思考与讨论

"礼"、"乐"与"玉帛"、"钟鼓"之间是怎样的关系? 试结合《论语》前面相关篇章,领会孔子礼乐思想的精神实质。

17.12　子曰:"色厉而内荏①,譬诸小人,其犹穿窬②之盗也与?"

注释

① 色厉而内荏:荏,音 rěn。《孔注》:"荏,柔也。谓外自矜而内柔佞。"
② 穿窬:窬,音 yú。同"踰"。《孔注》:"穿,穿壁;窬,窬墙。""穿"、"窬"是两事。《正义》引刘恭冕《经义说略》以为,"窬"与"窦"通,则"穿窬"意为穿墙为窦而盗。

17.13　子曰:"乡原①,德之贼也!"

注释

① 乡原:原,音 yuàn,亦作"愿"。何为"乡原",历代注疏有异,见下"集说"。

集说

《集解》:"周曰:'所至之乡,辄原其人情,而为己意以待之,是贼乱德也。'一曰:'乡,向也,古字同。谓人不能刚毅,而见其人辄原其趋向,容媚而合之。'"

《集注》:"乡者,鄙俗之意。原与愿同。《荀子》'原悫',注读作愿是也。乡原,乡人之愿者也,盖其同流合污以媚于世,故在乡人之中独以愿称。夫子以其似德非德,而反乱乎德,故以为德之贼而深恶之。"

《群经平议》:"《周注》迂曲,必非经旨。如何晏说,则与孟子'一乡之人皆称原人'之说不合,其义更非矣。原当为傆。《说文·人部》:'傆,黠也。'乡傆者,一乡中傆黠之人也。孟子说乡原曰:'非之无举也,刺之而无刺也,同乎流俗,合乎污世,居之似忠信,行之似廉洁。'则其人巧黠可知。孔子恐其乱德,盖即巧言乱德之意。"

17.14　子曰:"道听而途说,德之弃也!"

集说

《马注》:"闻之于道路,则传而说之。"

《皇疏》:"记问之学,不足以为人师,师人必当温故而知新,研精久习,然后乃可为人传说耳。若听之于道路,道路仍即为人传说,必多谬妄,所以为有德者所弃也,亦自弃其德也。"

《集注》:"虽闻善言,不为己有,是自弃其德也。"

17.15　子曰:"鄙夫可与^①事君也与哉? 其未得之也,患得之^②;既得之,患失之。苟患失之,无所不至矣。"

注释

① 与:《正义》据王引之引颜师古《匡谬正俗》及《文选》李善注云,"与"犹"以"。

② 患得之:据语意,当为"患不得之"。《集解》:"患得之,患不能得之,楚俗言。"《论语补疏》及《经义杂记》云古人之言与文法多有气急而文简,故"患得之"实即"患不得之"。《荀子》等引此语,作"不得"或"未得"。

17.16　子曰："古者民有三疾,今也或是之亡也。古之狂也肆[1],今之狂也荡;古之矜也廉[2],今之矜也忿戾[3];古之愚也直,今之愚也诈而已矣。"

注释

① 肆:《包注》:"极意敢言。"《集注》:"肆,谓不拘小节。"

② 廉:《马注》:"有廉隅。"《释名》:"廉,自检敛也。"《集注》:"廉,谓棱角陗厉。"

③ 忿戾:《孔注》:"恶理多怒。"《正义》:"《注》以'恶理'训'戾','多怒'训'忿'。《说文》:'戾,曲也。'《字林》:'戾,乖戾也。'乖戾则多违理,故《注》云'恶理'。"

17.17　子曰："巧言令色,鲜矣仁。"

注释

已见《学而第一》。有的本子无此章。

17.18　子曰："恶紫之夺朱[1]也,恶郑声之乱雅乐也,恶利口之覆邦家者。"

注释

① 恶紫之夺朱:《孔注》:"朱,正色;紫,间色之好者,恶其邪好而夺正色。"紫、朱,指衣服之颜色。

17.19　子曰："予欲无言。"子贡曰："子如不言,则小子何述焉?"子曰："天何言哉? 四时行焉,百物生焉,天何言哉?"

集说

《集解》:"言之为益少,故欲无言。"

王弼:"'予欲无言',盖欲明本,举本统末而示物于极者也。夫立言垂教,将以通性,而弊至于湮;寄旨传辞,将以正邪,而势至于繁。既求道中,不可胜御,是以修本废言,则天而行化,以淳而观,则天地之心见于不言,寒暑代序,则不言之令行乎四时,天岂谆谆者哉?"

《集注》:"学者多以言语观圣人,而不察其天理流行之实有不待言而著者,是以徒得其言,而不得其所以言之。故夫子发此以警之。子贡正以言语观圣人者,故疑而问之。四时行,百物生,莫非天理发见流行之实,不待言而可见。圣人一动一静,莫非妙道,精义之发,亦天而已,岂待言而显哉?"

17.20　孺悲①欲见孔子,孔子辞以疾。将命者②出户,取瑟而歌,使之闻之。

注释

① 孺悲:鲁人。《正义》以为,据《礼记·杂记》云"恤由之丧,哀公使孺悲之孔子学士丧礼,《士丧礼》于是乎书"。是孺悲实从学孔门,则此章不欲见者,盖初见时。《韩诗外传》又记子路闻孔子云"士不由中间而见,女无媒而嫁者,非君子之行",或谓孺悲盖未经绍介而求见,是以夫子不欲见之。《集注》:"当是时,必有以得罪者,故辞以疾,而又使知其非,以警教之也。程子曰:'此孟子所谓不屑之教诲,所以深教之也。'"

② 将命者:传命者。

17.21　宰我问:"三年之丧,期①已久矣。君子三年不为礼,礼必坏;三年不为乐,乐必崩。旧谷既没,新谷既升②,钻燧改火③,期④可已矣。"

子曰:"食夫稻,衣夫锦,于女安乎?"

曰:"安。"

"女安则为之!夫君子之居丧,食旨⑤不甘,闻乐不乐,居处不安,故不为也。今女安,则为之!"

宰我出。子曰:"予之不仁也!子生三年,然后免于父母之怀。夫三年之丧,天下之通丧也。予也有三年之爱于其父母乎?"

注释

① 期:《释文》云一本作"其"。《四书纪闻》云"期"指"为期",期限,即三年之丧期。

② 升:《郑注》:"成也。"《集注》:"登也。"谓收获新谷。

③ 钻燧改火:燧,用以取火之物。《礼记·内则》记有"木燧,金燧",《郑注》云"木燧,钻火也;金燧,可取火于日"。《马注》:"《周书·月令》有更火之文:春取榆柳之火,夏取枣杏之火,季夏取桑柘之火,秋取柞楢之火,冬取槐檀之火。一年之中,钻火各异木,故曰改火也。"

④ 期:音 jī,期月,一年。

⑤ 旨:美也,味美曰旨。

17.22 子曰:"饱食终日,无所用心,难矣哉①!不有博弈②者乎,为之,犹贤③乎已。"

注释

① 难矣哉:《正义》:"难者,难以成德也。"

② 博弈:博,六博,一种游戏;弈,棋。

③ 犹贤:犹,尚且。贤,胜过。谓博弈犹胜于饱食终日无所用心。

17.23 子路曰:"君子尚①勇乎?"子曰:"君子义以为上②。君子有勇而无义为乱,小人有勇而无义为盗。"

注释

① 尚:崇尚。

② 上:与前文"尚"同义。

17.24　子贡曰:"君子亦有恶①乎?"

子曰:"有恶,恶称人之恶者,恶居下流②而讪③上者,恶勇而无礼者,恶果敢而窒④者。"

曰:"赐也亦有恶乎?"

"恶徼⑤以为知者,恶不孙以为勇者,恶讦⑥以为直者。"

注释

① 恶:音 wù。

② 居下流:流字衍。居下,谓居臣下之位。

③ 讪:谤毁。

④ 窒:窒塞也。《鲁论》作"室",义近之。

⑤ 徼:音 jiāo,《孔注》:"徼,抄也,抄人之意以为己有。"《集注》:"徼,伺察。"

⑥ 讦:音 jié,《包注》:"讦,谓攻发人之阴私。"

17.25　子曰:"唯女子与小人为难养也,近之则不孙①,远之则怨。"

注释

① 近之则不孙:孙,通"逊",《皇疏》:"君子之人,人愈近愈敬,而女子小人,近之则其诚狎而为不逊从也。君子之交如水,亦相忘江湖;而女子小人,若远之则生怨恨,言人不接己也。"

17.26　子曰:"年四十而见恶焉,其终①也已。"

注释

① 终:《郑注》:"年在不惑,而为人所恶,终无善行。"《皇疏》:"人年未四十,则德行犹进,当时虽未能善,犹望可改。若年四十在不惑之时,犹为众人共所见憎恶者,则当终其一生,无复有善理。"《集注》:"四十成德之时,见恶于人,则止于此而已。勉人及时迁善改过也。"

微子第十八

18.1　微子^①去之,箕子^②为之奴,比干^③谏而死。孔子曰:"殷有三仁焉。"

注释

① 微子:《马注》:"殷纣之庶兄,名启。"微子谏纣,不听,去其位。《孟子》称微子为纣之叔父。

② 箕子:纣之叔父,因谏纣不听,佯狂为奴。

③ 比干:亦纣之叔父,谏纣不听,为纣所杀。

18.2　柳下惠为士师^①,三黜^②。人曰:"子未可以去乎?"曰:"直道而事人,焉往而不三黜? 枉道而事人,何必去父母之邦?"

注释

① 士师:典狱之官。

② 黜:黜退,《说文》:"黜,贬下也。"

18.3　齐景公待孔子,曰:"若季氏^①,则吾不能,以季、孟之间待之^②。"曰:"吾老矣,不能用^③也。"孔子行^④。

注释

① 若季氏:谓以如鲁国季氏之高位待孔子。

② 以季孟之间待之:《孔注》:"鲁三卿季氏为上卿,最贵,孟氏为下卿,不用事。言待之以二者之间。"

③ 不能用:不能用孔子之道。或谓不能用孔子。

④ 行:去齐。

18.4　齐人归①女乐②,季桓子③受之,三日不朝④。孔子行⑤。

注释

① 归:同"馈",已见《阳货第十七》第一章注②。

② 女乐:歌伎乐舞。

③ 季桓子:季孙斯,鲁定公至哀公初年之上卿。

④ 朝:听政。

⑤ 行:谓去鲁。

18.5　楚狂接舆①歌而过孔子曰:"凤兮! 凤兮! 何德之衰? 往者不可谏,来者犹可追。已而! 已而! 今之从政者殆而!"孔子下②,欲与之言。趋而辟③之,不得与之言。

注释

① 楚狂接舆:接舆,楚人,佯狂,故称楚狂。《皇疏》:"姓陆名通,接舆为字。"或以为"接舆"为以事称之,谓接孔子之舆者,本非名字。《正义》以为"接舆"即是其未隐时之名。

② 下:谓下车。

③ 趋而辟:趋,快步走;辟,同"避"。

文学链接

　　狂歌客　楚狂　接舆　凤歌　接舆狂歌过孔子,在后世文学中成为一个典型的狂狷形象,屡屡形诸吟咏中。

辋川闲居赠裴秀才迪 王维

　　寒山转苍翠,秋水日潺湲。倚杖柴门外,临风听暮蝉。渡头余落日,墟里上孤烟。复值接舆醉,狂歌五柳前。

山中逢道士云公 孟浩然

春余草木繁,耕种满田园。酌酒聊自劝,农夫安与言。忽闻荆山子,叫我炼丹砂
源。采樵过北谷,卖药来西村。村烟日云夕,榛路有归客。杖策前相逢,依然是畴
昔。邂逅欢觏止,殷勤叙离隔。谓予传扶桑,轻举振六翮。奈何偶昌运,独见遗草
泽。既笑接舆狂,仍怜孔丘厄。物情趋势利,吾道贵闲寂。偃息西山下,门庭罕人
迹。何时还清溪,从尔炼丹液。

庐山谣寄卢侍御虚舟 李白

我本楚狂人,凤歌笑孔丘。手持绿玉杖,朝别黄鹤楼。五岳寻仙不辞远,一生
好入名山游。庐山秀出南斗傍,屏风九叠云锦张。影落明湖青黛光,金阙前开二
峰长。银河倒挂三石梁,香炉瀑布遥相望,回崖沓嶂凌苍苍。翠影红霞映朝日,鸟
飞不到吴天长。登高壮观天地间,大江茫茫去不还。黄云万里动风色,白波九道
流雪山。好为庐山谣,兴因庐山发。闲窥石镜清我心,谢公行处苍苔没。早服还
丹无世情,琴心三叠道初成。遥见仙人彩云里,手把芙蓉朝玉京。先期汗漫九垓
上,愿接卢敖游太清。

高士咏·楚狂接舆夫妻 吴筠

接舆耽冲玄,伉俪亦真逸。傲然辞征聘,耕绩代禄秩。凤歌诚文宣,龙德遂隐
密。一游峨嵋上,千载保灵术。

寓兴 鲍溶

念来若望神,追往如话梦。梦神不无迹,谁使烦心用。鲁圣虚泣鳞,楚狂浪歌
凤。那言阮家子,更作穷途恸。

灵宝县西侧津 吴融

碧溪激激流残阳,晴沙两两眠鸳鸯。柳花无赖苦多暇,蛱蝶有情长自忙。千里宦游成底事,每年风景是他乡。高歌一曲垂鞭去,尽日无人识楚狂。

送李四校书 元孚

朱丝写别鹤泠泠,诗满红笺月满庭。莫学楚狂躔姓字,知音还有子期听。

赠韦金吾 李绅

自报金吾主禁兵,腰间宝剑重横行。接舆也是狂歌客,更就将军乞一声。

18.6　长沮、桀溺①耦而耕②,孔子过之,使子路问津③焉。

长沮曰:"夫执舆者④为谁?"

子路曰:"为孔丘。"

曰:"是鲁孔丘与?"

曰:"是也。"

曰:"是知津⑤矣。"

问于桀溺,桀溺曰:"子为谁?"

曰:"为仲由。"

曰:"是鲁孔丘之徒与?"

对曰:"然。"

曰:"滔滔者天下皆是⑥也,而谁以⑦易之? 且而⑧与其从辟人之士⑨也,岂若从辟世之士哉?"耰⑩而不辍。

子路行,以告。

夫子怃然⑪曰:"鸟兽不可与同群⑫,吾非斯人⑬之徒与而谁与? 天下有道，丘不与易也。”

注释

① 长沮、桀溺：二隐者，金履祥云：“长沮、桀溺名皆从水，子路问津，一时何自识其姓名？谅以其物色名之，如荷蒉、晨门、荷蓧丈人之类。盖二人耦耕于田，其一人长而沮洳，一人桀然高大而涂足，因以名之。”

② 耦而耕：耦，音，ǒu，二人并耜合耕。

③ 津：《说文》：“津，水渡也。”

④ 执舆者：《皇疏》：“执舆犹执辔也。子路初在车上，即为御，御者执辔。今既下车而往问津渡，则废辔与孔子也。”

⑤ 知津：《马注》：“言数周流，自知津处。”

⑥ 滔滔者天下皆是：谓天下皆乱，所行之处皆是如此。

⑦ 以：以，通“与”，此句谓天下皆乱，空舍此求彼。

⑧ 而：同“尔”，谓子路。

⑨ 辟人之士：指孔子。下“辟世之士”是桀溺自指。

⑩ 耰：音 yōu，覆种也。

⑪ 怃然：怃，音 wǔ，失意貌。

⑫ 鸟兽不可与同群：《孔注》：“隐居于山林，是与鸟兽同群也。”

⑬ 斯人：天下人。此句意谓当与天下人同群，不可隐居于山林中。

集说

天下有道，丘不与易也，注解纷纭。录汉魏、六朝及宋人的主要解释如下：

《集解》：“不与易者，言凡天下有道者，某皆不与易也，己大而人小故也。”

《皇疏》引江熙云：“《易》称‘天下同归而殊途，一致而百虑’。君子之道，或出或处，或语或默，所以为归致，期于内顺生徒，外惬教旨也。惟此而已乎。凡教，或即我以导物，或报彼以明节，以救急疾于当年。而发逸操于沮溺，排彼抗言于子路，知非问津之求也。于时风政日昏，彼此无以相易，良所以犹然，斯可已矣。彼故不屑去就，不辍其业，不酬栖栖之问，所以遂节于世，而惬于圣教者存矣。道丧于兹，感以事反，是以夫子怃然曰‘鸟兽不可以同群’也。明夫理有大伦，吾所不获已也。若欲洁其身，韬其踪，同群鸟兽，不可与斯民，则所以居大伦者废矣。此即我以致言，不可以乘彼者也。丘不与易，盖物之有道，故大汤武亦称夷齐，美管仲而无讥邵忽。今彼有其道，我有其道，不执我以求彼，不系彼以易我，夫可滞哉。"

又引沈居士云："世乱，贤者宜隐而全身，圣人宜出以宏物，故自明我道以教大伦。彼之绝迹隐世，实由世乱，我之蒙尘栖遑，亦以道丧，此即彼与我同患世也。彼实中贤，无道宜隐，不达教者也；我则至德，宜理大伦，不得已者也。我既不失，彼亦无违，无非可相非。且沮溺是规子路，亦不规夫子。谓子路宜从己，不言仲尼也。自我道不可复与鸟兽同群，宜与人徒，本非言彼；彼居林野，居然不得不群鸟兽。群鸟兽，避世外，以为高行，初不为鄙也。但我自得耳，以体大居正，宜宏世也。下云'天下有道丘，不与易也'，言天下人自各有道，我不以我道易彼，亦不使彼道易我，自各处其宜也。如江熙所云'大汤武亦贤夷齐，美管仲亦不讥邵忽'也。"

《集注》："天下若已平治，则我无用变易之。正为天下无道，故欲以道易之耳。程子曰：'圣人不敢有忘天下之心，故其言如此也。'张子曰：'圣人之仁，不以无道必天下而弃之也。'"

文学链接

沮溺　问津　同上一章的"接舆"一样，这一章孔门师徒问津而受到长沮、桀溺讥嘲的故事，也成为后世诗文习用的典故。诗人往往将它凝缩为"沮溺"、"问津"等，运用于诗文中。

斋中读书诗　谢灵运

昔余游京华，未尝废丘壑。矧乃归山川，心迹双寂寞。虚馆绝诤讼，空庭来鸟雀。卧疾丰暇豫，翰墨时间作。怀抱观古今，寝食展戏谑。既笑沮溺苦，又哂子云阁。执戟亦以疲，耕稼岂云乐。万事难并欢，达生幸可托。

别薛华　王勃

送送多穷路，遑遑独问津。悲凉千里道，凄断百年身。心事同漂泊，生涯共苦辛。无论去与住，俱是梦中人。

皇甫岳云溪杂题五首·上平田 王维

朝耕上平田,暮耕上平田。借问问津者,宁知沮溺贤。

赠何七判官昌浩 李白

有时忽惆怅,匡坐至夜分。平明空啸咤,思欲解世纷。心随长风去,吹散万里云。羞作济南生,九十诵古文。不然拂剑起,沙漠收奇勋。老死阡陌间,何因扬清芬。夫子今管乐,英才冠三军。终与同出处,岂将沮溺群。

秋郊作 韦应物

清露澄境远,旭日照林初。一望秋山净,萧条形迹疏。登原忻时稼,采菊行故墟。方愿沮溺耦,淡泊守田庐。

高士咏·长沮桀溺 吴筠

贤哉彼沮溺,避世全其真。孔父栖栖者,征途方问津。行藏既异迹,语默岂同伦。耦耕长林下,甘与鸟雀群。

自终南山晚归 钱起

采苓日往还,得性非樵隐。白水到初阔,青山辞尚近。绝境胜无倪,归途兴不尽。沮溺时返顾,牛羊自相引。逍遥不外求,尘虑从兹泯。

冬夜寻李永因书事赠之 耿湋

栖遑偏降志,疵贱倍修身。近觉多衰鬓,深知独故人。天垂五夜月,霜覆九衢尘。不待逢沮溺,而今恶问津。

18.7 子路从而后①,遇丈人②,以杖荷蓧③。

子路问曰:"子见夫子乎?"

丈人曰:"四体不勤,五谷不分④,孰为夫子?"植其杖而芸⑤。

子路拱而立。

止子路宿⑥,杀鸡为黍而食之⑦,见其二子⑧焉。

明日,子路行,以告。

子曰:"隐者也。"使子路反⑨见之。至,则行⑩矣。

子路曰:"不仕无义。长幼之节,不可废也;君臣之义,如之何其废之?欲洁其身,而乱大伦。君子之仕也,行其义也。道之不行,已知之矣。"

注释

① 从而后:从行于夫子而在后。

② 丈人:老人。

③ 蓧:音 diào,本作莜,《说文》:"莜,耘田器。"

④ 分:《郑注》:"分犹理。"《包注》解作"分植"之意。《集注》始解作"辨"。或以为此二句是丈人自谓,或以为丈人责子路语。

⑤ 植其杖而芸:植,置,或曰倚。芸,除草。

⑥ 止子路宿:止,留止;宿,宿于丈人家。

⑦ 食之:使之食。

⑧ 见其二子:使其二子见子路。

⑨ 反:同"返"。

⑩ 行:谓丈人外出,不在家。

文学链接

丈人赞 陶渊明

四体不勤,五谷不分。超超丈人,旦夕在耘。

同王十三维偶然作十首 其三　储光羲

野老本贫贱,冒暑锄瓜田。一畦未及终,树下高枕眠。荷篠者谁子,皤皤来息肩。不复问乡墟,相见但依然。腹中无一物,高话羲皇年。落日临层隅,逍遥望晴川。使妇提蚕筐,呼儿榜渔船。悠悠泛绿水,去摘浦中莲。莲花艳且美,使我不能还。

高士咏·荷篠晨门　吴筠

荷篠隐耕艺,晨门潜抱关。道尊名可贱,理惬心弥闲。混迹是非域,纵怀天地间,同讯孔宣父,匿景杳不还。

赠田叟　李商隐

荷篠衰翁似有情,相逢携手绕村行。烧畬晓映远山色,伐树暝传深谷声。鸥鸟忘机翻浃洽,交亲得路昧平生。抚躬道直诚感激,在野无贤心自惊。

18.8　逸民①:伯夷、叔齐、虞仲、夷逸、朱张、柳下惠、少连②。

子曰:"不降其志,不辱其身,伯夷、叔齐与!"

谓:"柳下惠、少连,降志辱身矣。言中伦,行中虑,其斯而已矣。"

谓:"虞仲、夷逸,隐居放言③,身中清④,废中权⑤。我则异于是,无可无不可⑥。"

注释

① 逸民:《集解》:"节行超逸之民。"《皇疏》:"民中节行超逸不拘于世者也。"

② 虞仲、夷逸、朱张、少连:此四人事迹皆不可考,或以为虞仲即周古公之子仲雍。

③ 放言:《包注》:"放,置也,不复言世务。"李贤注《后汉书》以放为纵,云"放肆其言,不拘节制也。"

④ 身中清:《皇疏》:"身不仕于乱朝,是中清洁也。"

⑤ 废中权:权,权变。《马注》:"遭世乱,自废弃以免患,合于权也。"

⑥ 无可无不可:《马注》:"亦不必进,亦不必退,唯义所在也。"《集注》:"孟子曰:'孔子可以仕则仕,可以止则止,可以久则久,可以速则速。'所谓无可无不可也。"

18.9　大师挚①适齐,亚饭②干适楚,三饭缭适蔡,四饭缺适秦。鼓③方叔入于河④,播鼗⑤武入于汉⑥,少师阳、击磬襄入于海⑦。

注释

① 大师挚:大师,亦作太师,掌乐之官。下文"少师"亦掌乐之官。挚,人名。《泰伯第八》有"师挚之始"章,或即同一人。下文"干"、"缭"、"缺"、"方叔"、"武"、"阳"、"襄"亦皆乐师名。《郑注》:"自师挚以下八人皆平王时人。"

② 亚饭:乐师,下文"三饭"、"四饭"同。古者天子食必举乐,故有亚(次)、三、四之名。

③ 鼓:鼓师。

④ 入于河:谓居于河内。

⑤ 播鼗:播,摇;鼗,音 táo,小鼓。

⑥ 汉:指汉水,入于汉,指远适汉水之滨。

⑦ 入于海:《集注》:"海,海岛。"

18.10　周公谓鲁公①曰:"君子不施②其亲,不使大臣怨乎不以③。故旧无大故④,则不弃也。无求备于一人。"

注释

① 鲁公:周公旦之子伯禽,封于鲁。

② 施:《孔注》:"易也。不以他人之亲易己之亲。"《正义》引《经典释文》,施作弛,二字古多通,弛即废弃疏远之义。

③ 以:用,任用。

④ 大故:谓恶逆之事。

18.11　周有八士①：伯达、伯适②、仲突、仲忽、叔夜、叔夏、季随、季騧③。

注释

① 周有八士：此八人今不可考，《包注》："周时四乳生八子,皆为显士,故记之耳。"四乳生八子,谓四胎生四对孪生子。

② 适：音 kuò。

③ 騧：音 guā。

子 张 第 十 九

19.1　子张曰:"士见危致命^①,见得思义,祭思敬,丧思哀,其可已矣。"

注释

① 致命:《孔注》:"不爱其身。"《宪问第十四》第十二章"子路问成人"云"见危授命",与此意同。

19.2　子张曰:"执德不弘,信道不笃,焉能为有? 焉能为亡^①?"

注释

① 焉能为有焉能为亡:《孔注》:"云无所轻重。"《皇疏》:"世无此人不足为轻,有此人不足为重。"

19.3　子夏之门人问交^①于子张。

子张曰:"子夏云何?"

对曰:"子夏曰:'可者与之,其不可者拒之。'"

子张曰:"异乎吾所闻,君子尊贤而容众,嘉善而矜不能^②。我之大贤与^③,于人何所不容? 我之不贤与,人将拒我,如之何其拒人也?"

注释

① 交:《孔注》:"与人交接之道。"

② 嘉善而矜不能:嘉,褒奖。矜,怜。不能,谓能力不够之人。

③ 我之大贤与:与,以疑问表假设。

19.4 子夏曰:"虽小道①,必有可观者焉;致远恐泥②,是以君子不为也。"

注释

① 小道:《郑注》:"小道,如今诸子书也。"《集解》:"小道谓异端。"《集注》:"农圃医卜之属。"

② 泥:《郑注》:"泥,谓滞陷不通。"

19.5 子夏曰:"日知其所亡①,月无忘其所能,可谓好学也已矣。"

注释

① 日知其所亡:亡,同"无",《孔注》:"日知其所未闻。"《皇疏》:"亡,无也。无,谓从来未经所识者也。"

19.6 子夏曰:"博学而笃志①,切问而近思②,仁在其中矣。"

注释

① 博学而笃志:《孔注》:"广学而厚识之。"释"志"为"识"。《集注》释"志"为"志趣"之志。

② 切问而近思:《集解》:"切问者,切问于己所学而未悟之事也。近思者,近思于己所能及之事也。若泛问所未学,远思所未达,则于所学者不精,于所思者不解也。"《皇疏》:"切,犹急也,若有所未达之事,宜急咨问取解,故云切问也。近思者,若有所思,则宜思己所已学者,故曰近思也。"

19.7 子夏曰:"百工①居肆②以成其事,君子学以致其道。"

注释

① 百工:《皇疏》:"百工者,巧师也。"

② 肆:市肆,市场。《正义》:"《说文》:'肆,极陈也。'凡陈物必有所居之处,故市廛为货物所居,亦通名肆。"

19.8　子夏曰:"小人之过也必文①。"

注释

① 文:文饰,掩饰。

19.9　子夏曰:"君子有三变:望之俨然①,即之也温②,听其言也厉③。"

注释

① 俨然:俨,或作严。庄敬之貌。
② 即之也温:即,近也。温,《皇疏》:"和润也。"
③ 厉:《郑注》:"厉,严正也。"

19.10　子夏曰:"君子信而后劳其民,未信,则以为厉①己也;信而后谏②,未信,则以为谤己也。"

注释

① 厉:《集解》:"王曰:厉犹病也。"《郑注》:"厉,读为赖,恃赖也。"《正义》:"案:《左·昭四年》:'楚灭赖。'《公羊》作'厉'。又《公羊·僖十五年》释文:'厉,旧音赖。'是厉、赖字通,音亦同。然《郑注》非全文,恃赖之义,亦颇难晓也。"《皇疏》引江熙云:"信不素立,民动以为病己而奉其私也。"按此解,"病己"意谓民以为君子使民病。
② 谏:谓谏在上者。

19.11　子夏曰:"大德^①不踰闲^②,小德出入^③可也。"

注释

① 大德:《皇疏》:"大德,上德以上也。"下"小德","中贤以下也"。据此,"大德"、"小德"指人言。《集注》:"大德、小德,犹言大节、小节。"则指德行之大小而言。以《集注》义为长。

② 闲:《孔注》:"闲,犹法也。"《说文》:"闲,阑也。"栏杆之意,引申为法、范围。

③ 出入:有所出入。《皇疏》:"有时暂至,有时不及,故曰出入也。"谓有所变通,不死守法度。

19.12　子游曰:"子夏之门人小子,当洒埽^①、应对、进退,则可矣。抑^②末^③也,本^④之则无。如之何?"

子夏闻之,曰:"噫!言游过矣!君子之道,孰先传焉?孰后倦^⑤焉?譬诸草木,区以别矣。君子之道,焉可诬也?有始有卒^⑥者,其惟圣人乎!"

注释

① 埽:同"扫"。

② 抑:只是。

③ 末:末节,无关大体。

④ 本:指立身之本。《皇疏》:"本,谓先王之道也。"《集注》释"本"曰"如《大学》正心诚意之事"。

⑤ 孰先传焉孰后倦焉:《包注》:"言先传业者必先厌倦,故我门人先教以小事,后将教以大道也。"《正义》:"《注》以先传必先厌倦,后传则后厌倦,非经旨。"《集注》:"言君子之道,非以其末为先而传之,非以其本为后而倦教。"俞樾《群经平议》:"经文两'孰'字分明二事,《包注》并为一谈,非也。'先传'对'后传'者而言,性与天道,未至其时不得闻,而洒扫应对之事童而习之,是先传者也。'后倦'对'先倦'者而言,既冠成人,而后弟子之职不复躬亲矣,而向道而行,忘身之老,俛焉日有孳孳,死而后已,是后倦者也。'孰先传焉,孰后倦焉',犹曰'有小道焉,有大道焉'。"

⑥ 卒:终。

19.13　子夏曰:"仕而优①则学,学而优则仕。"

注释

① 优:《说文》:"优,饶也。饶,余也。"谓有余力。

思考与讨论

如何理解"学"与"仕"在传统社会里的关系及其意义?

19.14　子游曰:"丧致①乎哀而止。"

注释

① 致:尽。《孔注》:"毁不灭性。"

19.15　子游曰:"吾友①张②也,为难能③也。然而未仁。"

注释

① 友:一般皆解作"友朋"之友。王闿运《论语训》释作动词,意为"与之为友"。因此对
此章之意有不同解说,见下"集说"。
② 张:谓子张。
③ 难能:难及,为他人所难及。

集说

《包注》:"言子张容仪之难及。"

《皇疏》:"子游言吾同志之友子张,容貌堂伟,难为人所能及,故云难能也。"

《皇疏》引袁氏:"子张容貌难及,但未能体仁也。"

《集注》:"子张行过高,而少诚实恻怛之意。"

俞樾《群经平议》:"孔子论仁多以其易者言之,故曰:'有能一日用其力于仁矣
乎? 我未见力不足者。'又曰:'可以为难矣,仁则吾不知也。'然则仁之不在乎难明
矣。子贡问博施于民而能济众,何其难也,孔子告之以己欲立而立人,己欲达而达

人,何其易也。孔子尝谓'师也过',惟过故为难能,惟难能故未仁。子游此论极合孔子论仁之旨,非先以容仪难及美之,而后以未仁讥之也。"

王闿运《论语训》:"友张,与子张友也。难能,才能难及。此篇多记子张之言,非贬子张未仁,言己徒希其难,未及于仁。"

19.16 曾子曰:"堂堂乎张①也,难与并为仁矣。"

注释

① 张:同上章,指子张。此章旧注亦多解为讥子张不能仁,王闿运以为否。详"集说"。

集说

《郑注》:"言子张容仪盛,而于仁道薄也。"

《皇疏》:"堂堂,仪容可怜也。言子张虽容貌堂堂,而仁行浅薄,故云难并为仁。又引江熙云:'堂堂,德宇广也。仁,行之极也。难与并仁,荫人上也。'然江熙之意,是子张仁胜于人,故难与并也。"

《集注》:"堂堂,容貌之盛。言其务外自高,不可辅而为仁,亦不能有以辅人之仁也。"

王闿运《论语训》:"亦言子张仁不可及也。难与并,不能比也。曾、张友善如兄弟,非贬其堂堂也。"

19.17 曾子曰:"吾闻诸夫子:人未有自致者①也,必也②亲丧③乎!"

注释

① 自致者:极尽己力于事。

② 必也:表假设,意为"若一定有自致者"。

③ 亲丧:父母之丧。《马注》:"言人虽未能自致尽于他事,至于亲丧,必自致尽。"

19.18 曾子曰:"吾闻诸夫子:孟庄子①之孝也,其它可能②也;其不改父之臣与父之政,是难能也。"

注释

① 孟庄子:鲁大夫仲孙速。

② 其它可能:可能,可以做到。意为其它之孝行他人亦可做到。

19.19 孟氏使阳肤①为士师,问②于曾子。曾子曰:"上失其道,民散③久矣。如得其情④,则哀矜⑤而勿喜⑥。"

注释

① 阳肤:旧注谓为曾子弟子。

② 问:指阳肤问曾子为士师之道。

③ 散:民心离散,违法致罪。

④ 情:实情,民犯法得罪之实。

⑤ 哀矜:哀怜。

⑥ 勿喜:勿以得民犯法之实而喜。

19.20 子贡曰:"纣之不善,不如是之甚①也。是以君子恶居下流②,天下之恶皆归焉。"

注释

① 甚:《孔注》:"纣为不善以丧天下,后世憎甚之,皆以天下之恶归之于纣。"

② 下流:水之下游,众水归之。喻人一为恶,则恶名皆归之于其身。

19.21 子贡曰:"君子之过也,如日月之食焉:过也,人皆见之;更①也,人皆仰②之。"

注释

① 更：改，改过。

② 仰：仰戴。

19.22　卫公孙朝^①问于子贡曰："仲尼焉学^②？"

子贡曰："文、武之道，未坠于地，在人。贤者识其大者，不贤者识其小者，莫不有文、武之道焉。夫子焉不学？而亦何常师之有？"

注释

① 卫公孙朝：《正义》引翟灏《四书考异》云春秋时鲁、楚、郑、卫皆有公孙朝，此处称"卫公孙朝"是记此章者系"卫"以别之。

② 焉学：按以子贡的答语，"焉学"是问孔子师从何人而学。

19.23　叔孙武叔^①语大夫于朝，曰："子贡贤于仲尼。"

子服景伯以告子贡。

子贡曰："譬之宫墙^②，赐之墙也及肩^③，窥见室家之好。夫子之墙数仞^④，不得其门而入，不见宗庙之美、百官之富^⑤。得其门者或寡矣。夫子^⑥之云，不亦宜乎^⑦！"

注释

① 叔孙武叔：鲁国大夫叔孙州仇，武是谥号。

② 宫墙：《正义》："'宫墙'者，室四周有墙，凡寝庙皆居其中，墙南面有门，以通出入。此制上下当同，但高卑广狭必有差别，今无文以明之。"即今日所谓"围墙"。

③ 及肩：齐肩高。

④ 仞：《包注》："七尺曰仞。"或以为八尺。

⑤ 宗庙之美、百官之富：旧注皆谓即宗庙、百官。《正义》："数仞之墙，指天子诸侯，故有宗庙百官。"《译注》："'官'字的本义是房舍，其后才引申为官职之义，说见俞樾《群经平议》卷三及遇夫先生《积微居小学金石论丛》卷一。这里也是指房舍而言。"

⑥ 夫子:指叔孙武叔。

⑦ 不亦宜乎:子贡之意,盖谓叔孙武叔也不得孔子之门而入,故宜乎其说出"子贡贤于孔子"的话。

19.24　叔孙武叔毁①仲尼。

子贡曰:"无以为②也,仲尼不可毁也。他人之贤者,丘陵也,犹可踰也;仲尼,日月也,无得③而踰焉。人虽欲自绝④,其何伤于日月乎?多⑤见其不知量也!"

注释

① 毁:诋毁。

② 无以为:无法诋毁。禁止之意。

③ 无得:无法。

④ 自绝:自绝于日月,即诋毁日月之意。

⑤ 多:只,适足以。

19.25　陈子禽谓子贡曰:"子为恭也①,仲尼岂贤于子乎?"

子贡曰:"君子一言以为知,一言以为不知,言不可不慎也。夫子之不可及也,犹天之不可阶而升②也。夫子之得邦家③者,所谓立之斯立,道④之斯行,绥⑤之斯来⑥,动之斯和⑦。其生也荣,其死也哀⑧。如之何其可及也!"

注释

① 子为恭也:意为子贡故为谦恭以尊崇孔子。

② 阶而升:由阶而升。

③ 得邦家:《孔注》:"谓为诸侯若卿大夫。"

④ 道:同"导"。

⑤ 绥:安抚。

⑥ 来：即"远者来之"之来。

⑦ 动之斯和：《集解》："动之则莫不和睦。"《皇疏》："动，谓劳役之也。悦以使民，民忘其劳，故役使之，莫不和穆也。"《集注》："动，谓鼓舞之也。和，所谓于变时雍。"

⑧ 其生也荣，其死也哀：《孔注》："生则荣耀，死则哀痛。"《皇疏》："孔子生时，则物皆赖之得怀，尊崇于孔子，是其生也荣也。孔子之死，则四海遏密，如丧考妣，是其死也哀也。"

尧曰第二十

20.1　尧曰:"咨①! 尔舜! 天之历数②在尔躬。允③执其中。四海困穷,天禄永终④。"

舜亦以命禹⑤。

曰⑥:"予小子履⑦,敢用玄牡⑧,敢昭告于皇皇后帝⑨:有罪不敢赦。帝臣不蔽⑩,简⑪在帝心。朕躬有罪,无以万方⑫;万方有罪,罪在朕躬。"

周有大赉⑬,善人是富⑭。"虽有周亲⑮,不如仁人。百姓有过,在予一人。"

谨权量⑯,审法度⑰,修废官⑱,四方之政行焉。兴灭国,继绝世⑲,举逸民⑳,天下之民归心焉。

所重:民、食、丧、祭。

宽则得众,信则民任焉㉑,敏则有功,公则说㉒。

注释

① 咨:嗟叹之声。《正义》:"尧有所重诚于舜,故叹而后言也。"

② 历数:岁、月、日、星辰运行之法。《中论·历数》云:"夫历数者,先王以宪杀生之萌而诏作事之节也,使万国不失其业者也。"天之历数在尔躬,谓天命舜王天下。

③ 允:《包注》:"允,信也。"

④ 四海困穷,天禄永终:《包注》:"困,极也。信执其中,则能穷极四海,天禄所以长终也。"是释"困穷"为穷尽至极之意,"永终"为长久之意。《正义》引《孟子·滕文公》,以为"四海困穷"指尧时天下洪水泛滥,民无所定,并引毛奇龄之说,云此句是尧勉励舜体恤四海之困穷,方能永保其天禄。三国魏时始以"终"作"终结"解,谓前代帝王使四海困穷,故天禄永绝,而禅位于新主。故《集注》云:"四海之人困穷,则君禄亦永绝矣。戒之也。"

⑤ 舜亦以命禹:舜亦将尧所命自己之语告诫禹。

⑥ 曰:此下为商汤之语。此章各段意思不甚连贯。《孔注》:"此伐桀告天之文。"据《墨

子》等,此为汤祷天求雨之文。

⑦ 予小子履:予小子,帝王自称;履,汤名天乙,或谓又名履。

⑧ 玄牡:《孔注》:"殷家尚白,未变夏礼,故用玄牡。"玄,黑色。

⑨ 皇皇后帝:皇,犹言大。后,君。

⑩ 帝臣不蔽:《集解》:"言桀居帝臣之位,罪过不可隐蔽。"或以为帝臣指汤,汤自言不敢蔽桀之罪。按,若如《墨子》所云为汤祷天求雨文,则与桀无关。

⑪ 简:简阅。义同"检",检阅,查检。

⑫ 无以万方:与万方无关。以,同"与"。或解,勿降罪于万方。

⑬ 周有大赉:周,周室。赉,音lài,赐也。言周室受天之大赐。

⑭ 善人是富:《集解》:"富于善人,有乱臣十人是也。"

⑮ 虽有周亲:周亲,至亲,密亲。此下四句,宋翔凤以为系武王封诸侯之命辞。

⑯ 权量:《包注》:"权,秤也。量,斗斛也。"

⑰ 审法度:审,定也。法度,治国之典刑制度。

⑱ 修废官:《皇疏》:"治故曰修,若旧官有废者,则更修立之也。"

⑲ 兴灭国,继绝世:灭国,灭绝之诸侯;世,卿大夫。兴、继,使之重兴、延续。

⑳ 举逸民:举,举拔。逸民,《皇疏》:"民中有才行超逸不仕者。"《集注》:"举逸民,谓释箕子之囚,复商容之位。"

㉑ 信则民任焉:汉石经及《皇疏》本无此句,系由《阳货第十七》第六章"宽则得众,信则人任焉"误增而衍。

㉒ 公则说:《皇疏》:"言政教公平,则民说矣。"

20.2　子张问于孔子曰:"何如斯可以从政矣?"

子曰:"尊五美,屏四恶,斯可以从政矣。"

子张曰:"何谓五美?"

子曰:"君子惠而不费①,劳而不怨,欲而不贪,泰而不骄,威而不猛。"

子张曰:"何谓惠而不费?"

子曰:"因民之所利而利之,斯不亦惠而不费乎!择可劳而劳之,又谁怨?欲仁而得仁,又焉贪?君子无众寡,无小大②,无敢慢③,斯不亦泰而不骄乎!君子正其衣冠,尊其瞻视④,俨然人望而畏之,斯不亦威而不猛乎!"

子张曰:"何谓四恶?"

子曰:"不教而杀⑤谓之虐;不戒视成⑥谓之暴;慢令致期⑦谓之贼;犹之与人⑧也,出纳之吝,谓之有司⑨。"

注释

① 惠而不费:惠,予民惠利;费,浪费财物。

② 无众寡,无小大:《皇疏》:"言不以我富财之众,而陵彼之寡少也,又不得以我贵势之大加彼之小也。"或亦释作无论众寡小大。小大,《正义》引郑玄注《尚书·无逸》云:"小大,谓万民,上及群臣。"

③ 慢:怠慢,懈怠。

④ 尊其瞻视:正容貌,慎威仪。

⑤ 不教而杀:未以礼义教民,而以罪杀之。

⑥ 不戒视成:《马注》:"不宿戒而责目前成,为视成。"谓不预先诫民,即责民功。

⑦ 慢令致期:《孔注》:"与民无信,而虚刻期。"《正义》云此说虽通,究非经旨。《皇疏》引袁氏云:"令之不明而急期之也。"意颇当。

⑧ 犹之与人:犹如与人财物。与,给与。

⑨ 有司:《皇疏》:"有司,谓主典物者也,犹库吏之属也。库吏虽有官物而不得自由,故应出入者,必有所咨同,不敢擅易。人君若物与人而吝,即与库吏无异,故云'谓之有司'也。"

20.3　孔子曰:"不知命①,无以为君子也。不知礼,无以立②也。不知言,无以知人也。"

注释

① 命:《孔注》:"命,谓穷达之分也。"《皇疏》:"命,谓穷通寿夭也,人生而有命,受之由天,故不可不知也。"

② 不知礼无以立:《季氏第十六》第十三章:"不学礼,无以立。"《皇疏》:"礼主恭俭庄敬,为立身之本,人若不知礼者,无以得立其身于世也。"

附　　录

（一）史记·孔子世家

孔子生鲁昌平乡陬邑。其先宋人也,曰孔防叔。防叔生伯夏,伯夏生叔梁纥。纥与颜氏女野合而生孔子,祷于尼丘得孔子。鲁襄公二十二年而孔子生。生而首上圩顶,故因名曰丘云。字仲尼,姓孔氏。

丘生而叔梁纥死,葬于防山。防山在鲁东,由是孔子疑其父墓处,母讳之也。孔子为儿嬉戏,常陈俎豆,设礼容。孔子母死,乃殡五父之衢,盖其慎也。郰人挽父之母诲孔子父墓,然后往合葬于防焉。

孔子要绖,季氏飨士,孔子与往。阳虎绌曰:"季氏飨士,非敢飨子也。"孔子由是退。

孔子年十七,鲁大夫孟厘子病且死,诫其嗣懿子曰:"孔丘,圣人之后,灭于宋。其祖弗父何始有宋而嗣让厉公。及正考父佐戴、武、宣公,三命兹益恭,故鼎铭云:'一命而偻,再命而伛,三命而俯,循墙而走,亦莫敢余侮。饘于是,粥于是,以餬余口。'其恭如是。吾闻圣人之后,虽不当世,必有达者。今孔丘年少好礼,其达者欤? 吾即没,若必师之。"及厘子卒,懿子与鲁人南宫敬叔往学礼焉。是岁,季武子卒,平子代立。

孔子贫且贱。及长,尝为季氏史,料量平;尝为司职吏而畜蕃息。由是为司空。已而去鲁,斥乎齐,逐乎宋、卫,困于陈、蔡之间,于是反鲁。孔子长九尺有六寸,人皆谓之"长人"而异之。鲁复善待,由是反鲁。

鲁南宫敬叔言鲁君曰:"请与孔子适周。"鲁君与之一乘车,两马,一竖子俱,适周问礼,盖见老子云。辞去,而老子送之曰:"吾闻富贵者送人以财,仁人者送人以言。吾不能富贵,窃仁人之号,送子以言,曰:'聪明深察而近于死者,好议人者也。博辩广大危其身者,发人之恶者也。为人子者毋以有己,为人臣者毋以有己。'"孔子自周反于鲁,弟子稍益进焉。

是时也，晋平公淫，六卿擅权，东伐诸侯；楚灵王兵强，陵轹中国；齐大而近于鲁。鲁小弱，附于楚则晋怒；附于晋则楚来伐；不备于齐，齐师侵鲁。

鲁昭公之二十年，而孔子盖年三十矣。齐景公与晏婴来适鲁，景公问孔子曰："昔秦穆公国小处辟，其霸何也？"对曰："秦，国虽小，其志大；处虽辟，行中正。身举五羖，爵之大夫，起累绁之中，与语三日，授之以政。以此取之，虽王可也，其霸小矣。"景公说。

孔子年三十五，而季平子与郈昭伯以斗鸡故得罪鲁昭公，昭公率师击平子，平子与孟氏、叔孙氏三家共攻昭公，昭公师败，奔于齐，齐处昭公乾侯。其后顷之，鲁乱。孔子适齐，为高昭子家臣，欲以通乎景公。与齐太师语乐，闻《韶》音，学之，三月不知肉味，齐人称之。

景公问政孔子，孔子曰："君君，臣臣，父父，子子。"景公曰："善哉！信如君不君，臣不臣，父不父，子不子，虽有粟，吾岂得而食诸！"他日又复问政于孔子，孔子曰："政在节财。"景公说，将欲以尼溪田封孔子。晏婴进曰："夫儒者滑稽而不可轨法；倨傲自顺，不可以为下；崇丧遂哀，破产厚葬，不可以为俗；游说乞贷，不可以为国。自大贤之息，周室既衰，礼乐缺有间。今孔子盛容饰，繁登降之礼，趋详之节，累世不能殚其学，当年不能究其礼。君欲用之以移齐俗，非所以先细民也。"后景公敬见孔子，不问其礼。异日，景公止孔子曰："奉子以季氏，吾不能。"以季孟之间待之。齐大夫欲害孔子，孔子闻之。景公曰："吾老矣，弗能用也。"孔子遂行，反乎鲁。

孔子年四十二，鲁昭公卒于乾侯，定公立。定公立五年，夏，季平子卒，桓子嗣立。季桓子穿井得土缶，中若羊，问仲尼云"得狗"。仲尼曰："以丘所闻，羊也。丘闻之，木石之怪夔、罔阆，水之怪龙、罔象，土之怪坟羊。"

吴伐越，堕会稽，得骨节专车。吴使使问仲尼："骨何者最大？"仲尼曰："禹致群神于会稽山，防风氏后至，禹杀而戮之，其节专车，此为大矣。"吴客曰："谁为神？"仲尼曰："山川之神足以纲纪天下，其守为神，社稷为公侯，皆属于王者。"客曰："防风何守？"仲尼曰："汪罔氏之君守封、禹之山，为厘姓。在虞、夏、商为汪罔，于周为长翟，今谓之大人。"客曰："人长几何？"仲尼曰："僬侥氏三尺，短之至也。长者不过十之，数之极也。"于是吴客曰："善哉圣人！"

桓子嬖臣曰仲梁怀,与阳虎有隙。阳虎欲逐怀,公山不狃止之。其秋,怀益骄,阳虎执怀。桓子怒,阳虎因囚桓子,与盟而醳之。阳虎由此益轻季氏。季氏亦僭于公室,陪臣执国政,是以鲁自大夫以下皆僭离于正道。故孔子不仕,退而修诗书礼乐,弟子弥众,至自远方,莫不受业焉。

定公八年,公山不狃不得意于季氏,因阳虎为乱,欲废三桓之嫡,更立其庶孽阳虎素所善者,遂执季桓子。桓子诈之,得脱。定公九年,阳虎不胜,奔于齐。是时孔子年五十。

公山不狃以费畔季氏,使人召孔子。孔子循道弥久,温温无所试,莫能己用,曰:"盖周文武起丰镐而王,今费虽小,傥庶几乎!"欲往。子路不说,止孔子。孔子曰:"夫召我者岂徒哉? 如用我,其为东周乎!"然亦卒不行。

其后定公以孔子为中都宰,一年,四方皆则之。由中都宰为司空,由司空为大司寇。

定公十年春,及齐平。夏,齐大夫黎鉏言于景公曰:"鲁用孔丘,其势危齐。"乃使使告鲁为好会,会于夹谷。鲁定公且以乘车好往。孔子摄相事,曰:"臣闻有文事者必有武备,有武事者必有文备。古者诸侯出疆,必具官以从。请具左右司马。"定公曰:"诺。"具左右司马。会齐侯夹谷,为坛位,土阶三等,以会遇之礼相见,揖让而登。献酬之礼毕,齐有司趋而进曰:"请奏四方之乐。"景公曰:"诺。"于是旍旄羽被矛戟剑拨鼓噪而至。孔子趋而进,历阶而登,不尽一等,举袂而言曰:"吾两君为好会,夷狄之乐何为于此! 请命有司!"有司却之,不去,则左右视晏子与景公。景公心怍,麾而去之。有顷,齐有司趋而进曰:"请奏宫中之乐。"景公曰:"诺。"优倡侏儒为戏而前。孔子趋而进,历阶而登,不尽一等,曰:"匹夫而营惑诸侯者罪当诛! 请命有司!"有司加法焉,手足异处。景公惧而动,知义不若,归而大恐,告其群臣曰:"鲁以君子之道辅其君,而子独以夷狄之道教寡人,使得罪于鲁君,为之奈何?"有司进对曰:"君子有过则谢以质,小人有过则谢以文。君若悼之,则谢以质。"于是齐侯乃归所侵鲁之郓、汶阳、龟阴之田以谢过。

定公十三年夏,孔子言于定公曰:"臣无藏甲,大夫毋百雉之城。"使仲由为季氏宰,将堕三都。于是叔孙氏先堕郈。季氏将堕费,公山不狃、叔孙辄率费人袭鲁。公与三子入于季氏之宫,登武子之台。费人攻之,弗克,入及公侧。孔子命申句须、乐颀下伐之,费人北。国人追之,败诸姑蔑。二子奔齐,遂堕费。将堕成,公敛处父谓孟孙曰:"堕成,齐人必至于北门。且成,孟氏之保鄣,无成是无孟氏也。

我将弗堕。"十二月,公围成,弗克。

定公十四年,孔子年五十六,由大司寇行摄相事,有喜色。门人曰:"闻君子祸至不惧,福至不喜。"孔子曰:"有是言也。不曰'乐其以贵下人'乎?"于是诛鲁大夫乱政者少正卯。与闻国政三月,粥羔豚者弗饰贾;男女行者别于涂;涂不拾遗;四方之客至乎邑者不求有司,皆予之以归。

齐人闻而惧,曰:"孔子为政必霸,霸则吾地近焉,我之为先并矣。盍致地焉?"黎鉏曰:"请先尝沮之;沮之而不可则致地,庸迟乎!"于是选齐国中女子好者八十人,皆衣文衣而舞《康乐》,文马三十驷,遗鲁君。陈女乐文马于鲁城南高门外,季桓子微服往观再三,将受,乃语鲁君为周道游,往观终日,怠于政事。子路曰:"夫子可以行矣。"孔子曰:"鲁今且郊,如致膰乎大夫,则吾犹可以止。"桓子卒受齐女乐,三日不听政;郊,又不致膰俎于大夫。孔子遂行,宿乎屯。而师己送,曰:"夫子则非罪。"孔子曰:"吾歌可夫?"歌曰:"彼妇之口,可以出走;彼妇之谒,可以死败。盖优哉游哉,维以卒岁!"师己反,桓子曰:"孔子亦何言?"师己以实告。桓子喟然叹曰:"夫子罪我以群婢故也夫!"

孔子遂适卫,主于子路妻兄颜浊邹家。卫灵公问孔子:"居鲁得禄几何?"对曰:"奉粟六万。"卫人亦致粟六万。居顷之,或谮孔子于卫灵公。灵公使公孙余假一出一入。孔子恐获罪焉,居十月,去卫。

将适陈,过匡,颜刻为仆,以其策指之曰:"昔吾入此,由彼缺也。"匡人闻之,以为鲁之阳虎。阳虎尝暴匡人,匡人于是遂止孔子。孔子状类阳虎,拘焉五日,颜渊后,子曰:"吾以汝为死矣。"颜渊曰:"子在,回何敢死!"匡人拘孔子益急,弟子惧。孔子曰:"文王既没,文不在兹乎?天之将丧斯文也,后死者不得与于斯文也。天之未丧斯文也,匡人其如予何!"孔子使从者为宁武子臣于卫,然后得去。

去即过蒲。月余,反乎卫,主蘧伯玉家。灵公夫人有南子者,使人谓孔子曰:"四方之君子不辱欲与寡君为兄弟者,必见寡小君。寡小君愿见。"孔子辞谢,不得已而见之。夫人在絺帷中。孔子入门,北面稽首。夫人自帷中再拜,环佩玉声璆然。孔子曰:"吾乡为弗见,见之礼答焉。"子路不说。孔子矢之曰:"予所不者,天厌之!天厌之!"居卫月余,灵公与夫人同车,宦者雍渠参乘,出,使孔子为次乘,招摇市过之。孔子曰:"吾未见好德如好色者也。"于是丑之,去卫,过曹。是岁,鲁定公卒。

孔子去曹适宋,与弟子习礼大树下。宋司马桓魋欲杀孔子,拔其树。孔子去。弟子曰:"可以速矣。"孔子曰:"天生德于予,桓魋其如予何!"

孔子适郑,与弟子相失,孔子独立郭东门。郑人或谓子贡曰:"东门有人,其颡似尧,其项类皋陶,其肩类子产,然自要以下不及禹三寸。累累若丧家之狗。"子贡以实告孔子。孔子欣然笑曰:"形状,末也。而谓似丧家之狗,然哉!然哉!"

孔子遂至陈,主于司城贞子家。岁余,吴王夫差伐陈,取三邑而去。赵鞅伐朝歌。楚围蔡,蔡迁于吴。吴败越王句践会稽。

有隼集于陈廷而死,楛矢贯之,石砮,矢长尺有咫。陈湣公使使问仲尼。仲尼曰:"隼来远矣,此肃慎之矢也。昔武王克商,通道九夷百蛮,使各以其方贿来贡,使无忘职业。于是肃慎贡楛矢石砮,长尺有咫。先王欲昭其令德,以肃慎矢分大姬,配虞胡公而封诸陈。分同姓以珍玉,展亲;分异姓以远方职,使无忘服。故分陈以肃慎矢。"试求之故府,果得之。

孔子居陈三岁,会晋楚争强,更伐陈,及吴侵陈,陈常被寇。孔子曰:"归与归与!吾党之小子狂简,进取不忘其初。"于是孔子去陈。

过蒲,会公叔氏以蒲畔,蒲人止孔子。弟子有公良孺者,以私车五乘从孔子。其为人长贤,有勇力,谓曰:"吾昔从夫子遇难于匡,今又遇难于此,命也已。吾与夫子再罹难,宁斗而死。"斗甚疾。蒲人惧,谓孔子曰:"苟毋适卫,吾出子。"与之盟,出孔子东门。孔子遂适卫。子贡曰:"盟可负邪?"孔子曰:"要盟也,神不听。"

卫灵公闻孔子来,喜,郊迎。问曰:"蒲可伐乎?"对曰:"可。"灵公曰:"吾大夫以为不可。今蒲,卫之所以待晋楚也,以卫伐之,无乃不可乎?"孔子曰:"其男子有死之志,妇人有保西河之志。吾所伐者不过四五人。"灵公曰:"善。"然不伐蒲。

灵公老,怠于政,不用孔子。孔子喟然叹曰:"苟有用我者,期月而已,三年有成。"孔子行。

佛肸为中牟宰。赵简子攻范、中行,伐中牟。佛肸畔,使人召孔子。孔子欲往。子路曰:"由闻诸夫子,'其身亲为不善者,君子不入也'。今佛肸亲以中牟畔,子欲往,如之何?"孔子曰:"有是言也。不曰坚乎,磨而不磷;不曰白乎,涅而不淄。我岂匏瓜也哉,焉能系而不食?"

孔子击磬。有荷蒉而过门者,曰:"有心哉,击磬乎!硁硁乎,莫己知也夫而已矣!"

孔子学鼓琴师襄子，十日不进。师襄子曰："可以益矣。"孔子曰："丘已习其曲矣，未得其数也。"有间，曰："已习其数，可以益矣。"孔子曰："丘未得其志也。"有间，曰："已习其志，可以益矣。"孔子曰："丘未得其为人也。"有间，（曰）有所穆然深思焉，有所怡然高望而远志焉。曰："丘得其为人，黯然而黑，几然而长，眼如望羊，如王四国，非文王其谁能为此也！"师襄子辟席再拜，曰："师盖云《文王操》也。"

孔子既不得用于卫，将西见赵简子。至于河而闻窦鸣犊、舜华之死也，临河而叹曰："美哉水，洋洋乎！丘之不济此，命也夫！"子贡趋而进曰："敢问何谓也？"孔子曰："窦鸣犊，舜华，晋国之贤大夫也。赵简子未得志之时，须此两人而后从政；及其已得志，杀之乃从政。丘闻之也，刳胎杀夭则麒麟不至郊，竭泽涸渔则蛟龙不合阴阳，覆巢毁卵则凤皇不翔。何则？君子讳伤其类也。夫鸟兽之于不义也尚知辟之，而况乎丘哉！"乃还息乎陬乡，作为《陬操》以哀之。而反乎卫，入主蘧伯玉家。

他日，灵公问兵陈。孔子曰："俎豆之事则尝闻之，军旅之事未之学也。"明日，与孔子语，见蜚雁，仰视之，色不在孔子。孔子遂行，复如陈。

夏，卫灵公卒，立孙辄，是为卫出公。六月，赵鞅内太子蒯聩于戚。阳虎使太子绖，八人衰绖，伪自卫迎者，哭而入，遂居焉。冬，蔡迁于州来。是岁鲁哀公三年，而孔子年六十矣。齐助卫围戚，以卫太子蒯聩在故也。

夏，鲁桓厘庙燔，南宫敬叔救火。孔子在陈，闻之，曰："灾必于桓厘庙乎？"已而果然。

秋，季桓子病，辇而见鲁城，喟然叹曰："昔此国几兴矣，以吾获罪于孔子，故不兴也。"顾谓其嗣康子曰："我即死，若必相鲁；相鲁，必召仲尼。"后数日，桓子卒，康子代立。已葬，欲召仲尼。公之鱼曰："昔吾先君用之不终，终为诸侯笑。今又用之，不能终，是再为诸侯笑。"康子曰："则谁召而可？"曰："必召冉求。"于是使使召冉求。冉求将行，孔子曰："鲁人召求，非小用之，将大用之也。"是日，孔子曰："归乎归乎！吾党之小子狂简，斐然成章，吾不知所以裁之。"子赣知孔子思归，送冉求，因诫曰"即用，以孔子为招"云。

冉求既去，明年，孔子自陈迁于蔡。蔡昭公将如吴，吴召之也。前昭公欺其臣迁州来，后将往，大夫惧复迁，公孙翩射杀昭公。楚侵蔡。秋，齐景公卒。

明年，孔子自蔡如叶。叶公问政，孔子曰："政在来远附迩。"他日，叶公问孔子于子路，子路不对。孔子闻之，曰："由，尔何不对曰'其为人也，学道不倦，诲人不厌，发愤忘食，乐以忘忧，不知老之将至'云尔。"

去叶，反于蔡。长沮、桀溺耦而耕，孔子以为隐者，使子路问津焉。长沮曰："彼执舆者为谁？"子路曰："为孔丘。"曰："是鲁孔丘与？"曰："然。"曰："是知津矣。"桀溺谓子路曰："子为谁？"曰："为仲由。"曰："子，孔丘之徒与？"曰："然。"桀溺曰："悠悠者天下皆是也，而谁以易之？且与其从辟人之士，岂若从辟世之士哉！"耰而不辍。子路以告孔子，孔子怃然曰："鸟兽不可与同群。天下有道，丘不与易也。"

他日，子路行，遇荷蓧丈人，曰："子见夫子乎？"丈人曰："四体不勤，五谷不分，孰为夫子！"植其杖而芸。子路以告，孔子曰："隐者也。"复往，则亡。

孔子迁于蔡三岁，吴伐陈。楚救陈，军于城父。闻孔子在陈蔡之间，楚使人聘孔子。孔子将往拜礼，陈蔡大夫谋曰："孔子贤者，所刺讥皆中诸侯之疾。今者久留陈蔡之间，诸大夫所设行皆非仲尼之意。今楚，大国也，来聘孔子。孔子用于楚，则陈蔡用事大夫危矣。"于是乃相与发徒役围孔子于野。不得行，绝粮。从者病，莫能兴。孔子讲诵弦歌不衰。子路愠见曰："君子亦有穷乎？"孔子曰："君子固穷，小人穷斯滥矣。"

子贡色作。孔子曰："赐，尔以予为多学而识之者与？"曰："然。非与？"孔子曰："非也。予一以贯之。"

孔子知弟子有愠心，乃召子路而问曰："《诗》云'匪兕匪虎，率彼旷野'。吾道非邪？吾何为于此？"子路曰："意者吾未仁邪？人之不我信也。意者吾未知邪？人之不我行也。"孔子曰："有是乎！由，譬使仁者而必信，安有伯夷、叔齐？使知者而必行，安有王子比干？"

子路出，子贡入见。孔子曰："赐，《诗》云'匪兕匪虎，率彼旷野'。吾道非邪？吾何为于此？"子贡曰："夫子之道至大也，故天下莫能容夫子。夫子盖少贬焉？"孔子曰："赐，良农能稼而不能为穑，良工能巧而不能为顺。君子能修其道，纲而纪之，统而理之，而不能为容。今尔不修尔道而求为容。赐，而志不远矣！"

子贡出，颜回入见。孔子曰："回，《诗》云'匪兕匪虎，率彼旷野'。吾道非邪？吾何为于此？"颜回曰："夫子之道至大，故天下莫能容。虽然，夫子推而行之，不容何病，不容然后见君子！夫道之不修也，是吾丑也。夫道既已大修而不用，是有国者之丑也。不容何病，不容然后见君子！"孔子欣然而笑曰："有是哉颜氏之子！使尔多财，吾为尔宰。"

于是使子贡至楚。楚昭王兴师迎孔子，然后得免。

昭王将以书社地七百里封孔子。楚令尹子西曰："王之使使诸侯有如子贡者乎？"曰："无有。""王之辅相有如颜回者乎？"曰："无有。""王之将率有如子路者乎？"曰："无有。""王之官尹有如宰予者乎？"曰："无有。""且楚之祖封于周，号为子男五十里。今孔丘述三五之法，明周召之业，王若用之，则楚安得世世堂堂方数千里乎？夫文王在丰，武王在镐，百里之君卒王天下。今孔丘得据土壤，贤弟子为佐，非楚之福也。"昭王乃止。其秋，楚昭王卒于城父。

楚狂接舆歌而过孔子，曰："凤兮凤兮，何德之衰！往者不可谏兮，来者犹可追也！已而已而，今之从政者殆而！"孔子下，欲与之言。趋而去，弗得与之言。

于是孔子自楚反乎卫。是岁也，孔子年六十三，而鲁哀公六年也。

其明年，吴与鲁会缯，征百牢。太宰嚭召季康子。康子使子贡往，然后得已。

孔子曰："鲁卫之政，兄弟也。"是时，卫君辄父不得立，在外，诸侯数以为让。而孔子弟子多仕于卫，卫君欲得孔子为政。子路曰："卫君待子而为政，子将奚先？"孔子曰："必也正名乎！"子路曰："有是哉，子之迂也！何其正也？"孔子曰："野哉由也！夫名不正则言不顺，言不顺则事不成，事不成则礼乐不兴，礼乐不兴则刑罚不中，刑罚不中则民无所错手足矣。夫君子为之必可名，言之必可行。君子于其言，无所苟而已矣。"

其明年，冉有为季氏将师，与齐战于郎，克之。季康子曰："子之于军旅，学之乎？性之乎？"冉有曰："学之于孔子。"季康子曰："孔子何如人哉？"对曰："用之有名；播之百姓，质诸鬼神而无憾。求之至于此道，虽累千社，夫子不利也。"康子曰："我欲召之，可乎？"对曰："欲召之，则毋以小人固之，则可矣。"而卫孔文子将攻太叔，问策于仲尼。仲尼辞不知，退而命载而行，曰："鸟能择木，木岂能择鸟乎！"文子固止。会季康子逐公华、公宾、公林，以币迎孔子，孔子归鲁。

孔子之去鲁凡十四岁而反乎鲁。

鲁哀公问政，对曰："政在选臣。"季康子问政，曰："举直错诸枉，则枉者直。"康子患盗，孔子曰："苟子之不欲，虽赏之不窃。"然鲁终不能用孔子，孔子亦不求仕。

孔子之时，周室微而礼乐废，《诗》《书》缺。追迹三代之礼，序《书》《传》，上纪唐虞之际，下至秦缪，编次其事。曰："夏礼吾能言之，杞不足征也。殷礼吾能言之，宋不足征也。足，则吾能征之矣。"观殷夏所损益，曰："后虽百世可知也，以一文一质。周监二代，郁郁乎文哉。吾从周。"故《书》《传》《礼记》自孔氏。

孔子语鲁大师："乐其可知也。始作翕如，纵之纯如，皦如，绎如也，以成。""吾自卫反鲁，然后乐正，《雅》《颂》各得其所。"

古者《诗》三千余篇，及至孔子，去其重，取可施于礼义，上采契、后稷，中述殷周之盛，至幽、厉之缺，始于衽席，故曰"《关雎》之乱以为《风》始，《鹿鸣》为《小雅》始，《文王》为《大雅》始，《清庙》为《颂》始"。三百五篇孔子皆弦歌之，以求合《韶》《武》《雅》《颂》之音。礼乐自此可得而述，以备王道，成六艺。

孔子晚而喜《易》，序《彖》《系》《象》《说卦》《文言》。读《易》，韦编三绝。曰："假我数年，若是，我于《易》则彬彬矣。"

孔子以诗书礼乐教，弟子盖三千焉，身通六艺者七十有二人。如颜浊邹之徒，颇受业者甚众。

孔子以四教：文，行，忠，信。绝四：毋意，毋必，毋固，毋我。所慎：齐，战，疾。子罕言利与命与仁。不愤不启，举一隅不以三隅反，则弗复也。

其于乡党，恂恂似不能言者。其于宗庙朝廷，辩辩言，唯谨尔。朝，与上大夫言，訚訚如也；与下大夫言，侃侃如也。

入公门，鞠躬如也；趋进，翼如也。君召使傧，色勃如也。君命召，不俟驾行矣。

鱼馁，肉败，割不正，不食。席不正，不坐。食于有丧者之侧，未尝饱也。

是日哭，则不歌。见齐衰、瞽者，虽童子必变。

"三人行，必得我师。""德之不修，学之不讲，闻义不能徙，不善不能改，是吾忧也。"使人歌，善，则使复之，然后和之。

子不语：怪，力，乱，神。

子贡曰："夫子之文章，可得闻也。夫子言天道与性命，弗可得闻也已。"颜渊喟然叹曰："仰之弥高，钻之弥坚。瞻之在前，忽焉在后。夫子循循然善诱人，博我以文，约我以礼，欲罢不能。既竭我才，如有所立，卓尔。虽欲从之，蔑由也已。"达巷党人（童子）曰："大哉孔子，博学而无所成名。"子闻之曰："我何执？执御乎？执射乎？我执御矣。"牢曰："子云'不试，故艺'。"

鲁哀公十四年春,狩大野。叔孙氏车子鉏商获兽,以为不祥。仲尼视之,曰:"麟也。"取之。曰:"河不出图,雒不出书,吾已矣夫!"颜渊死,孔子曰:"天丧予!"及西狩见麟,曰:"吾道穷矣!"喟然叹曰:"莫知我夫!"子贡曰:"何为莫知子?"子曰:"不怨天,不尤人,下学而上达,知我者其天乎!"

"不降其志,不辱其身,伯夷、叔齐乎!"谓"柳下惠、少连降志辱身矣"。谓"虞仲、夷逸隐居放言,行中清,废中权"。"我则异于是,无可无不可。"

子曰:"弗乎弗乎,君子病没世而名不称焉。吾道不行矣,吾何以自见于后世哉?"乃因史记作《春秋》,上至隐公,下讫哀公十四年,十二公。据鲁,亲周,故殷,运之三代。约其文辞而指博。故吴楚之君自称王,而《春秋》贬之曰"子";践土之会实召周天子,而《春秋》讳之曰"天王狩于河阳":推此类以绳当世。贬损之义,后有王者举而开之。《春秋》之义行,则天下乱臣贼子惧焉。

孔子在位听讼,文辞有可与人共者,弗独有也。至于为《春秋》,笔则笔,削则削,子夏之徒不能赞一辞。弟子受《春秋》,孔子曰:"后世知丘者以《春秋》,而罪丘者亦以《春秋》。"

明岁,子路死于卫。孔子病,子贡请见。孔子方负杖逍遥于门,曰:"赐,汝来何其晚也?"孔子因叹,歌曰:"太山坏乎!梁柱摧乎!哲人萎乎!"因以涕下。谓子贡曰:"天下无道久矣,莫能宗予。夏人殡于东阶,周人于西阶,殷人两柱间。昨暮予梦坐奠两柱之间,予始殷人也。"后七日卒。

孔子年七十三,以鲁哀公十六年四月己丑卒。

哀公诔之曰:"旻天不吊,不愁遗一老,俾屏余一人以在位,茕茕余在疚。呜呼哀哉!尼父,毋自律!"子贡曰:"君其不没于鲁乎!夫子之言曰:'礼失则昏,名失则愆。失志为昏,失所为愆。'生不能用,死而诔之,非礼也。称'余一人',非名也。"

孔子葬鲁城北泗上,弟子皆服三年。三年心丧毕,相诀而去,则哭,各复尽哀;或复留。唯子赣庐于冢上,凡六年,然后去。弟子及鲁人往从冢而家者百有余室,因命曰孔里。鲁世世相传以岁时奉祠孔子冢,而诸儒亦讲礼乡饮大射于孔子冢。孔子冢大一顷。故所居堂、弟子内,后世因庙藏孔子衣冠琴车书,至于汉二百余年不绝。高皇帝过鲁,以太牢祠焉。诸侯卿相至,常先谒然后从政。

孔子生鲤,字伯鱼。伯鱼年五十,先孔子死。

伯鱼生伋,字子思,年六十二。尝困于宋。子思作《中庸》。

子思生白,字子上,年四十七。子上生求,字子家,年四十五。子家生箕,字子京,年四十六。子京生穿,字子高,年五十一。子高生子慎,年五十七,尝为魏相。

子慎生鲋,年五十七,为陈王涉博士,死于陈下。

鲋弟子襄,年五十七。尝为孝惠皇帝博士,迁为长沙太守。长九尺六寸。

子襄生忠,年五十七。忠生武,武生延年及安国。安国为今皇帝博士,至临淮太守,蚤卒。安国生卬,卬生驩。

太史公曰:《诗》有之:"高山仰止,景行行止。"虽不能至,然心乡往之。余读孔氏书,想见其为人。适鲁,观仲尼庙堂车服礼器,诸生以时习礼其家,余祗回留之不能去云。天下君王至于贤人众矣,当时则荣,没则已焉。孔子布衣,传十余世,学者宗之。自天子王侯,中国言六艺者折中于夫子,可谓至圣矣!

(《史记》卷四十七。据中华书局一九七五年点校本,下《仲尼弟子列传》同)

(二) 史记·仲尼弟子列传

孔子曰"受业身通者七十有七人",皆异能之士也。德行:颜渊,闵子骞,冉伯牛,仲弓。政事:冉有,季路。言语:宰我,子贡。文学:子游,子夏。师也辟,参也鲁,柴也愚,由也喭,回也屡空。赐不受命而货殖焉,亿则屡中。

孔子之所严事:于周则老子;于卫,蘧伯玉;于齐,晏平仲;于楚,老莱子;于郑,子产;于鲁,孟公绰。数称臧文仲、柳下惠、铜鞮伯华、介山子然,孔子皆后之,不并世。

颜回者,鲁人也,字子渊。少孔子三十岁。

颜渊问仁,孔子曰:"克己复礼,天下归仁焉。"

孔子曰:"贤哉回也! 一箪食,一瓢饮,在陋巷,人不堪其忧,回也不改其乐。""回也如愚;退而省其私,亦足以发,回也不愚。""用之则行,舍之则藏,唯我与尔有是夫!"

回年二十九,发尽白,蚤死。孔子哭之恸,曰:"自吾有回,门人益亲。"鲁哀公问:"弟子孰为好学?"孔子对曰:"有颜回者好学,不迁怒,不贰过。不幸短命死矣,今也则亡。"

闵损字子骞。少孔子十五岁。

孔子曰:"孝哉闵子骞! 人不间于其父母昆弟之言。"不仕大夫,不食污君之禄。"如有复我者,必在汶上矣。"

冉耕字伯牛。孔子以为有德行。

伯牛有恶疾,孔子往问之,自牖执其手,曰:"命也夫! 斯人也而有斯疾,命也夫!"

冉雍字仲弓。

仲弓问政,孔子曰:"出门如见大宾,使民如承大祭。在邦无怨,在家无怨。"

孔子以仲弓为有德行,曰:"雍也可使南面。"

仲弓父,贱人。孔子曰:"犁牛之子骍且角,虽欲勿用,山川其舍诸?"

冉求字子有,少孔子二十九岁。为季氏宰。

季康子问孔子曰:"冉求仁乎?"曰:"千室之邑,百乘之家,求也可使治其赋。仁则吾不知也。"复问:"子路仁乎?"孔子对曰:"如求。"

求问曰:"闻斯行诸?"子曰:"行之。"子路问:"闻斯行诸?"子曰:"有父兄在,如之何其闻斯行之!"子华怪之,"敢问问同而答异?"孔子曰:"求也退,故进之。由也兼人,故退之。"

仲由字子路,卞人也。少孔子九岁。

子路性鄙,好勇力,志伉直,冠雄鸡,佩豭豚,陵暴孔子。孔子设礼稍诱子路,子路后儒服委质,因门人请为弟子。

子路问政,孔子曰:"先之,劳之。"请益。曰:"无倦。"

子路问:"君子尚勇乎?"孔子曰:"义之为上。君子好勇而无义则乱,小人好勇而无义则盗。"

子路有闻,未之能行,唯恐有闻。

孔子曰:"片言可以折狱者,其由也与!""由也好勇过我,无所取材。""若由也,不得其死然。""衣敝缊袍与衣狐貉者立而不耻者,其由也与!""由也升堂矣,未入于室也。"

季康子问:"仲由仁乎?"孔子曰:"千乘之国可使治其赋,不知其仁。"

子路喜从游,遇长沮、桀溺、荷蓧丈人。

子路为季氏宰,季孙问曰:"子路可谓大臣与?"孔子曰:"可谓具臣矣。"

子路为蒲大夫,辞孔子。孔子曰:"蒲多壮士,又难治。然吾语汝:恭以敬,可以执勇;宽以正,可以比众;恭正以静,可以报上。"

初,卫灵公有宠姬曰南子。灵公太子蒉聩得过南子,惧诛出奔。及灵公卒而夫人欲立公子郢。郢不肯,曰:"亡人太子之子辄在。"于是卫立辄为君,是为出公。出公立十二年,其父蒉聩居外,不得入。子路为卫大夫孔悝之邑宰。蒉聩乃与孔悝作乱,谋入孔悝家,遂与其徒袭攻出公。出公奔鲁,而蒉聩入立,是为庄公。方孔悝作乱,子路在外,闻之而驰往。遇子羔出卫城门,谓子路曰:"出公去矣,而门已闭,子可还矣,毋空受其祸。"子路曰:"食其食者不避其难。"子羔卒去。有使者入城,城门开,子路随而入。造蒉聩,蒉聩与孔悝登台。子路曰:"君焉用孔悝? 请得而杀之。"蒉聩弗听。于是子路欲燔台,蒉聩惧,乃下石乞、壶黡攻子路,击断子路之缨。子路曰:"君子死而冠不免。"遂结缨而死。

孔子闻卫乱,曰:"嗟乎,由死矣!"已而果死。故孔子曰:"自吾得由,恶言不闻于耳。"是时子贡为鲁使于齐。

宰予字子我。利口辩辞。既受业,问:"三年之丧不已久乎? 君子三年不为礼,礼必坏;三年不为乐,乐必崩。旧谷既没,新谷既升,钻燧改火,期可已矣。"子曰:"于汝安乎?"曰:"安。""汝安则为之。君子居丧,食旨不甘,闻乐不乐,故弗为也。"宰我出,子曰:"予之不仁也! 子生三年然后免于父母之怀。夫三年之丧,天下之通义也。"

宰予昼寝。子曰:"朽木不可雕也,粪土之墙不可圬也。"

宰我问五帝之德,子曰:"予非其人也。"

宰我为临菑大夫,与田常作乱,以夷其族,孔子耻之。

端沐赐,卫人,字子贡。少孔子三十一岁。

子贡利口巧辞,孔子常黜其辩。问曰:"汝与回也孰愈?"对曰:"赐也何敢望回! 回也闻一以知十,赐也闻一以知二。"

子贡既已受业,问曰:"赐何人也?"孔子曰:"汝器也。"曰:"何器也?"曰:

"瑚琏也。"

陈子禽问子贡曰:"仲尼焉学?"子贡曰:"文武之道未坠于地,在人,贤者识其大者,不贤者识其小者,莫不有文武之道。夫子焉不学,而亦何常师之有!"又问曰:"孔子适是国必闻其政。求之与? 抑与之与?"子贡曰:"夫子温良恭俭让以得之。夫子之求之也,其诸异乎人之求之也。"

子贡问曰:"富而无骄,贫而无谄,何如?"孔子曰:"可也;不如贫而乐道,富而好礼。"

田常欲作乱于齐,惮高、国、鲍、晏,故移其兵欲以伐鲁。孔子闻之,谓门弟子曰:"夫鲁,坟墓所处,父母之国,国危如此,二三子何为莫出?"子路请出,孔子止之。子张、子石请行,孔子弗许。子贡请行,孔子许之。

遂行,至齐,说田常曰:"君之伐鲁过矣。夫鲁,难伐之国,其城薄以卑,其地狭以泄,其君愚而不仁,大臣伪而无用,其士民又恶甲兵之事,此不可与战。君不如伐吴。夫吴,城高以厚,地广以深,甲坚以新,士选以饱,重器精兵尽在其中,又使明大夫守之,此易伐也。"田常忿然作色曰:"子之所难,人之所易;子之所易,人之所难:而以教常,何也?"子贡曰:"臣闻之,忧在内者攻强,忧在外者攻弱。今君忧在内。吾闻君三封而三不成者,大臣有不听者也。今君破鲁以广齐,战胜以骄主,破国以尊臣,而君之功不与焉,则交日疏于主。是君上骄主心,下恣群臣,求以成大事,难矣。夫上骄则恣,臣骄则争,是君上与主有郤,下与大臣交争也。如此,则君之立于齐危矣。故曰不如伐吴。伐吴不胜,民人外死,大臣内空,是君上无强臣之敌,下无民人之过,孤主制齐者唯君也。"田常曰:"善。虽然,吾兵业已加鲁矣,去而之吴,大臣疑我,奈何?"子贡曰:"君按兵无伐,臣请往使吴王,令之救鲁而伐齐,君因以兵迎之。"田常许之,使子贡南见吴王。

说曰:"臣闻之,王者不绝世,霸者无强敌,千钧之重加铢两而移。今以万乘之齐而私千乘之鲁,与吴争强,窃为王危之。且夫救鲁,显名也;伐齐,大利也。以抚泗上诸侯,诛暴齐以服强晋,利莫大焉。名存亡鲁,实困强齐。智者不疑也。"吴王曰:"善。虽然,吾尝与越战,栖之会稽。越王苦身养士,有报我心。子待我伐越而听子。"子贡曰:"越之劲不过鲁,吴之强不过齐,王置齐而伐越,则齐已平鲁矣。且王方以存亡继绝为名,夫伐小越而畏强齐,非勇也。夫勇者不避难,仁者不穷约,智者不失时,王者不绝世,以立其义。今存越示诸侯以仁,救鲁伐齐,威加晋国,诸侯必相率而朝吴,霸业成矣。且王必恶越,臣请东见越王,令出兵以从,此实空越,名从诸侯以伐也。"吴王大说,乃使子贡之越。

越王除道郊迎，身御至舍而问曰："此蛮夷之国，大夫何以俨然辱而临之？"子贡曰："今者吾说吴王以救鲁伐齐，其志欲之而畏越，曰'待我伐越乃可'。如此，破越必矣。且夫无报人之志而令人疑之，拙也；有报人之志，使人知之，殆也；事未发而先闻，危也。三者举事之大患。"句践顿首再拜曰："孤尝不料力，乃与吴战，困于会稽，痛入于骨髓，日夜焦唇干舌，徒欲与吴王接踵而死，孤之愿也。"遂问子贡。子贡曰："吴王为人猛暴，群臣不堪；国家敝以数战，士卒弗忍；百姓怨上，大臣内变；子胥以谏死，太宰嚭用事，顺君之过以安其私：是残国之治也。今王诚发士卒佐之徼其志，重宝以说其心，卑辞以尊其礼，其伐齐必也。彼战不胜，王之福矣。战胜，必以兵临晋，臣请北见晋君，令共攻之，弱吴必矣。其锐兵尽于齐，重甲困于晋，而王制其敝，此灭吴必矣。"越王大说，许诺。送子贡金百镒，剑一，良矛二。子贡不受，遂行。

报吴王曰："臣敬以大王之言告越王，越王大恐，曰：'孤不幸，少失先人，内不自量，抵罪于吴，军败身辱，栖于会稽，国为虚莽，赖大王之赐，使得奉俎豆而修祭祀，死不敢忘，何谋之敢虑！'"后五日，越使大夫种顿首言于吴王曰："东海役臣孤句践使者臣种，敢修下吏问于左右。今窃闻大王将兴大义，诛强救弱，困暴齐而抚周室，请悉起境内士卒三千人，孤请自被坚执锐，以先受矢石。因越贱臣种奉先人藏器，甲二十领，鈇屈卢之矛，步光之剑，以贺军吏。"吴王大说，以告子贡曰："越王欲身从寡人伐齐，可乎？"子贡曰："不可。夫空人之国，悉人之众，又从其君，不义。君受其币，许其师，而辞其君。"吴王许诺，乃谢越王。于是吴王乃遂发九郡兵伐齐。

子贡因去之晋，谓晋君曰："臣闻之，虑不先定不可以应卒，兵不先辨不可以胜敌。今夫齐与吴将战，彼战而不胜，越乱之必矣；与齐战而胜，必以其兵临晋。"晋君大恐，曰："为之柰何？"子贡曰："修兵休卒以待之。"晋君许诺。

子贡去而之鲁。吴王果与齐人战于艾陵，大破齐师，获七将军之兵而不归，果以兵临晋，与晋人相遇黄池之上。吴晋争强。晋人击之，大败吴师。越王闻之，涉江袭吴，去城七里而军。吴王闻之，去晋而归，与越战于五湖。三战不胜，城门不守，越遂围王宫，杀夫差而戮其相。破吴三年，东向而霸。

故子贡一出，存鲁，乱齐，破吴，强晋而霸越。子贡一使，使势相破，十年之中，五国各有变。

子贡好废举，与时转货赀。喜扬人之美，不能匿人之过。常相鲁卫，家累千金，卒终于齐。

言偃,吴人,字子游。少孔子四十五岁。

子游既已受业,为武城宰。孔子过,闻弦歌之声。孔子莞尔而笑曰:"割鸡焉用牛刀?"子游曰:"昔者偃闻诸夫子曰,君子学道则爱人,小人学道则易使。"孔子曰:"二三子,偃之言是也。前言戏之耳。"孔子以为子游习于文学。

卜商字子夏。少孔子四十四岁。

子夏问:"'巧笑倩兮,美目盼兮,素以为绚兮',何谓也?"子曰:"绘事后素。"曰:"礼后乎?"孔子曰:"商始可与言《诗》已矣。"

子贡问:"师与商孰贤?"子曰:"师也过,商也不及。""然则师愈与?"曰:"过犹不及。"

子谓子夏曰:"汝为君子儒,无为小人儒。"

孔子既没,子夏居西河教授,为魏文侯师。其子死,哭之失明。

颛孙师,陈人,字子张。少孔子四十八岁。

子张问干禄,孔子曰:"多闻阙疑,慎言其余,则寡尤;多见阙殆,慎行其余,则寡悔。言寡尤,行寡悔,禄在其中矣。"

他日从在陈蔡间,困,问行。孔子曰:"言忠信,行笃敬,虽蛮貊之国行也;言不忠信,行不笃敬,虽州里行乎哉!立则见其参于前也,在舆则见其倚于衡,夫然后行。"子张书诸绅。

子张问:"士何如斯可谓之达矣?"孔子曰:"何哉,尔所谓达者?"子张对曰:"在国必闻,在家必闻。"孔子曰:"是闻也,非达也。夫达者,质直而好义,察言而观色,虑以下人,在国及家必达。夫闻也者,色取仁而行违,居之不疑,在国及家必闻。"

曾参,南武城人,字子舆。少孔子四十六岁。

孔子以为能通孝道,故授之业。作《孝经》。死于鲁。

澹台灭明,武城人,字子羽。少孔子三十九岁。

状貌甚恶。欲事孔子,孔子以为材薄。既已受业,退而修行,行不由径,非公事不见卿大夫。

南游至江,从弟子三百人,设取予去就,名施乎诸侯。孔子闻之,曰:"吾以言取人,失之宰予;以貌取人,失之子羽。"

宓不齐字子贱。少孔子三十岁。

孔子谓"子贱君子哉！鲁无君子，斯焉取斯？"

子贱为单父宰，反命于孔子，曰："此国有贤不齐者五人，教不齐所以治者。"孔子曰："惜哉不齐所治者小，所治者大则庶几矣。"

原宪字子思。

子思问耻。孔子曰："国有道，谷。国无道，谷，耻也。"

子思曰："克伐怨欲不行焉，可以为仁乎？"孔子曰："可以为难矣，仁则吾弗知也。"

孔子卒，原宪遂亡在草泽中。子贡相卫，而结驷连骑，排藜藿入穷阎，过谢原宪。宪摄敝衣冠见子贡。子贡耻之，曰："夫子岂病乎？"原宪曰："吾闻之，无财者谓之贫，学道而不能行者谓之病。若宪，贫也，非病也。"子贡惭，不怿而去，终身耻其言之过也。

公冶长，齐人，字子长。

孔子曰："长可妻也，虽在累绁之中，非其罪也。"以其子妻之。

南宫括字子容。

问孔子曰："羿善射，奡荡舟，俱不得其死然；禹稷躬稼而有天下？"孔子弗答。容出，孔子曰："君子哉若人！上德哉若人！""国有道，不废；国无道，免于刑戮。"三复"白珪之玷"，以其兄之子妻之。

公皙哀字季次。

孔子曰："天下无行，多为家臣，仕于都；唯季次未尝仕。"

曾蒧字皙。

侍孔子，孔子曰："言尔志。"蒧曰："春服既成，冠者五六人，童子六七人，浴乎沂，风乎舞雩，咏而归。"孔子喟尔叹曰："吾与蒧也！"

颜无繇字路。路者，颜回父，父子尝各异时事孔子。

颜回死，颜路贫，请孔子车以葬。孔子曰："材不材，亦各言其子也。鲤也死，有棺而无椁,吾不徒行以为之椁,以吾从大夫之后,不可以徒行。"

商瞿,鲁人,字子木。少孔子二十九岁。

孔子传《易》于瞿,瞿传楚人馯臂子弘,弘传江东人矫子庸疵,疵传燕人周子家竖,竖传淳于人光子乘羽,羽传齐人田子庄何,何传东武人王子中同,同传菑川人杨何。何元朔中以治《易》为汉中大夫。

高柴字子羔。少孔子三十岁。

子羔长不盈五尺,受业孔子,孔子以为愚。

子路使子羔为费郈宰,孔子曰:"贼夫人之子!"子路曰:"有民人焉,有社稷焉,何必读书然后为学!"孔子曰:"是故恶夫佞者。"

漆彫开字子开。

孔子使开仕,对曰:"吾斯之未能信。"孔子说。

公伯缭字子周。

周愬子路于季孙,子服景伯以告孔子,曰:"夫子固有惑志,缭也,吾力犹能肆诸市朝。"孔子曰:"道之将行,命也;道之将废,命也。公伯缭其如命何!"

司马耕字子牛。

牛多言而躁。问仁于孔子,孔子曰:"仁者其言也讱。"曰:"其言也讱,斯可谓之仁乎?"子曰:"为之难,言之得无讱乎!"

问君子,子曰:"君子不忧不惧。"曰:"不忧不惧,斯可谓之君子乎?"子曰:"内省不疚,夫何忧何惧!"

樊须字子迟。少孔子三十六岁。

樊迟请学稼,孔子曰:"吾不如老农。"请学圃,曰:"吾不如老圃。"樊迟出,孔子曰:"小人哉樊须也!上好礼,则民莫敢不敬;上好义,则民莫敢不服;上好信,则民莫敢不用情。夫如是,则四方之民襁负其子而至矣,焉用稼!"

樊迟问仁,子曰:"爱人。"问智,曰:"知人。"

有若少孔子四十三岁。有若曰："礼之用,和为贵,先王之道斯为美。小大由之,有所不行;知和而和,不以礼节之,亦不可行也。""信近于义,言可复也;恭近于礼,远耻辱也;因不失其亲,亦可宗也。"

孔子既没,弟子思慕,有若状似孔子,弟子相与共立为师,师之如夫子时也。他日,弟子进问曰:"昔夫子当行,使弟子持雨具,已而果雨。弟子问曰:'夫子何以知之?'夫子曰:'诗不云乎?"月离于毕,俾滂沱矣。"昨暮月不宿毕乎?'他日,月宿毕,竟不雨。商瞿年长无子,其母为取室。孔子使之齐,瞿母请之。孔子曰:'无忧,瞿年四十后当有五丈夫子。'已而果然。问夫子何以知此?"有若默然无以应。弟子起曰:"有子避之,此非子之座也!"

公西赤字子华。少孔子四十二岁。

子华使于齐,冉有为其母请粟。孔子曰:"与之釜。"请益,曰:"与之庾。"冉子与之粟五秉。孔子曰:"赤之适齐也,乘肥马,衣轻裘。吾闻君子周急不继富。"

巫马施字子旗。少孔子三十岁。

陈司败问孔子曰:"鲁昭公知礼乎?"孔子曰:"知礼。"退而揖巫马旗曰:"吾闻君子不党,君子亦党乎? 鲁君娶吴女为夫人,命之为孟子。孟子姓姬,讳称同姓,故谓之孟子。鲁君而知礼,孰不知礼!"施以告孔子,孔子曰:"丘也幸,苟有过,人必知之。臣不可言君亲之恶,为讳者,礼也。"

梁鳣字叔鱼。少孔子二十九岁。

颜幸字子柳。少孔子四十六岁。

冉孺字子鲁,少孔子五十岁。

曹恤字子循。少孔子五十岁。

伯虔字子析,少孔子五十岁。

公孙龙字子石。少孔子五十三岁。

自子石已右三十五人，显有年名及受业见于书传。其四十有二人，无年及不见书传者纪于左：

冄季字子产。

公祖句兹字子之。

秦祖字子南。

漆雕哆字子敛。

颜高字子骄。

漆雕徒父。

壤驷赤字子徒。

商泽。

石作蜀字子明。

任不齐字选。

公良孺字子正。

后处字子里。

秦冄字开。

公夏首字乘。

奚容箴字子晳。

公肩定字子中。

颜祖字襄。

鄡单字子家。

句井疆。

罕父黑字子索。

秦商字子丕。

申党字周。

颜之仆字叔。

荣旗字子祈。

县成字子祺。

左人郢字行。

燕伋字思。

郑国字子徒。

秦非字子之。

施之常字子恒。

颜哙字子声。

步叔乘字子车。

原亢籍。

乐欬字子声。

廉絜字庸。

叔仲会字子期。

颜何字冉。

狄黑字皙。

邦巽字子敛。

孔忠。

公西舆如字子上。

公西葳字子上。

太史公曰:学者多称七十子之徒,誉者或过其实,毁者或损其真,钧之未睹厥容貌,则论言弟子籍,出孔氏古文近是。余以弟子名姓文字悉取《论语》弟子问并次为篇,疑者阙焉。

(《史记》卷六十七)